华中科技大学文科学术著作出版基金资助

回应性政治发展

——中国从发展型政府到服务型政府的转型观察

Responsive Political Development

A Perspective of the Transformation from Development-oriented Government to Service-oriented Government in China

闫帅 著

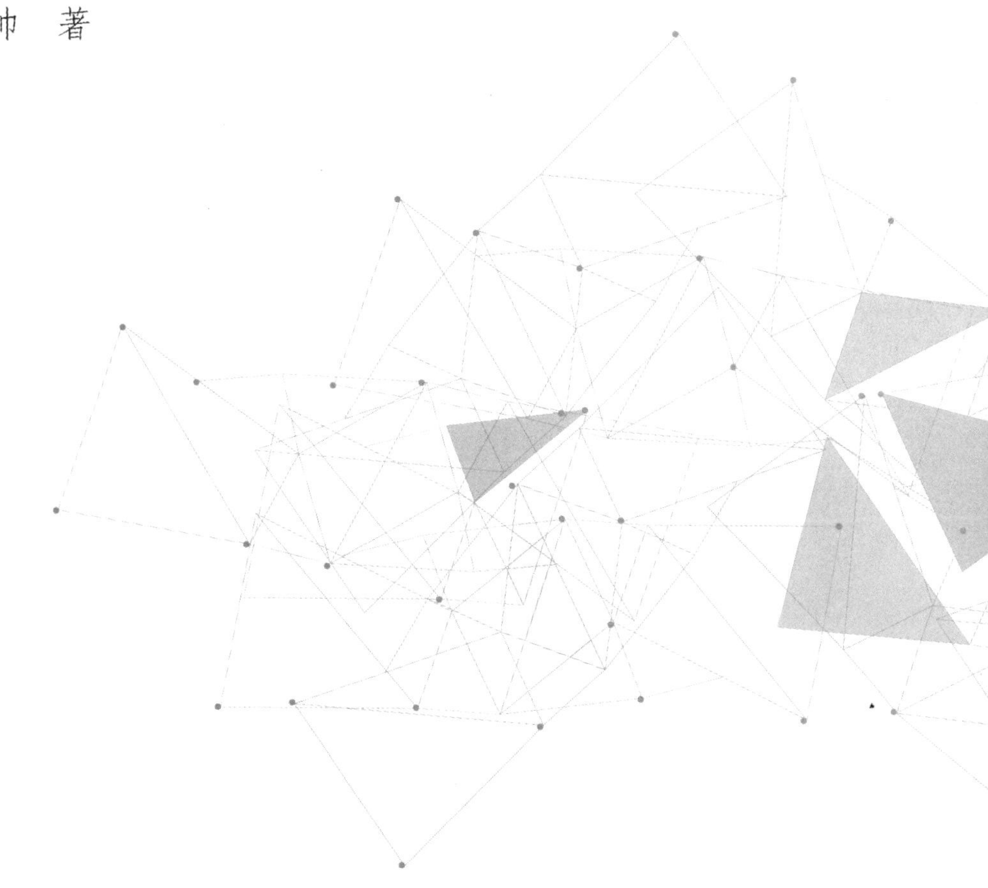

中国社会科学出版社

图书在版编目（CIP）数据

回应性政治发展：中国从发展型政府到服务型政府的转型观察/闫帅著．—北京：中国社会科学出版社，2015.10

ISBN 978－7－5161－6993－3

Ⅰ．①回…　Ⅱ．①闫…　Ⅲ．①国家机构—行政管理—研究—中国　Ⅳ．①D630.1

中国版本图书馆 CIP 数据核字(2015)第 251155 号

出 版 人　赵剑英
责任编辑　王　曦
责任校对　周晓东
责任印制　戴　宽

出　　版　中国社会科学出版社
社　　址　北京鼓楼西大街甲 158 号
邮　　编　100720
网　　址　http：//www.csspw.cn
发 行 部　010－84083685
门 市 部　010－84029450
经　　销　新华书店及其他书店

印　　刷　北京君升印刷有限公司
装　　订　廊坊市广阳区广增装订厂
版　　次　2015 年 10 月第 1 版
印　　次　2015 年 10 月第 1 次印刷

开　　本　710×1000　1/16
印　　张　15.75
插　　页　2
字　　数　273 千字
定　　价　59.00 元

序　言

闫帅的博士论文《回应性政治发展——中国从发展型政府到服务型政府的转型观察》即将在修改完善之后出版，作为他的指导教师自是乐见其成，也很愿意谈点对此书的观感，以供读者参考。

以我对当前中国政治学的研究环境、知识生产状况的理解，结合这些年指导博士研究生的体会，我感觉一篇比较好的博士论文，首先要有一个好的选题，也就是人们常常说到的，讨论的问题应是个有意义的“真问题”。何谓真问题？我试着将其概括为“三个有”。第一是有“疑问”，就是说，所讨论的问题起码形式上是个待证的假设，在你证明之前它还是个“问题”而非义正词严的结论；或者说，它至少形式上还留有讨论的空间，而不是把对个人信仰的表白、个人情感的表达拿来冒充学术“问题”，让人一看标题就知道结论，而且是一副无须讨论、毋庸置疑也无法讨论的架势。第二是有意义，是说研究的问题不光足够重要，有较大的学术价值和现实意义，还必须追问到别人没有解决的层次或者研究不够的地方，这样才有研究的必要。否则，没有一点新问题、新的预期突破点，盲目出来凑热闹，就只能是拾人牙慧、徒增纷扰。第三是有可能，是说任何一个具有基本学术素养的人一看到他的题目，应能约略看出其中所暗含的大致研究方法、思路与范围，知道他将在什么层次、范围上提问并和学术界形成对话，而且能够想见，他的方法、思路在现有的研究水平下是可行的，其题目中所涉及的核心概念，也是从已有概念系统中推演出来的，因而是可以变量化、操作化的。学术研究贵在创新，也难在创新。现在的问题是，一方面是真有创新的著作不多，低级重复的垃圾不少；另一方面则是把“折腾”当“创新”：某个问题明明有人做过研究，明明用现有的概念体系就可以表达，非要提出一个四六不靠的新概念，制造一个漫无边际的“新问题”，这种无中生有的“创新”，让人看不出它与现有学科语言、概念体系的关系，也不知道他在什么层次、范围上和谁在讨论问题，它只是很辛苦地在折腾，而无关乎创新。

当然，一篇博士论文除了好的选题外，最终还是要看写得好不好。好的研究成果，或挑战成说，或补充、完善、深化前人的研究，或对某个问题提出新解释、新概念，而且不论哪方面的进展，都要言之成理，持之有故，符合科学、严谨的学术规范。一句话，总要对所研究的问题提出点有说服力的新见解，对学术研究有点新贡献。

从以上这两大方面看，闫帅的这篇博士论文应该说总体上是成功的。

众所周知，进入21世纪以来，以科学发展观、和谐社会等新的执政理念的提出为标志，中国政府开始努力调整政府定位、转变政府职能，致力于从发展型政府向服务型政府的历史性转型。中国政府推动这一转型的原因、背景，即“转型的逻辑”何在？迄今为止效果如何？以及它对中国政治发展的影响如何？对这些问题的探寻、解答、理论总结一方面关系到中国未来政治的实际走向，同时也可以从学理上检验、丰富已有的政治发展理论、民主转型理论与政府理论，其现实意义和学术价值之重大自是不言而喻，因而成为引起国内外学术界高度关注的学术热点问题。不过，也正是由于这些问题非常重大而复杂，尽管学术界已经发表了一批很好的研究论著，但必须承认，对这类问题的探索远未结束，还有很大的讨论空间，还需要更多的新锐加入探索的队伍，形成薪火相传之势。在这个意义上，闫帅博士的这本书紧紧围绕政府转型的背景、过程、逻辑和效果这类问题意识，就中国政府所推动的这次引起普遍关注的转型问题，尝试着和学术界的前辈、大家展开对话，其选题本身就表现出对学术前沿问题的敏锐意识和创新勇气。

在研究方法和研究内容方面，作者通过认真分析、比较国内外有关解释模式，并揆诸自己对中国现实情况的了解以及所掌握的数据，尝试着提出了一个新的解释框架或研究范式。作者认为，当前解释中国政府转型与政治发展的各种理论，诸如公民社会、国家建设、分类控制、法团主义等，实质上是一种将国家与社会关系置于强弱对比的二元割裂分析模式，如公民社会理论的“强社会、弱国家”价值取向，国家建设、分类控制、法团主义的“强国家、弱社会”价值取向，它们在对中国实际政治情况的解释力方面都有很大的贡献，也都存在一定的问题。为此，作者跳出这种将国家与社会关系置于强弱对比的二元割裂分析模式，提出了一种“国家与社会互动论”的分析主张，尝试通过“社会需求导向下的国家供给”和“国家供给根据社会需求变化的能动反应”这两个维度展开对“转型”的分析，并将国家与社会互动的过程概括为“社会需求→政治互动→国家供给→政治发展”。

循着这一的思路，作者首先通过大量数据、图表，解析当前中国群体性事件的议题指向和基本属性，进而考察当代中国社会需求的变化，认为继经济权利需求之后，对社会权利的需求正成为中国大众的主流需求。不过作者对于中国社会需求的探讨并没有就此止步，而是进一步追寻其背后的权利观念。作者指出，在权利逻辑上，中西存在着很大的不同，西方主流文化注重在“权利”与“自由”之间建立联系，中国则努力将“权利”与“生计”等同起来，把经济与社会权利置于优先地位。因此，不同于西方对于政治权利的强调，中国则将侧重点放在了社会权利，是一种社会权利优先于政治权利的价值排序，这种权利观念从孟子开始一直延续至今。在深刻揭示中国人社会权利优先这一价值取向的历史和现实背景之后，作者循着“社会需求导向下的国家供给”这一逻辑，指出当前中国的“服务型政府建设”是对“社会公正需求”的一种能动反应。具体来说，在社会抗争的压力机制下，政府为了维持政治稳定，必须回应社会需求。面对民众日益增长的公共服务需求，国家开始转变政府职能、建设服务型政府，表现为在科学发展观、和谐社会等新的执政理念的指导下，中国政府出台了一系列旨在保障社会公正、提供公共服务的社会政策。至此，作者对于中国政府“为什么转型”的问题给出了令人大体信服的回答。

那么，应如何评估这一转型对中国政治发展的影响和意义呢？作者继续沿着“社会需求→国家供给→政治发展”的思路展开对这一问题的探讨。通过考察，作者把中国的政治发展归纳为“回应性政治发展”：它是以政治稳定为目的，以“社会需求—国家供给”为过程，国家对社会需求保持较高敏感性，并通过不断的调适、学习、回应来满足社会需求，在国家与社会互动的过程中推动政治发展的一种制度变迁和政治转型模式。这样一种对中国政治发展类型的概括，也回应了学术界经常感到困惑的问题：按照“因选举而负责”的理论预设，只有存在着西方式民主选举的情况下才能形成公民对政府的有效问责，才能保证政府必须对公共事务、对公民利益的关注，而中国没有这种民主选举，怎么会产生对公众负责的服务型政府呢？而作者则从社会抗争的压力、社会需求导向方面（其实还可能包括执政党的宗旨本身要求、构建新形势下政治合法性的需要等方面）给出了言之成理的解释。

最后，作者进一步分析了这次中国政府转型的效果，并对其未来发展走向提出了预测和建议。作者一方面充分肯定这次政府转型所表现出的对社会需求的较高敏感性和调适力，以及对于改善民生、社会稳定与政治发展的积极意义，同时也认为当前这种国家与社会的互动并不理想，表现为国家与社会缺乏良性的制度互动平台，容易引发社会抗争，同时政府职能转变困难，服务型政府建设遭遇种种瓶颈。说到底，这种政府转型与回应性政治发展模式还是在“社会矛盾倒逼”情势下引起的，政府的回应与改革相对社会发展和变革的需求而言仍然具有滞后性、被动性、局部性等特点。因此，不断推进民主政治建设以增强政府回应社会需求的能力，就成为今后中国政治发展的核心议题。

应该说，全书思路清晰、逻辑严谨、材料充实、持论有据，对中国政府推动的这次政府转型的背景、过程、逻辑和效果的分析在整体上是具有解释力的，达到了预期的研究目标。特别是该书中的一些重点内容和主要结论，如以“社会公正需求”、“社会抗争”为主要解释项，分析政府转型（服务型政府建设）的背景与动因，以“回应性政治发展”概括当代中国政治发展的类型与特点，以及对中国政府所推动的这次政府转型的效果和前景的分析，等等，都是相当精彩和颇见功力的。相信这些研究对于观察当代中国政治发展和政府转型问题，应当具有重要的学术价值和现实借鉴意义。

当然，由于作者探讨的是如此复杂而富有挑战性的课题，加上学术大环境和个人能力所限，使得本书难免存在一些瑕疵和值得推敲之处。比如，对于“服务型政府”和“政府转型”的概念似乎需要更加清晰、变量化、可操作化；对于中国向服务型政府转型所涉及的时间、过程因素需要进一步思考和交代，这包括，转型有无阶段性特点？什么才算是转型的完成形态？但无论如何，作者通过这本书所显示的学术激情、学术潜力使我们有理由对他充满期待。希望作者以该书的出版为新起点，在今后的学术道路上越走越远，越走越好。

张星久

2015 年 10 月

目　录

导　论

一　研究缘起与问题聚焦

（一）中国政治发展的新挑战：现实问题的发酵

近年来，政治改革再次成为学界和社会热议的话题。之所以如此，这是因为，经过三十多年持续的经济增长，中国的“奇迹”故事在继续让世界震撼的同时，也产生了一系列的社会和政治问题。由于经济和政治的不协调发展，引发了一系列的阶层冲突，大量的社会抗争不断地爆发。对此，杨光斌评价道：“高速的经济增长不但没能解决所有的社会问题，反而带来了新的社会问题，增长本身甚至就是问题的根源。”[①] 一些关键性的数据和指标开始反映出当前中国政治发展所面临的现实困局。

第一，社会公正指标。社会公正被认为是测量一个社会良性和稳定与否的重要指标。对于中国来说，社会公正更是意义非凡，受儒家“不患寡而患不均”等社群主义思想的影响，中国人自古以来就对“社会公正”十分珍视，社会不公更是历代社会革命的思想基础，诸如“打土豪，分田地”、“均田免粮”等口号均是这方面的体现。改革开放以来，为了促进经济增长，国家采取了“效率优先，兼顾公平”的发展策略。然而，从实践来看，“兼顾”在很大程度上就是“不顾”，在 GDP 崇拜的导向下，为了追求经济增长效率，包括公平、就业、职工权益、生态环境、公共卫生等都要做出让步和牺牲。[②] 所以，“温饱”的问题刚解决，“公平”的问题又浮现。从一系列数据来看，中国的社会公正正趋于不断地恶化。以基尼系数为例，西南财经政法大学中国家庭金融调查与研究中心的调查显示，2010 年的基尼系数为 0.61；国家统计局的调查显示，2010 年的基尼系数为 0.474。一般而言，基尼系数在 0.3 以下是稳定线，0.4 是警戒

---

① 杨光斌：《社会权利优先的中国政治发展选择》，《行政论坛》2012 年第 3 期。

② 王绍光：《大转型：1980 年代以来中国的双向运动》，《中国社会科学》2008 年第 1 期。

线，0.5是危机线，0.6是动乱线。依此来看，我们将国家统计局的数据作为下限，将西南财经政法大学的数据作为上限，那么，这意味着中国正处于危机线与动乱线之间。中国社会不公的严重性不仅反映在数据上，而且也反映在所涉领域上。20世纪90年代，与社会公正有关的话题主要局限在公平与效率、腐败、寻租、垄断、权钱交易、“三农”问题等方面。而进入21世纪以后，相关议题则延伸到了社会保障、公共卫生、教育、住房、医疗制度、收入分配、国有资产流失、民营企业“原罪”、弱势群体保护等诸方面。“高富帅”与“屌丝”、“富二代”与“穷二代”、“炫富”与“仇富”等词语的两两对立和流行，更是直白地凸显着“社会不公”的政治社会化后果。而随着改革和社会转型的步步深入，社会公正问题的重要性和敏感性也将日渐上升，乃至成为人们评价改革、规划未来方向的重要尺度。

第二，社会抗争指标。在中国的语境中，我们通常以群体性事件来指代社会抗争。从国家所颁布的两份关于群体性事件的定义来看，群体性事件无疑意味着骚乱与不安定。一份是2000年4月5日公安部颁布的《公安机关处置群体性治安事件规定》将“群体性事件”定义为“聚众共同实施的违反国家法律、法规、规章，扰乱社会秩序，危害公共安全，侵犯公民人身安全和公私财产安全的行为”[①]；另一份是中共中央办公厅2004年制定的《关于积极预防和妥善处置群体性事件的工作意见》将其定义为“由人民内部矛盾引发、群众认为自身权益受到侵害，通过非法聚众、围堵等方式，向有关机关或单位表达意愿、提出要求等事件及其酝酿、形成过程中的串联、聚集等活动”[②]。中央办公厅的定义，虽然相比于公安部的定义淡化了群体性事件的“社会危害性”，但是依然强调了群体性事件的“非法性”。[③] 根据中国社会科学院历年的《社会蓝皮书》不完全统计，群体性事件的数量在1993年为8700起，到2006年则增加至90000起以上，而在2010年更是跃升至180000起。相比来看，从1993年到2010年，中国群体性事件增长了近19倍。近年来的群体性事件更是呈现

① 公安部：《公安机关处置群体性治安事件规定》，2000年4月5日。

② 转引自朱力《中国社会风险解析——群体性事件的社会冲突性质》，《学海》2009年第1期。

③ 于建嵘：《当前我国群体性事件的主要类型及其基本特征》，《中国政法大学学报》2009年第6期。

出了如下特点：一是重大群体性事件接连发生，涉及面越来越广；二是经济问题政治化；三是暴力对抗程度明显增强。[①] 诸如，2009 年的湖北石首事件、2011 年的广东乌坎事件、2012 年的四川什邡事件，更是影响巨大。可以说，当前中国的群体性事件越来越有“燃点低，燃点多”等危险趋向。[②] 为了应对群体性事件所带来的社会不稳定，从中央到地方均投入了大量的人力、财力和物力。2009 年我国公共安全方面的财政支出增加了16%，而 2010 年 8.9% 的增幅已是超出国防开支增幅，总金额亦逼近后者，高达 5140 亿元人民币，2011 年则首次超出了国防开支。[③] 群体性事件的遍地开花，标志着社会与政府的矛盾和对抗正在不断升级，国家也日益深陷难以治理的泥淖之中。

第三，政治信任指标。政治信任是指社会成员对政治共同体、政治制度、政府当局以及政治领袖持有的情感认同和合法性支持，较高的政治信任有助于构建政治秩序和政治合法性；反之，则意味着危险、动荡和不安。然而，近期的一系列研究显示，无论基于实证调查还是基于规范演绎，当前中国都正在陷入政治不信任危机之中。《小康》杂志社联合清华大学媒介调查实验室发布的“2014 中国信用小康指数”之“最让人担忧的信用问题”排行榜显示，相对于人际信用、企业信用而言，公众最担忧的还是政府信用问题，有 57% 的受访者表示了对政府信用的担忧。学者们的研究也呼应了《小康》杂志的调查，相关研究表明，当前中国的政治信任状况并不理想，公民对政府的信任随着政府层级的降低而降低，他们将这种“信中央，不信地方”的信任格局称为“切割性评价”、“差序性信任”、“级差政府信任”、“央强地弱的信任格局”。[④] 然而，这种有差别的信任格局似乎正在发生悄然改变，特别是随着农民上访的增多，这种政治不信任也开始由基层政府逐渐向上级政府扩散。相关研究显示，上访对政治信任流失有很大的影响，其中，到过省级政府和北京的上访者，

① 郑永年：《中国群体性事件的崛起说明了什么?》，《联合早报》2007 年 1 月 16 日。

② ［美］裴宜理：《社会运动理论的发展》，《当代世界社会主义问题》2006 年第 4 期。

③ 转引自唐皇凤《中国式维稳：困境与超越》，《武汉大学学报》（哲学社会科学版）2012 年第 5 期。

④ 参见梅祖蓉《中国政治信任水平测度指标及现状》，《云南社会科学》2009 年第 2 期；上官瑞酒：《级差政府信任与社会管理困境》，《上海青年管理干部学院学报》2011 年第 4 期；叶敏：《“央强地弱”政治信任结构的解析——关于央地关系一个新的阐释框架》，《甘肃行政学院学报》2010 年第 3 期。

对包括中央和省级政府的信任度明显降低。[①] 另外，诸如“被增长”、“被就业”、“被幸福”等民间表达以及诸如“华南虎”、“躲猫猫”、“山西人民等地震”等具体案例更是真实地表达了老百姓对政府的质疑和不信任，因此，老百姓也被形象地称为“老不信”。民间政治不信任的增长和政府公信力的丧失，这一增一减，加大了中国社会的政治风险和危机程度。改革作为一个试错的过程，难免会遭遇政策失误，当政治信任较高时，即使是遇到困难也会具有更大的机动空间和转身余地，政治信任流失的直接后果便是政府在决策过程中的回旋空间变小了、国家治理难度加大了。

（二）两种竞争性的理论主张：崩溃论与调适论

针对以上这些指标和数据，特别是当前所出现的诸如贫富悬殊、官员腐败、暴力拆迁、食品安全、官民矛盾等现象和问题，学界既有共识，也有分歧。共识主要集中在这些现象和问题的成因上，在学者们看来，政治改革与经济改革的不协调发展是导致这些现象和问题的根本原因[②]，中国的改革也因此被批评为“经济改革与政治改革，一手硬，一手软”。分歧主要集中在这些现象和问题对中国政治发展的影响上，学界主要有两种竞争性的理论主张，一种为中国崩溃论，另一种为中国调适论。

中国崩溃论的基本主张为，由于政治改革的停滞不前，致使现有的治理体制无法应对市场化和全球化所带来的变迁与挑战，中国的体制已陷入了政治危机之中，这种政治危机的结果就是中国即将走向崩溃。[③] 概括地看，中国崩溃论的核心观点主要有两个：一个是现状上的中国政治发展冻结论，另一个是结果上的中国政治发展崩溃论。支撑前一个判断的理由主要在于，从西方的政治评价标准来看，以多党制、普选制和三权分立为刻度，中国的政治领域可以说几乎没有发生改变。具体而言，在他们看来，中国的政治发展几乎处于一种停滞状态，受既得利益集团的阻挠，中国的体制改革已深陷困境，一些重要的改革措施被搁置，政治体制改革尚未推进一步，孙立平等称之为“摸石头上瘾，不想过河”。[④] 在这一过程中，中国政府虽然也做了一定的调整，但是这些调整的结果却是国家治理的精

① 参见胡荣《农民上访与政治信任的流失》，《社会学研究》2007 年第 3 期。

② 为此，复旦大学高等研究院于 2012 年 12 月 22 日至 23 日主办了以“政治改革与经济改革协调发展”为主题的学术论坛。

③ 参见 Waldron, Arthur. The End of Communist. *Journal of Democracy*, 1998 (1)。

④ 孙立平等：《“中等收入陷阱”还是“转型陷阱”?》，《开放时代》2012 年第 3 期。

细化而非西方语境中的自由民主，据此来看，中国的政治体制只能说是有“变化”而无“发展”。以政治发展冻结论为基础，他们进一步指出，当前中国的政治体制依然属于“威权体制”，缺乏内在的法治、权力分立以及普遍的可竞争性所提供的对于权力的制衡，即使从外表来看展现出了一定的“韧性”，但是由于内在合法性和现代体制因素的缺失，这种外在的“韧性”终将难以掩盖内在的“脆弱性”。由于不能适应经济社会变迁带来的挑战，中国的治理体制将会在不远的将来走向“体制崩溃”和堕落为“失败国家”。①

中国调适论的基本主张为，中国的政治体制，就整体而言，拥有足够的解决问题的能力以应对来自周围环境的压力，由此产生的具有决定意义的政治稳定性使其自身得以存续。② 中国调适论的支持者首先对中国崩溃论的主张进行了批评，他们指出，中国崩溃论虽然列举了许多正确的事实，但是这些事实并不能构成中国实情的全景，全然负面地陈述忽视了中国着手在改正的许多实情。例如，取消农业税、废除“收容遣送制度”、免除义务教育学杂费、改善医疗条件、建设保障住房等。③ 这些变化之所以会发生，是因为，党和政府对市场和社会的变化保持了较强的敏感性，能够针对周围环境的变化做出恰适性的反应，他们将这种党和政府应对社会变化和处理危机的能力称为学习能力。④ 所以，简单的“威权主义”已经无法用来概括当前中国的政治体制。正如俞可平所描述的那样，中国的政治变迁呈现出一幅清晰的路线图，这就是：从一元治理到多元治理；从集权到分权；从人治到法治；从管制政府到服务政府；从党内民主到社会民主。⑤ 为了描述和反映这种变化，学者们分别在“威权主义”一词前面加上诸如“柔性的”（soft）、“调适性的”（adaptive）、“韧性的”（resilient）、“制度化的”（institutionalizing）、“多元化的”（pluralistic）、“发展型的”（development）等各种各样的形容词。这些调适和变化有效地回答

---

① 参见 Gordon G., *The Coming Collapse of China*, Random House, 2001。

② ［德］舒耕德、李安娜：《当代中国政策实施和政治稳定性研究的分析框架》，王丽丽译，《国外理论动态》2012 年第 2 期。

③ ［美］黎安友：《从极权统治到韧性威权：中国政治变迁之路》，何大明译，巨流图书公司 2007 年版，第 10 页。

④ 参见王绍光《如何摸着石头过河？——从农村医疗融资体制的变迁看中国体制的学习模式与适应能力》，潘维：《中国模式：解读人民共和国的 60 年》，中央编译出版社 2009 年版，第 314—379 页。

⑤ 俞可平：《中国治理变迁 30 年（1978—2008）》，《吉林大学社会科学学报》2008 年第 3 期。

了，为何在危机重重中，中国共产党依然能够执政。在沈大伟（David Shambaugh）看来，这些调适的意义和作用并不像西方许多学者和记者所认为的那样“太小、太迟”，而是“相当有效地应对了（党所面临的）许多挑战……从而维持了它的政治合法性和权力”。[①] 舒耕德等也有类似的观点，他指出，调适的结果就是，“中国人民大体上对他们的政治体制的运作感到满意，或者至少没有沮丧到拒绝给予支持从而导致该体制的崩溃。从而，中国的政治体制已经非常稳固，能够延续下去”。[②]

（三）政治发展的逻辑与效果：本书的问题聚焦

针对当前的危机和困局，上述两种竞争性的理论主张实际上为我们设定了两条截然不同的政治发展路径，一条是中国崩溃论所主张的“从停滞走向崩溃”，另一条是中国调适论所主张的“从调适走向稳定”。从现实来看，这两种竞争性的理论主张可以说是胜负已分。一方面，中国的政治体制在应对危机上，并非表现为“停滞”而是展现出了“调适”，这体现为，在科学发展观、和谐社会等执政理念的指导下，中国开始从发展型政府向服务型政府转型，通过强调民生政治来重构社会秩序；另一方面，中国的政治体制在实际运作上，并非走向了“崩溃”而是趋向于“稳定”，无论是舒耕德、李安娜所观察到的“中国人民大体上对他们的政治体制的运作感到满意”[③]，还是裴宜理所表达的“中国政府并没有因此遭遇道德的真空，依然在大众那里获得了较高的支持和认同”[④]，两者共同表明，当前的危机和困境并没有使中国的政治体制走向崩溃，而是经过政府的调适之后重新趋向于稳定。

从现实观察来看，在科学发展观、和谐社会等执政理念的指导下，经过一系列的实践探索，政府调适的路径日渐清晰，那就是，政府试图通过从发展型政府向服务型政府的职能转变来缓解社会矛盾、应对治理困局和重构政治秩序，这也成为十六大以来，中国政治改革和政治发展的基本内容。具体而言，这种从发展型政府向服务型政府的职能转变主要体现在宏

① David Shambaugh, *China's Communist Party Atrophy and Adaptation*, Woodrow Wilson Center Press, 2008, p. 9.

② ［德］舒耕德、李安娜：《当代中国政策实施和政治稳定性研究的分析框架》，王丽丽译，《国外理论动态》2012 年第 2 期。

③ 同上。

④ ［美］裴宜理：《中国人的“权利”概念（下）——从孟子到毛泽东延至现在》，余钢译，《国外理论动态》2008 年第 3 期。

观理念和微观政策两个层次。

第一，从宏观理念来看，这主要体现为一系列的执政理念和指导思想。2003 年，政府提出了科学发展观、和谐社会等执政理念，强调全面、协调、可持续的发展，实现从“以物为本”的发展向“以人为本”的发展转变，这也被认为是对传统发展模式和政府职能定位的一次重大调整（见表 0－1），因此，王绍光又称之为“大转型”。① 在此之后，2004 年，温家宝总理在省部级主要领导干部树立和落实科学发展观高级研究班结业式的讲话中，首次对服务型政府进行了阐释，并强调了政府的公共服务职能；2005 年，政府工作报告中提到要“寓管理于服务之中，努力建设服务型政府”；2007 年，十七大报告中提出了“加快推进行政管理体制改革，建设服务型政府”的战略任务；2008 年，胡锦涛总书记在主持中共中央政治局第四次集体学习时指出“建设服务型政府，是坚持党的全心全意为人民服务宗旨的根本要求”；2012 年十八大报告进一步提出，要建设职能科学、结构优化、廉洁高效、人民满意的服务型政府。由此可见，在宏观理念层面，以科学发展观为指导来推进服务型政府建设，已经成为中国政治改革和政治发展的具体指导思想，正如有学者所指出的那样，建

表 0－1　　科学发展观与传统发展观的比较

	传统发展观	科学发展观
发展宗旨	以物（经济建设）为本	以人（民生与民权）为本
发展目标	经济增长	和谐社会
发展方式	非均衡发展	协调发展
参照模式	东亚模式（市场经济＋威权政治）	四位一体中国特色的发展道路
社会共识	发展是硬道理，贫穷不是社会主义	社会公正与共享改革发展成果
政府模式	以经济建设为中心的发展型政府	以公共服务为中心的服务型政府
经济与社会关系	经济增长有限（蛋糕论）	经济与社会协调发展（系统论）
政府与市场关系	政府替代和操纵市场	政府与市场的有效性
政府与社会关系	行政吸纳社会（政府控制下的社会有限参与）	协同式治理（政府合作下的社会广泛参与）

① 参见王绍光《大转型：1980 年代以来中国的双向运动》，《中国社会科学》2008 年第 1 期。

设服务型政府是学习实践科学发展观的重要体现，科学发展观与服务型政府具有逻辑和内容上的契合性。①

第二，从微观政策来看，这主要体现为一系列的制度安排和政策实践。中国从发展型政府向服务型政府的职能转变，不只是一系列的理论阐述，更是一系列的政策实践，这具体体现为“从经济政策到社会政策的历史性跨越”。如果说以经济发展为主的经济政策②是发展型政府的标志，那么以公共服务为主的社会政策③则是服务型政府的标志，在经历了很长一段时间的“只有经济政策，没有社会政策”的格局之后，社会政策开始在中国大地上复兴。一如郁建兴所言，“2003 年以后，以民生为导向的社会政策密集出台，构成了服务型政府建设的重要内容”。④ 这包括：2003 年的支持“三农”、进行农村税费改革、筹建新型农村合作医疗体系；2004 年的降低农业税、推出农业“三项补贴”；2005 年的部分取消农业税；2006 年的全面取消农业税、推行农业综合补贴、免除西部地区农村义务教育学杂费、试行城市廉租房；2007 年的全国农村义务教育免费、全面推进新型农村合作医疗、全面推进廉租房、全面推进农村低保、开始推行城市全民医保；2008 年的加强农村基础设施建设、新型农村合作医疗制度的基本建立；2009 年的“新医改”方案的出台和新型农村社会养老保险制度的建立；2010 年的完善农业保险补贴政策、实施家电下乡。除此之外，为了落实科学发展观、转变政府职能、推进服务型政府建设，2009 年中央组织部先后颁发了《关于建立促进科学发展观的党政领导班子和领导干部考核评价机制的实施意见》以及《体现科学发展观要求的地方

① 庄群华、卢佳妮：《科学发展观与服务型政府建设——用以人为本理念推动服务型政府建设》，《南京航空航天大学学报》（社会科学版）2009 年第 3 期。

② 所谓经济政策，简而言之，即为经济服务的政策。具体来讲，它是指在经济发展、效率优先的指导思想下，国家或政府为了达到充分就业、价格水平稳定、经济快速增长、国际收支平衡等宏观经济政策目标，增进经济福利而制定的解决经济问题和为经济发展提供稳定环境的指导原则和措施。

③ 社会政策最通俗也最简洁的定义，乃是指处理社会问题的国家政策，具体而言，是指现代社会以社会公正为核心价值，以促进社会和谐与人的可持续发展为基本目的，以政府和其他公共机构为主角，推进各类资源尤其是公共资源的合理配置，通过组织和提供社会公共物品与服务的方式，调整现行社会生产与分配关系的一系列社会性行动的总和，这主要包括社会保障、住房、卫生、教育、社会工作以及社会福利等方面。

④ 郁建兴、高翔：《中国服务型政府建设的基本经验与未来》，《中国行政管理》2012 年第 8 期。

党政领导班子和领导干部综合考核评价实施办法》等文件，意图超越唯GDP主义的考核取向，通过弱化经济建设指标，增加公共服务、社会管理类指标的比重，引导地方政府从发展型政府向服务型政府的转型。

从2003年科学发展、和谐社会等执政理念的提出，到一系列社会政策的密集出台和实践，再到新一届政府所提出的“从关系经济社会发展和国家民族前途命运的高度扎实推进改革”、“加快建设人民满意的服务型政府”①，由此可见，从发展型政府向服务型政府的转型逐渐成为政府调适的实践选择和两代领导集体的战略共识。从学术界来看，有关中国“从发展型政府向服务型政府转型”的现象描述和事实观察更是学者们的研究焦点②，然而，作为理论研究，我们在关注现象和事实本身的同时，更要关注其背后的逻辑与机理。为此，我们需要进一步解答：这种转型是如何发生的？其理论依据又是什么？这种转型又在多大程度上缓解了当前的危机？转型又带来了什么样的政治现状和结果？如何评价这次政府转型的内在逻辑和效果？带着这些疑问我们开启了本次研究的旅程，希望通过本书的研究，能够穿越表面的浮华，触及问题的内里，深入地观察中国政治发展的现状、追问中国政治发展的逻辑、评价中国政治发展的效果，并以此为基础对中国未来的政治发展进行理论演绎和展望。

二 国内外研究综述

（一）中国政治发展的最新进展

一般地说，政治发展是指为实现既定政治目标而推行的所有政治变革，它被定义为从传统政治体系向现代政治体系发展的过程或后果。人们可以从不同的角度去理解政治发展，把它看成是政治现代化的过程，或者是政治民主化的过程，或者是建立法治国家的过程，或者是政治制度化的过程，或者是政治进步的过程。③ 在现有的研究中，1978年的改革开放被

---

① 国务院办公厅：《国务院办公厅关于实施〈国务院机构改革和职能转变方案〉任务分工的通知》，国办发〔2013〕22号。

② 参见郁建兴、徐越倩《从发展型政府到公共服务型政府——以浙江省为个案》，《马克思主义与现实》2004年第5期；宋维强：《论从发展型政府到服务型政府的转型》，《甘肃理论学刊》2005年第3期；谢学锋、邓速、陈达云：《从发展型政府向服务型政府的转变研究——以成都市政府建设为例》，《新西部》（下半月）2007年第10期；王青梅：《从发展到服务——“包容性增长”理念下的国家回应》，《理论月刊》2011年第6期；郁建兴、何子英：《走向社会政策时代：从发展主义到发展型社会政策体系建设》，《社会科学》2010年第7期。

③ 俞可平主编：《中国政治发展30年（1978—2008）》，重庆出版社2009年版，第1页。

认为是中国政治发展的一个分界点，在此之前学界主要用“全能主义”来概括中国的政治结构，是一种“政治机构的权力可以随时地无限制地侵入和控制（社会的）每一个阶层和每一个领域”[①] 的政治体制。1978 年市场化改革以来，为了建立与市场经济相适应的政治体制，中国的政治发展有了长足的进步。周光辉将其概括为如下十个方面：第一，国家与社会的关系从高度一体化转向适度分离；第二，政府权力从中央高度集权转向寻求中央和地方集权与分权的相互协调；第三，政治权威从神圣化转向世俗化；第四，政治决策从注重经验转向注重科学；第五，社会控制从以行政权力为主转向寻求以法律控制为主；第六，对权力主体从强调道德自律转向注重制度约束；第七，政治文化从群众文化开始转向公民文化；第八，政治参与从动员型转向自主型；第九，政治发展道路的选择从追求激进转向寻求渐进；第十，国家从实行闭关自守政策转向全方位的对外开放。[②]

2003 年以来，科学发展观、和谐社会等执政理念的提出被认为是中国政治发展的又一个分界点，王绍光称之为从经济政策到社会政策的时代转变[③]、胡鞍钢等称之为从经济建设型政府到公共服务型政府的转变[④]、郁建兴等称之为从发展型政府到服务型政府的转型[⑤]、唐皇凤称之为从“以经济建设为中心”向“以社会建设为重心”的转变[⑥]。正如渠敬东等所总结到的，2003 年以来“中央政府逐步形成了以‘科学发展观’为核心的治国新理念，将经营性的政府行为转变为以公共服务为本的治理体系，并将法治化、规范化、技术化和标准化作为行政建设和监督的核心议题”。[⑦] 虽然学者们的表述有所差异，但是其核心内容都在突出强调中国从发展型政府向服务型政府的转型。发展型政府是指以推动经济发展为主要职能的

---

① 邹谠：《二十世纪中国政治：从宏观历史与微观行动的角度看》，牛津大学出版社 1994 年版，第 25 页。

② 周光辉：《当代中国政治发展的十大趋势》，《政治学研究》1998 年第 1 期。

③ 王绍光：《从经济政策到社会政策的历史性转变》，《中国经济时报》2007 年 4 月 6 日。

④ 张薇、胡鞍钢：《从经济建设型政府到公共服务型政府》，《中国社会科学院报》2009 年 6 月 4 日。

⑤ 郁建兴、徐越倩：《从发展型政府到公共服务型政府——以浙江省为个案》，《马克思主义与现实》2004 年第 5 期。

⑥ 唐皇凤：《社会建设：开掘中国政治发展内源动力的战略抉择》，《马克思主义与现实》2013 年第 5 期。

⑦ 渠敬东、周飞舟、应星：《从总体支配到技术治理——基于中国 30 年改革经验的社会学分析》，《中国社会科学》2009 年第 6 期。

政府，而服务型政府是以提供公共产品为主要职能的政府。围绕2003年以来中国政治发展的新进展，学界的研究主要集中在以下两个方面：有关中国政治发展最新进展的现象描述；有关中国政治发展最新进展的动力分析。

第一，有关中国政治发展最新进展的现象描述。服务型政府作为以提供公共产品为主要职能的政府，它旨在突出社会公平、社会权利、社会建设、保障民生。因此，学界也从不同的切入点来描述中国的政治发展。

（1）民生政治视角下的中国政治发展。李军鹏运用内容分析方法，发现民生问题在近年国务院常务会议议题中所占的比重逐渐增加，这种工作重心的变化彰显了向服务型政府的转型。[①] 陈明明从中国传统文化和社会实践出发认为，“关于中国政治发展战略的意见中，所谓‘大民主’或‘票决民主’的主张都是不可取的，民生政治应当是合理可行的战略选择。民生政治首先要解决的是中国面临的基本问题，即人民的吃饭问题或反贫困问题；民生政治将引导公共政策和制度安排的合理构建，建立公平的利益分配机制，并从满足人民日益增长的社会需要出发，为发展经济和民生幸福创造适宜的政治和社会环境”[②]；赵丽江等将中国政府对于公平正义的强调和服务型政府的实践称之为“民生主义意识形态”，她指出，“政党改善民生的举措可以视为实施民生政治，政党把改善民生作为自己的行动目标或纲领，就是把改善民生及实施民生政治作为自己的意识形态”，“进入21世纪以后，中国政治的主题由单纯的发展、发展才是硬道理，转变为以人为本的科学发展，执政党由关注物质财富的生产本身转向关注、解决民生问题，实行民生政治实际上成为当今中国最为基本的意识形态”。[③]

（2）公民权利视角下的中国政治发展。美国学者裴宜理从权利观念出发，认为中国人是一种“社会权利优先于政治权利”的逻辑，她指出，“自孟子的时代开始，中国人的治国之道就为政府预设了一个更前摄的地位，政府被赋予推动经济福利和安全的期望，这样的期望带来了关键的实践结果”[④]，2002年以来胡锦涛和温家宝对于“三农”问题的关注和提出

① 李军鹏：《从国务院常务会议看政府转型》，《人民论坛》2008年第5期。

② 陈明明：《以民生政治为基本导向的政治发展战略》，《江苏社会科学》2012年第2期。

③ 赵丽江、马广博、刘三：《民生政治：当代中国最重要的意识形态》，《武汉大学学报》（哲学社会科学版）2012年第3期。

④ ［美］裴宜理：《中国人的“权利”概念（上）——从孟子到毛泽东延至现在》，余锎译，《国外理论动态》2008年第2期。

全面建设小康社会的目标，就旨在满足民众的社会权利。杨光斌教授同样从公民权利理论出发，结合中国的政治发展实际指出，“改革开放以来，中国和西方国家一样，首先应解决的是经济权利问题，事实上三十多年的改革主要围绕经济领域和经济建设。接下来，中国的次序和西方国家产生了分叉，目前正在建设的是公民的社会权利问题，最后才可能是政治权利”。① 据此，杨光斌又把当前中国的政治发展称为“社会权利优先的中国政治发展选择”。

（3）双向运动视角下的中国政治发展。王绍光借用波兰尼的“双向运动”概念，将中国的政治变迁划分为三个阶段：毛泽东时代的伦理经济时期、改革开放初期的市场社会时期以及新世纪以来的社会市场时期。在他看来，改革开放以后，中国的指导思想发生了变化，在发展才是硬道理的理念下，政府致力于追求经济增长速度，不再着力于基本保障和平等，结果造成了一个经济试图脱嵌于社会，并进而支配社会的局面。经济市场化所带来的两极分化促成了社会自我保护运动的兴起，基于此，中国政府通过“缩小不平等”、“降低不安全”等一系列社会政策，正在催生一个把市场重新“嵌入”社会伦理关系之中的“社会市场”。② 马骏同样借用波兰尼的“双向运动”理论，将改革开放以来的中国以 20 世纪 90 年代末为界分为了两个阶段：第一阶段为经济市场化的单向运动时期，国家治理重构的重点为改革原先的计划经济体制及相关政府架构、转变政府职能，发展市场经济；第二阶段为“经济市场化”和“社会自我保护运动”并行的双向运动时期，国家既要致力于维护市场的繁荣，也要着手应对市场经济发展所衍生的问题。在“双向运动”中重构国家治理必然要面对冲突的利益需求，所以，从现在起，国家治理重构面临的挑战是巨大的、前所未有的。③

（4）服务型政府视角下的中国政治发展。胡鞍钢在《中国政府转型与公共财政》一文中，将改革开放 30 年来政府发展目标分为了三个阶段：1978—1992 年为经济建设型政府战略阶段、1992—2003 年为向公共服务型政府转变阶段、2003—2020 年为建立公共服务型政府阶段。他认为“十一五”规划标志着中国政府向公共服务型政府的目标迈出了决定

① 杨光斌：《社会权利优先的中国政治发展选择》，《行政论坛》2012 年第 3 期。

② 王绍光：《大转型：1980 年代以来中国的双向运动》，《中国社会科学》2008 年第 1 期。

③ 马骏：《经济、社会变迁与国家重建：改革以来的中国》，《公共行政评论》2010 年第 1 期。

性的一步，“从政府的发展目标、职能、决策机制、产出等转变，可以看出整个中国政府的职能转变。这个转变过程并没有完成，还在不断的发展中”①，但是到2020年中国政府将成为真正意义上的公共服务型政府。郁建兴等认为，“服务型政府是落实科学发展观的根本途径，也是政府改革的重要目标。近十年来，通过确立服务型政府基本理念、构建基本公共服务体系和改革公共财政体制、创新公共服务供给机制等，我国服务型政府建设取得了重要进展”。② 宋维强一方面强调了服务型政府在我国的兴起，他指出，以人为本的发展战略的提出要求政府职能由经济目标优先向社会目标优先转变，政府要从公众的需求出发，以公共利益为根本的出发点，把自己视为公众的受托人，政府的责任在于为公众服务，政府必须把公众的需求和评判作为根本的标准；另一方面强调了政府转型和服务型政府建设的原因，这包括发展型政府的危机、民众对于优质公共服务的需求以及人们对于政府角色应然认知的变化等。③

除此之外，学者们还分别从平民主义、社会政策、分层治理等视角来描述中国政治的最新进展。默尔·戈德曼（Merle Goldman）从平民主义的角度出发，用“平民主义的威权主义”（populist authoritarianism）来概括中国的政治发展，他指出，为了缩小市场经济发展所造成的贫富差距在城乡之间、地区之间、居民之间的拉大，当前的中国政府开始向那些弱势群体和最小受惠者倾斜，推出了一系列旨在维护公平和救济弱者的保障政策，由此可以断定，中国的政治中出现了一种平民主义倾向。④ 马骏、王绍光、郁建兴等学者从社会政策的视角出发，用“社会政策时代”来概括中国政治发展的最新进展。所谓社会政策时代，从历史维度来看，是指社会政策从公共政策的从属地位走向公共政策的中心地位；从类型学维度来看，是指一种新型的、与经济政策协调发展的、具有投资效应的积极社会政策开始兴起。⑤ 他们认为：改革开放后，在发展主义意识形态影响下，我国出台经济政策较多而少有社会政策，是一种“有经济政策无社

① 胡鞍钢：《中国政府转型与公共财政》，蔡昉主编：《中国经济转型30年（1978—2008）》，社会科学文献出版社2009年版，第176页。

② 郁建兴、高翔：《中国服务型政府建设的基本经验与未来》，《中国行政管理》2012年第8期。

③ 宋维强：《论从发展型政府到服务型政府的转型》，《甘肃理论学刊》2005年第5期。

④ Merle Goldman，Authoritarian Populists：for Now. *Current History*，2007（9）.

⑤ 李棉管：《再论“社会政策时代”》，《社会科学》2013年第9期。

会政策”的时代。十六大以来，在科学发展观与和谐社会理念的指导下，我国实现了“从经济政策到社会政策的历史性跨越”，初步建立起一个“广覆盖、多层次、保基本、低水平”的社会政策体系雏形。[①] 德国学者海贝勒（Thomas Heberer）和舒耕德（Gunter Schubert）则从分层治理的视角出发，用“双轨制”来概括中国政治发展的最新进展。他们认为，中国政府目前在治理方式上创造了一种“双轨制”的分层治理方式，这就是中国政府会根据社会各个阶层的不同需求给予不同的关注和满足，一方面，国家会保障中、上阶层所要求的个人自治，给予他们很大的自由空间，业主委员会就是这方面的体现；另一方面，国家承诺对下层社会予以帮扶，为他们提供低保和给予救助，“城市最低生活保障制度”的建立就是这方面的体现。这种“双轨制”的分层治理方式，使得“城市里的人愿意相信，当他们处于社会困境时，国家会关心他们；他们还可以相信，当他们追随个人生活规划的时候，国家不会关注他们”[②]，最终使社会趋于稳定。

第二，有关中国政治转型动力的观察。一般而言，推动一个国家治理转型和政治发展的动力不外乎两种：一种为自发秩序，另一种为国家权力。[③] 自发秩序的基本主张为“怀疑理性，崇尚经验”，认为应当“把政治安排牢固地根植于从属于这种安排的人们的经验之中”[④]，进而强调社会的自主和自发行为对政治安排的影响，也因此，自发秩序实质上是一种社会中心论。国家权力的基本主张为“推崇理性，强调设计”，关注国家的制度设计与变革，并认为自发秩序具有一定的盲目性，在其引导下，“人类历史是集体撞墙的令人痛心的社会故事”，进而强调理性选择和设计对政治安排的影响，也因此，国家权力实质上是一种国家中心论。目前，对于中国政治转型动力的分析也不外乎这两种。（1）强调国家权力在中国政治发展和治理转型中的作用。受中国“强国家—弱社会”格局的影响，在政治学界，一直以来就特别强调国家权力对于中国政治发展和治理转型的作用。海外学者更多地强调了中国“国家权力”在应对变迁

① 郁建兴、何子英：《走向社会政策时代：从发展主义到发展型社会政策体系建设》，《社会科学》2010 年第 7 期。

② ［德］托马斯·海贝勒、君特·舒耕德：《从群众到公民——中国的政治参与》，张文红译，中央编译出版社 2009 年版，第 214 页。

③ 楚德江：《自发秩序与政府驱动——当代中国社会变革的动力分析》，《南京师范大学学报》（社会科学版）2012 年第 1 期。

④ ［美］约翰·凯克斯：《为保守主义辩护》，江苏人民出版社 2003 年版，第 32 页。

和维系稳定中的“弹性”和“适应性”，如上述所提及的黎安友的“韧性威权”和舒耕德的“适应性威权主义”等，强调国家权力通过对发展主义的应用和强调、对政治和经济精英的吸纳、对社会现状和媒体系统的严密控制以及对审议式民主（如公开听证会、基层民主实践、地方政府创新）的逐渐运用来进行小幅的调整和变革。与之相近，国内的一些学者则使用了国家重建①、渐进式改革②、国家建设③等概念来强调国家权力在中国政治变迁中的功能，认为中国通过主动变革和积极应对来推动治理转型和政治变迁，这包括中国科层制的理性化④、新的激励和目标管理体制⑤、治理方式的创新⑥等，进而带来政府的专业化、有效化等。（2）强调自发秩序在中国政治发展和治理转型中的作用。学者们认为随着中国“全能主义”治理体制的落幕，那种“国家消解社会”、“有国家无社会”的格局已经一去不复返，社会开始从国家中独立与成长。一方面，学者们基于现实的考察，围绕社会抗争、阶级形成、政治信任、权利意识、第三部门和NGO、公民参与等概念工具和分析框架，描绘了一个具有自组织能力并敢于挑战政府权威的中国社会图像。另一方面，学者们基于理论的分析，强调自发秩序在推动中国政治转型中的作用。这主要包括三种：社会学常援引的“市民社会”理论⑦，政治学常引用的“治理”理论⑧，公

---

① 参见马骏《经济、社会变迁与国家重建：改革以来的中国》，《公共行政评论》2010年第1期。

② 参见徐湘林《转型危机与国家治理：中国的经验》，《经济社会体制比较》2010年第5期。

③ 参见徐勇《“回归国家”与现代国家的建构》，《东南学术》2006年第4期；林尚立：《社会科学与国家建设：基于中国经验的反思》，《南京社会科学》2011年第6期。

④ 参见渠敬东、周飞舟、应星《从总体支配到技术治理——基于中国30年改革经验的社会学分析》，《中国社会科学》2009年第6期。

⑤ 参见王汉生、王一鸽《目标管理责任制：农村基层政权的实践逻辑》，《社会学研究》2009年第2期。

⑥ 参见曹正汉《中国上下分治的治理体制及其稳定机制》，《社会学研究》2011年第1期。

⑦ 参见何增科《公民社会与第三部门》，社会科学文献出版社2000年版；卢汉龙：《民间组织与社会治理》，《探索与争鸣》2006年第5期；郑杭生：《培育和发展社会组织的意义和思路》，《人民日报》2009年11月24日；郭巍青：《NGO的三重功能———以地震救援经验为基础的分析》，《探索与争鸣》2008年第7期；王名：《走向公民社会——我国社会组织发展的历史趋势》，《吉林大学社会科学学报》2009年第3期。

⑧ 俞可平主编：《治理与善治》，社会科学文献出版社2000年版；郁建兴、王诗宗：《治理理论的中国适用性》，《哲学研究》2010年第10期；何增科：《公民社会与民主治理》，中央编译出版社2007年版。

共行政学所强调的“新公共管理”理论①。市民社会理论强调，市民社会是与国家相对，并部分独立于国家的实体，塑造一个积极的市民社会是当代中国社会有序运行的重要保障；治理理论强调，现代社会的有效治理并不取决于政府单边的自上而下的管理，而是取决于各种公共的或私人的机构共同协商参与的管理②；新公共管理强调，应该将私营部门的成功管理方法和经验引入公共部门，改变政府在公共管理和服务中的角色——由“划桨”转为“掌舵”，进而通过重新塑造市场来引导私人部门参与公共管理，促使政府从公共物品的直接供给者向管理和服务的策划者、引导者转变。

（二）对既有文献的小结与述评

综观上述研究，有关中国政治发展的研究文献不可谓不丰富，观察既涉及政道层次，又涉及治道层次，还关注到了转型动力，为我们呈现出了一幅“横看成岭侧成峰，远近高低各不同”的中国政治发展图景。然而，这并不是说目前中国政治发展的研究就是完美无缺的。相关的学术批评主要集中在两个方面：

第一，对于研究视角的批评。当前有关中国政治发展的研究，可以归纳为“两多两少”，即“静态概括较多，动态演绎较少；具象描述较多，理论揭示较少”。“静态概括较多，动态演绎较少”是指有关中国政治发展的研究囿于“时代”的限制，缺乏一种将过去、现在和未来串联在一起的历史宏观视野。之所以如此，根本原因在于“具象描述较多，理论揭示较少”。所谓“具象描述较多，理论揭示较少”是指当前有关中国政治发展的研究大多停留在“具象”层面，没有触及中国政治发展背后的逻辑，如中国政治发展已然发生的从“全能型政府”到“发展型政府”，再从“发展型政府”到“服务型政府”的这种转变，其背后的逻辑是什

① ［美］戴维·奥斯本、特德·盖布勒：《改革政府——企业精神如何改革着公共部门》，周敦仁译，上海译文出版社 1996 年版；［美］B. 盖伊·彼得斯：《政府未来的治理模式》，张成福译，中国人民大学出版社 2001 年版；丁煌：《政府的职责：“服务”而非“掌舵”——〈新公共服务：服务，而不是掌舵〉评介》，《中国人民大学学报》2004 年第 6 期；吴爱明、沈荣华、王立平：《服务型政府职能体系》，人民出版社 2009 年版；陈天祥：《新公共管理——政府再造的理论与实践》，中国人民大学出版社 2007 年版；敬乂嘉：《合作治理：再造公共服务的逻辑》，天津人民出版社 2009 年版。

② 李友梅：《中国社会管理新格局下遭遇的问题——一种基于中观机制分析的视角》，《学术月刊》2012 年第 7 期。

么？沿着这一逻辑，中国又会呈现出什么样的政治发展道路？由此可见，仅仅停留在“静态概括”和“具象描述”无助于揭示中国政治发展的深层机理和宏观图式，我们必须突破表面的浮华探究问题的内里，突破时空的局限探究发展的轨迹，以期越树木而见森林，溯溪流而求渊源。

第二，对于研究方法的批评。正如上述，有关中国政治发展动力的研究主要集中在两个方面：一方面为国家层面，另一方面为社会层面。对此，张永宏和李静君批评到，“既有的中国研究领域可以分为有关中国国家研究和有关中国社会研究两个部分，这体现了中国社会政治发展的二元性”①，这种二元性是对国家与社会相互关系的一种顾此失彼的“割裂”。张永宏和李静君以学界对于维稳的研究为例，批评到，学术界“一方面从适应性和弹性的威权国家来解释社会稳定，另一方面从能动的公民权利意识的崛起来解释群体性事件的产生。然而，由于缺少关于国家与社会之间的权力理论以及政府和民众之间互动的经验资料，目前对于维稳的机制和影响的研究还远远不足”。② 由此可见，目前的解释框架有着鲜明的“二元性”色彩，存有将“国家”与“社会”割裂开来的危险。回顾来看，这种在研究范式上将“国家”与“社会”割裂开来的做法其实一直存在，徐勇就曾指出：“如果说在1980年代政治学的视野中是‘有国家无社会’的话，那么1990年代政治学界最为流行的是国家与社会二元分析框架，旨在发现市民社会（公民社会）在中国的萌生。在这一过程中，学界有意无意地遮蔽了国家与社会框架的另一个维度——国家。进入新世纪以后，对国家的论述逐步增多，大有‘回归国家’之势”。③ 由此可见，在有关“国家与社会”研究范式的使用上，学界陷入了“国家范式”—“社会范式”—“国家范式”的二元割裂、循环往复的怪圈中。因此，我们的研究应该突破对于“国家”或者“社会”单一性的强调，把“国家与社会互动”的研究范式找回来。

总结上述，我们的努力应该在于：在研究内容方面，寻找中国政治发展的内在逻辑，进而能够通过这一逻辑将中国政治发展的过去、现在和未来串联起来；在研究方法方面，我们应该突破当前所存在的将国家与社会

① 张永宏、李静君：《制造同意：基层政府怎样吸纳民众的抗争》，《开放时代》2012年第7期。

② 同上。

③ 徐勇：《“回归国家”与现代国家的建设》，《东南学术》2006年第4期。

割裂开来的二元范式，尝试将国家与社会结合在一起，进而从国家与社会互动的视角来研究中国的政治发展，强调恰恰是国家与社会的相互作用，共同推进了中国的政治发展。

三 研究方法

（一）对既有“国家—社会”解释框架的反思

在正式介绍本书所采用的“国家—社会互动论”之前，我们有必要对当前流行的“国家—社会”研究框架做些反思。改革开放以来，中国的国家与社会关系发生了重大变革，一个相对独立于国家体制的公共空间获得迅速成长。在此背景下，“国家—社会”这一研究范式于20世纪90年代引入中国，并迅速成为政治学界最为流行的解释框架，正如有学者所指出的那样，“在转型期中国社会与政治的发展模式分析中，国家与社会关系的分析框架具有较强的适用性”。[①] 经过多年的引介和发展，形成了公民社会、国家建设、分类控制、法团主义四种主要的理论框架和解释模型。

（1）公民社会理论。在中国国家与社会关系研究中，公民社会是最先流行的分析框架，它为改革开放以来所涌现的大量民间组织及其政治、经济、社会影响提供了一种解释。公民社会又称市民社会，是国家领域和市场领域之外的所有民间组织或民间关系的总和。作为一种理论主张，公民社会主要关注民间社团的发展，强调社会相对于国家的独立性和自治功能，进而主张发挥社会组织在应对市场失灵和政府失灵上的特殊作用和优势。概括而言，公民社会理论具有如下特点：第一，在价值上，公民社会强调国家与社会的分立和制约，它被描述为一个先于国家产生、外在于国家、不受国家干预的独立和自主领域；第二，在要素上，公民社会由各种民间组织构成，这些组织具有非政府性、非营利性、相对独立性、自愿性等特点；第三，在功能上，公民社会是一种以非官方、非市场形式实现社会资源动员和整合的方式，它是公民参与公共事务和实现自治的一个重要平台。

（2）国家建设理论。与公民社会旨在“发现社会”的研究取向不同，国家建设强调研究取向上的“回归国家”，是一种重视国家研究的政治学

---

① 齐凌云：《中国社会与政治的发展模式——国家与社会关系分析框架下的研究范式》，《探索与争鸣》2006年第6期。

分析框架。从“发现社会”到“回归国家”，这种转变的根本原因在于，国家始终是权力结构中的核心力量，集聚合法的权力并运用于特定目标，只有国家才能做得到。在中国语境中，国家建设被笼统地解释为“现代化过程中以民族国家为中心的制度与文化整合措施、活动及过程，其基本目标是要建立一个合理化的、能对社会与全体民众进行有效动员与监控的政府或政权体系”。[①] 国家建设理论的核心主张有两点：第一，国家建设应优先于大众民主的发展，能够实施有效治理的国家是民主运行的载体，缺乏必要的国家基本制度建设，大众民主就难以维持和运转；第二，国家建设的目标应该是一个“有限”但却“有效”的政府，这是因为国家作为政治和经济过程中具有自主性和能动力的行动者，国家行动的绩效取决于国家能力的强度。概括而言，国家建设理论所主张的其实是一种詹姆斯·麦迪逊（James Madison）的政治发展模式，即“必须首先使政府有能力控制被统治者，其次要强制政府控制自己”[②]。

（3）分类控制理论。该理论是康晓光和韩恒通过考察国家对多种社会组织的实际控制而提出来的一个有关国家与社会关系的本土化解释框架。[③] 分类控制理论强调，从整体上来看，中国政府管理社会组织的手段不是“单一的”，而是“多元的”，即政府会根据社会组织的挑战能力和提供的公共物品，对不同的社会组织采取不同的控制策略。分类控制的目的在于最小化社会组织的挑战能力和最大化社会组织的公共服务能力。针对挑战能力较强的社会组织，政府会采取禁止、取缔、行政吸纳等策略；针对具有公共服务属性的社会组织，政府则会采取鼓励和支持的策略。作为一种方法论，分类控制理论蕴含了如下的国家与社会关系特点：第一，国家在与社会的权力分配格局中占主导地位，并对公共领域有较强的指导和干预功能；第二，社会拥有一定的表达空间，不同领域、不同类型、不同规模的社会组织其表达空间有着显著的不同。

（4）法团主义理论。如同分类控制理论一样，法团主义是基于中国公民社会相当薄弱，无力构成洛克所讲的“公民社会独立于国家”的要

---

① 龙太江：《乡村社会的国家政权建设——一个未完的历史话题》，《天津社会科学》2001年第3期。

② ［美］汉密尔顿、杰伊、麦迪逊：《联邦党人文集》，商务印书馆2004年版，第262页。

③ 参见康晓光、韩恒《分类控制：当前中国大陆国家与社会关系研究》，《社会学研究》2006年第6期。

求而提出来的。正如现实所呈现的那样，中国的社会组织具有“半官半民”的双重属性，社会行为也受到“行政机制”和“自治机制”的“双重需求”，它并非是一个独立于国家之外的公共领域，而是“社会”和“政府”共同认可的“交叉地带”。与公民社会所强调的国家与社会分立和制衡不同，法团主义强调国家与社会的协作与融合，二者融合所形成的法团化组织应该是整个社会良好运作的中介。为此，需要把数量有限的组织化利益群体整合进国家，受国家的控制和约束，这些功能单位得到国家的认可，它们被授予本领域内的绝对代表地位。作为交换，它们的需求表达、领袖选择、组织支持等方面的行动受国家的一定控制。著名的法团主义者威亚尔达将法团主义核心观点凝练为以下三点：第一，一个强势的主导国家；第二，对利益群体自由与行动的限制；第三，吸纳利益群体作为国家系统的一部分，让他们代表成员利益的同时，帮助国家管理和开展相关政策。

就上述四种解释框架而言，它们大体是一种将国家与社会关系置于强弱对比的分析模式，无法解释当前中国的政治改革和政治发展。其中：第一，国家建设理论、分类控制理论和法团主义理论是一种“强国家—弱社会”的理论类型和主张，其在解释模式上沿用了黑格尔的“国家高于社会”或称“国家宰制公民社会”的观点，强调国家对社会的塑造功能以及社会从属于国家的被支配地位，这一解释模式的弊端在于：从理论来看，有夸大国家作用之嫌，过于强调国家在政治发展中的主导作用和独立性，忽视了对于国家双重角色的判定，即国家既是权威者又是乞求者，它对社会存有合法性的乞求，国家是“听命于他人的人”，权威者的行动必须符合社会大众的心理期待和需求①；从实践来看，忽视了社会的功能和作用，与之相关的质疑在于，弱社会是否就一定无力对抗和规训强国家，进而在政治发展中处于一种缺席的状态？斯科特的相关研究支持了这一质疑，他在《弱者的武器》一书中，向我们展示了弱社会同样有挑战强国家的功能和作用。第二，公民社会理论则是一种“强社会—弱国家”的理论类型和主张，其在解释模式上沿用了洛克的“社会先于国家”或“社会对抗国家”的理论，强调社会相对于国家的独立性和自治功能。

① 参见乔尔·S. 米格代尔《强社会与弱国家：第三世界的国家社会关系及国家能力》，张长东等译，江苏人民出版社 2005 年版，第 9 页。

这一解释模式的弊端在于，公民社会理论虽然注意到了中国社会的成长与独立这一现实，但是却忽视了中国社会的成长与独立并不意味着一个“强社会”的出现。基于此，包括邓正来①、王绍光②等在内的众多学者开始反思“公民社会”理论在中国的适用性。这些批评和反思表现为以下三点：（1）公民社会强调社团相对于国家的独立性，而中国不存在“不受制权力支配的自由组织”③；（2）由于中国“社会”并非铁板一块，“社会”这个概念也无法用来对除国家力量之外的全部社会势力做一种笼而统之的认知与解读；（3）“国家与公民社会”理论模式常常表现为“国家与中产阶级”，而中国农村的现状大体还无法达到公民社会要求，也就无法发挥“公民社会”基本的政治、社会功能。④

（二）将“国家与社会互动论”带回分析中心

由于既有的“国家—社会”解释框架存有上述所提及的缺陷和弊端，因此，我们不能直接对其进行“套用”，这是因为，如果采用国家建设、分类控制、法团主义等理论，我们会忽视社会对于中国政治发展的贡献；反之，如果采用公民社会理论，则与中国并不存在一个强大公民社会这一现实相悖。仔细观察来看，当前中国的政治发展更像是新制度主义所强调的“社会需求—国家供给”⑤ 的变迁与发展过程，为此，吴忠民又形象地称之为“社会倒逼型改革”⑥，即国家为了维持政治稳定，根据社会需求进行调适和变迁，进而推动了中国的政治发展。

一般而言，政治不稳定主要源于国家供给与社会需求的错位与失衡。从历史经验来看，各个政治系统在应对政治不稳定上，主要有三条路径：

---

① 相关研究主要体现在《关于“国家与市民社会”框架的反思与批判》和《“生存性智慧模式”——对中国市民社会研究既有理论模式的检视》两篇文章中。

② 相关研究主要体现在《中国的社团革命——中国人的结社版图》一文中。

③ ［美］查尔斯·泰勒：《市民社会的模式》，冯青虎译，邓正来、［美］杰弗里·亚历山大主编：《国家与市民社会：一种社会理论的研究路径》（增订版），上海人民出版社 2002 年版，第 28 页。

④ 邓正来：《“生存性智慧模式”——对中国市民社会研究既有理论模式的检视》，《吉林大学人文社科学报》2011 年第 2 期。

⑤ 参见林毅夫《关于制度变迁的经济学理论：诱致性变迁与强制性变迁》，［美］科斯、诺斯等：《财产权利与制度变迁——产权学派与新制度学派译文集》，上海三联书店 2002 年版，第 371—418 页。

⑥ 参见吴忠民《社会矛盾倒逼型改革的来临及去向》，《中国党政干部论坛》2012 年第 4 期。

一为暴力镇压，即通过国家机器来强行压制社会的需求，进而达至刚性的政治稳定；二为意识形态，即通过意识形态的说服功能，让社会大众主动降低自己的需求；三为满足社会需求，即强调国家供给与社会需求的一致性，这包括：政治制度上的民主化，满足社会的政治参与需求和当家作主的意愿；公共服务上的有效供给，满足社会对基础设施、社会福利、就业医疗等方面的需求。对比这三者来看，前两种方式有着显著的缺陷。暴力镇压由于需要动用警察、监狱、法庭等国家机器，所以治理成本比较高，更为重要的是，暴力镇压所达至的只是一种刚性稳定，并没有从根本上解决社会矛盾，而且在现代社会，通过暴力镇压来维系政治稳定的方式受到了人权理论的持续批评和挑战，所以，暴力镇压的方式在现今只是被当作一种备而不用的手段被保留。意识形态的魅力在于，它通过对未来的构建和对美好的许诺来缓解和推延社会的需求，然而，这种“寄希望于未来”的方式受到了现代社会祛魅的挑战，斯科特就强调说：对威权进行象征性的和意识形态的阐述，并不能使从属者相信他们处于这种地位的正当性——他们很容易看穿这一点——毋宁说制造一种坚固的、无法抵抗的权力的象征。[①] 所以，在现代社会，除了少数宗教国家，大多数国家的意识形态都转向了世俗化，以满足社会需求作为自己理论的出发点。排除上述两点，满足社会需求就成为现今多数国家所采用的方式和手段。这背后的理论基础就在于：“现代国家的合法性清晰而不可动摇地建立在大众主权概念之上，这在今天已没有疑问。大众主权当然是现代民主政治的基石，但是，大众主权观念还具有一种超越民主畛域的更为普遍性的影响。即使不是民主的现代统治形式，也绝对不能根据神圣权利，或王朝继承，或征服权利，来宣布其合法性，而必须根据无论以什么方式表达的人民意志宣布其合法性。寡头政治，军事独裁，一党专政，无不代表人民或必须宣称代表人民，进行统治。”[②]

本书将国家通过制度变革和政策调整来满足社会需求进而维系政治稳定的这一解释框架称之为“国家—社会互动论”。“国家—社会互动论”的基本逻辑链条可以概括为：社会需求→政治互动→国家供给→政治发

① 转引自［英］大卫·比瑟姆《政治合法性》，［英］凯特·纳什、阿兰·斯科特主编：《布莱克维尔政治社会学指南》，李雪、吴玉鑫、赵蔚译，浙江人民出版社2007年版，第110页。

② ［印度］帕萨·查特杰：《被治理者的政治：思索大部分世界的大众政治》，田立年译，广西师范大学出版社2007年版，第32页。

展。这也就是说，政府从它所处的社会环境中获得输入，这表现为社会需求，然后输出结果以作为对社会环境的反应，这表现为国家供给，经过社会需求输入和国家供给输出这一互动过程，最终推动了政治发展。作为一个分析框架和理想标准，“国家—社会互动论”主要突出了三点内容：第一，目的上的“政治稳定论”，国家供给与社会需求的一致性是维系政治稳定的主要方式和手段；第二，标准上的“社会中心论”，强调社会需求导向下的国家供给，社会需求是推动政治发展的基本动力，社会需求主要表现各种各样的公民权利，公民权利的发展路径不同，政治发展的道路也就会不同，这一标准旨在强调“从社会发现国家”，关注“国家治理的社会基础”；第三，过程上的“国家能动性”，强调国家在应对社会变迁中的学习力和回应性，能够根据社会需求进行调适，进而在动态调适中保持国家供给与社会需求的一致性，维系政治稳定。

在提出“国家—社会互动论”这一解释框架之后，随之而来的问题即为国家—社会互动论何以成立？对此，我们可以借用合法性、新制度主义和政治发展等政治学基本理论来加以阐释。

第一，合法性中的“国家—社会互动论”。

政治合法性是自政治权力从社会中分离出来之后就一直为人们所关注的一个重大问题，它涉及人们对统治者与被统治者关系的评价以及由此产生的统治的权利和服务的义务等问题。所谓政治合法性，是被统治者对身处其中的特定政权及其执掌政治统治正当性的判定及相应地对其统治权力的自愿承认和服从。① 在张星久教授看来，政权维系统治的途径主要有三种：暴力、功利与自愿。但是，“单纯的暴力强制首先需要持续地投入大量的镇压力量，动用大量的资源……所以，这种赤裸裸的暴力统治最终会由于代价过于高昂而难以为继”②，而功利的赎买手段，则存有“统治者资源的有限性”与“被统治者欲望的无限性”之间的张力，因此，维系统治最重要的方式手段就是“被统治者的自愿服从”。“被统治者的自愿性服从”也就是韦伯所讲的“经典性”的合法性概念。韦伯具体区分了三种合法性类型，即法理型、传统型和领袖魅力型。虽然随着时代的发

① ［美］杰克·普拉诺等：《政治学分析辞典》，胡杰译，中国社会科学出版社1986年版，第82页。

② 张星久：《论合法性研究的依据、学术价值及其存在的问题》，《法学评论》2000年第3期。

展，各国纷纷由传统国家迈向现代国家，合法性的来源也主要由传统型和领袖魅力型变为法理型，但是，一个国家的合法性主要源自民众的认可和信仰却是没有改变。因此，一个国家的统治者必须根据被统治者的需求进行统治，不断对被统治者的需求做出回应，根据社会需求的变化来调整国家治理，进而使被统治者维持这样的信仰，即认为现有政治制度是一种最适合于这个社会的制度。由此可见，合法性的基本核心理念就是一种“国家—社会互动论”，强调社会是国家合法性的来源，国家供给应该根据社会需要做出调整。

第二，新制度主义中的“国家—社会互动论”。

新制度主义作为对以制度为中心的传统政治学研究方法的一种反思，它的产生源于学者们对这一问题的思考，即同为民主政府，为什么有些民主政府获得了成功而有些却失败了？作为反思的结果，新制度主义拓宽了原来制度主义所关注的焦点和范围，在保留了“制度建构政治”这一理论主张的基础上，进一步强调制度成长与运行的社会环境，即“制度为历史所建构”。在新制度主义的支持者看来，任何一个制度所植入和生存的社会、经济、文化和政治背景都是极其不同的，它们在很大程度上影响着制度的绩效。正如帕特南所说，“制度的实际绩效受到了它们运行于其中的社会背景的制约”。[①] 帕特南将新制度主义的基本理论主张概括为如下模型：社会的需求→政治互动→政府→政策选择→实施。[②] 在这一模型中，制度不是一个自变量，而是一个受制于社会需求的因变量，它是根据社会的需求来做出调整和变革，这在很大程度上也是一种“国家—社会互动论”的体现。政治发展作为从传统社会向现代社会的变迁过程和结果，它集中表现为一系列制度的变迁，而制度变迁的基本推动力量又在于社会需求的变化，因此，社会需求的变迁路径决定了制度的变迁路径，制度的变迁路径又最终决定了政治发展的路径。

第三，政治发展理论中的“国家—社会互动论”。

政治发展理论是于20世纪50年代初期兴起的一个新的政治学领域，它主要研究第二次世界大战后的新兴国家从“传统社会”向“现代社会”的政治变迁。因此，西方学者在定义政治发展时，普遍认为，政治发展就

---

① ［美］罗伯特·D. 帕特南：《使民主运转起来》，王列、赖海榕译，江西人民出版社2001年版，第9页。

② 同上。

是发展中国家由传统政治体系向现代政治体系发展的过程和结果。一般来说，政治发展主要有两种途径和方式：一种是政治革命，另一种是政治改革。就变革成本而言，革命作为一种暴力式的变革方式，虽然能在短时期内实现政治变革，但是相应的社会损失和变迁成本一般比较巨大；而改革作为一种温和式的变革方式，它一般是分阶段来完成，由于变革成本能够分摊到各个时间段，所以变革成本相对较小，能够保持社会的连续性和稳定性，民众也容易接受。特别是在“和平与发展”成为时代主题的今天，各国在政治发展方式的选择上一般都拒绝革命而选择改革。虽然革命和改革的根本原因都在于国家供给与社会需求的不一致，但是两者的区别主要在于：革命发生的原因在于当国家供给与社会需求不一致时，国家并没有做出相应的调整，致使两者的偏离逐渐变大，这也就是列宁所强调的，革命产生的必然性在于“统治阶级已经不可能照旧不变地维持自己的统治；‘上层’的这种或那种危机，统治阶级在政治上的危机，给被压迫阶级不满和愤慨的迸发造成突破口”[①]；而改革的特点在于，国家供给对社会需求保持了较强的敏感性，能够根据社会需求的变化不断做出调整，进而在调适中日趋稳定。由此可见，政治发展的基本动力也是源自社会需求，也就是马克思所讲的“经济基础”，国家供给根据社会需求的调整过程，特别是政治改革的过程，也就是政治发展的过程。因此，政治发展理论也有着浓郁的“国家—社会互动论”色彩。

四　研究设计

本书以当前的政府转型为研究对象，以国家—社会互动论为研究方法，分析了当前中国从“发展型政府”向“服务型政府”转型的背景、过程和效果。在此基础上，本书指出，中国的政治发展遵循了一种“社会需求—国家供给”的变迁逻辑。以此逻辑为基础，本书进一步得出，中国的社会需求表现为一种“先经济权利，再社会权利，最后政治权利”的发展路径，作为对社会需求的一种反应，国家供给相应表现为“先发展经济，再追求公正，最后践行民主”的发展路径。最后，本书将这种“社会需求—国家供给”的政治发展逻辑称之为“回应性政治发展”，并对这一政治发展逻辑进行了介绍、分析和评价。图0－1展示了本书的基本分析思路和框架，以下的各章安排基本上按照这一图式展开。

---

① 《列宁选集》（第2卷），人民出版社1995年版，第460页。

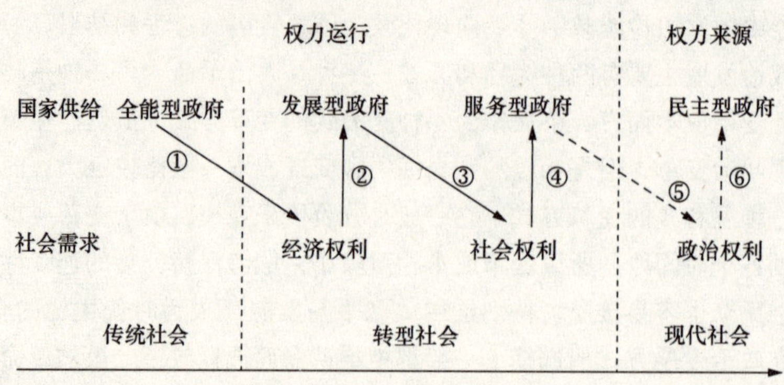

图0-1 总体分析框架

注：图中“——→”代表已经发生，“- - - - -→”代表未来指向。

第一章的标题为“告别全能：发展型政府的兴起与实践”，这一章对应于图式中的①和②。本章节主要回顾了“发展型政府”的兴起背景、运作方式和制度绩效。1978 年的改革开放标志着中国开始从全能型政府向发展型政府转型，这次转型的逻辑可以概括为“为了回应经济发展的转型”，这是由于旧有的全能型政府无力拉动经济增长、解决社会温饱，致使制度绩效低下，民众的经济权利得不到满足，“文化大革命”更是标志着民众对于全能型体制不满的总爆发。随着 1978 年“以经济建设为中心”的确立，中国迈向了发展型政府，拉动经济增长，满足民众的经济权利需求成为这一体制的核心内容。在此基础上，文章对发展型政府的基本理念、运作方式和制度绩效进行了详细介绍。

第二章的标题为“治理困局：发展型政府的异化与危机”，这一章对应于图式中的③。本章节着重介绍了发展型政府的异化、表现和结果。发展型政府的异化主要有两个方面：一个是发展理念向 GDP 崇拜的异化，这表现为政府过于推崇经济发展职能，从而忽视了公共服务职能，最终造成了社会分配危机；另一个是稳定理念向刚性维稳的异化，这表现为为了维持政治稳定，政府采取了“堵”而非“疏”的刚性维稳机制，最终造成了利益表达困境。社会分配危机和利益表达困境又进一步导致了国家能力的畸形发展，前者表现为国家的汲取能力较强而再分配能力不足，后者表现为国家的强制能力较强而规范能力不足，国家能力畸形发展的结果就是社会抗争的高发，这也就是当前治理危机的重要背景和成因。

第三章的标题为“社会何求：从经济发展到社会公正”，这一章同样对应于图式中的③。本章节对当前的社会需求转向进行了分析，着重探讨了当前中国政治发展的社会基础。文章以当前的社会抗争为出发点，分析社会抗争的属性，着重指出当前社会抗争的核心议题是社会公正。以这一事实为出发点，文章从文化层面和现实层面进一步分析了中国的社会需求和社会基础，并进一步指出，从文化层面来讲，中国强调“经济与社会权利优先”的权利逻辑；从现实层面来讲，中国目前还不具备一个能够承载民主体制的公民社会。因此，从社会需求的角度出发，中国呈现为一种不同于西方的权利逻辑，并非是马歇尔所强调的公民与政治权利优先的发展次序，而是经济与社会权利优先的发展次序，具体体现为“先经济权利，再社会权利，最后政治权利”。

第四章的标题为“政府何为：从发展型政府到服务型政府”，这一章对应于图式中的④。本章节对当前政府转型的具体过程和实际作为进行了分析。针对社会需求从经济发展向社会公正的转变，国家供给也开始从发展型政府向服务型政府转型。本章节介绍了服务型政府的基本内涵、实践方式以及制度绩效，并强调指出，服务型政府的价值导向为社会公正、具体职能为公共服务，在具体的实践中，服务型政府针对发展型政府的一系列弊端进行了修正。

第五章的标题为“政治发展：政府转型的逻辑与效果分析”，这一章对应于图式中的⑤和⑥。本章节首先对中国的政治发展逻辑进行了归纳，并将其概括为“回应性政治发展”，并具体指出，回应性政治发展的机理为“社会需求—国家供给”，其有三个基本特点：政治稳定是回应性政治发展的逻辑起点，国家与社会的互动是回应性政治发展的运作过程，政治发展是回应性政治发展的实际结果。在此基础上，文章对当前的政治发展现状进行了分析，并解答了当前的政府转型在多大程度上解决了当前的困境和危机，要想进一步解决困境和危机，国家还需要做哪些调整和改变。本章节最后指出，要想根本上解决民生问题，实现社会公正，政治体制改革躲不开绕不过，只有发展民主，才能更好地保障民生。

结语的标题为“在国家与社会互动中理解中国的政治发展”，该部分主要从过程和结果两个维度对当前中国的国家与社会互动状态进行了评析。在过程上，从“社会需求→政治互动→国家供给→政治发展”这一逻辑链条来看，当前中国的政府转型过程表现为“社会公正→社会抗争→服务型政府→非选举问责”；在结果上，当前中国的政府转型大体上符合“国家—社会互动论”的解释框架，但是并不理想，这其中的原因就在于中国民主机制的落后，因此，我们需要通过发展民主机制来促进国家与社会的良性互动。

第一章　告别全能：发展型政府的兴起与实践

经济工作是当前最大的政治，经济问题是压倒一切的政治问题。不只是当前，恐怕今后长期的工作重点都要放在经济工作上面。

——邓小平

我国经济能不能加快发展，不仅是重大的经济问题，而且是重大的政治问题。党要承担起推动中国社会进步的历史责任，必须始终紧紧抓住发展这个执政兴国的第一要务。

——江泽民

第一节　回应经济发展的转型

一　作为背景的全能型政府

所谓全能型政府即全能主义（Totalitarian），通常是指某一人或政党、特定群体以独特的方式垄断政权，在此体制下，权力绝对集中，国家透过宣传与动员，控制人民生活的所有层面。概括而言，全能主义具有四个基本特征：一个官方意识形态；一个单一的大众政党，其典型特征是由一人独裁领导；通过技术垄断了的对传播媒介的控制权；通过官僚来实现的对整个国民经济的中央控制和指导。[①] 根据汤森等的判断，中国的全能型政府始于1958年的“大跃进”，终于1976年的“毛泽东逝世”。由于其后

① ［美］詹姆斯·R. 汤森、布兰特利·沃马克：《中国政治》，顾肃、董方译，江苏人民出版社2003年版，第11—12页。

两年仍处于徘徊时期，“两个凡是”更被认为是之前政策的一种延续，所以，学界通常以 1978 年的十一届三中全会作为中国全能型政府的终点。在这一段时期里，国家和政府的“全部努力都是按照毛泽东所规定的目标重新为新中国政治导向”[①]，因此西方学者又将这一时期称为“毛时代”。

从实践来看，中国的全能型政府有如下四方面的特点：（1）“卡里斯玛式”的合法性类型，毛泽东的个人魅力成为政权合法性的主要来源，一方面，整个国家建设和政治发展都是按照毛泽东所规定的目标和方向前进；另一方面，毛泽东个人在群众中积累了至高无上的威望，他被形象地称为“红太阳”。（2）对最高领导个人负责的问责机制，这一点是第一点卡里斯玛式合法性类型的再延伸。在全能主义体制下，毛泽东的“个人专断作风逐步损害党的民主集中制，个人崇拜现象逐步发展”[②]，全国人民忠诚的对象主要是作为最高领袖的毛泽东个人，正如歌曲中所表达的那样，“爹亲娘亲不如毛主席亲”、“毛泽东思想是革命的宝，谁要是反对他谁就是我们的敌人”。（3）意识形态动员型的权威实施方式，正如上述所提及的，全能型政府的第一个特点就是“一个官方意识形态”。自 1958 年以来，中国逐步迈向和确立了“以阶级斗争为纲”的官方意识形态，这种意识形态强调继续革命论。因此，汤森等就认为，中国政治是长期革命的产物，新中国成立以后中国所进行的一系列建设和运动都是之前革命的一种再延续。[③] 这种以“阶级斗争为纲”的意识形态具有两方面的内容：第一，反复的、有可能是暴力的斗争对于防止资本主义复辟和保持无产阶级政权是必要的；第二，正确的意识形态——绝对献身于集体主义、平均主义和共享的社会——是革命成功的关键。（4）中央高度集权的央地关系，所有的地方政府都不过是中央政府的派出和代理机构。中央的高度集权主要体现在三个方面：一是体制上的中央集权制；二是公共决策机制上中央对于决策的垄断，严格遵循中央决策—地方执行的政策过程；三

① ［美］詹姆斯·R. 汤森、布兰特利·沃马克：《中国政治》，顾肃、董方译，江苏人民出版社 2003 年版，第 21 页。

② 参见《关于建国以来党的若干历史问题的决议》。

③ 在汤森等看来，尽管中国共产党在 1949 年取得了胜利，但革命时期却一直延续到 1976 年毛泽东去世。1966 年发动的“无产阶级文化大革命”持续了整整 10 年，是中国政治中含有持续革命特征的一个明显证据。参见［美］詹姆斯·R. 汤森、布兰特利·沃马克《中国政治》，顾肃、董方译，江苏人民出版社 2003 年版，第 1—2 页。

是效果上的中央积极性的发挥。[①] 中央集权之所以能够在当时实现，主要依赖于两项基本制度：一是中央通过计划经济对财政权的控制，地方财政完全来自中央的配给；二是中央通过党管干部原则对人事权的控制，强调地方官员的绝对忠诚和服从。

与这种全能型的治理体制相匹配，国家在具体的治理方式上也表现出了显著的“全能主义”色彩，这表现为：（1）治理倾向上的“亲国家”，以国家替代社会。国家通过一系列的措施逐渐消解了社会，使整个国家与社会关系呈现为一种“有国家，无社会”的格局。这表现为：在城市由单位替代了社区，在农村由公社替代了基层社会。这种替代和消解的最终结果就是，“社会是高度一元化和板块化的，全能主义国家政权具有广泛而深入的对社会基层组织细胞与个人的政治控制力与动员力”[②]，“国家通过单位制、户籍制以及票证制，将所有的人组织在政治、经济、文化、军事的体制之中，国家湮没了社会，个人丧失了基本自由和创造力”[③]。（2）治理政策上的“政治性政策”，以计划替代市场。这表现为，国家建立了由中央统一指导和控制的计划经济体系。为了加强对市场的总体性支配和控制，中央政府建立了一个庞大的经济管理部门，正如何艳玲通过对国务院（政务院）机构变迁研究所显示的，“1970年之前，经济管理类所占比例有所波动，但基本呈上升趋势”[④]。这表明，国家对于市场的管理主要是通过“政治性政策”的直接干预来实现，大的方面表现为对企业实行的指标制，小的方面表现为对家庭实行的票证制。（3）治理理念上的“政治忠诚”，以忠诚替代发展。在国外冷战格局和国内意识形态挂帅的背景下，相比于经济发展和社会公平，国家更看重政治忠诚。这表现为：在官员选拔上，以“革命性”为硬性考察指标；在政策执行上，以“地方绝对服从中央”和“全国一盘棋”为指导原则；在绩效考核上，以是否严格执行和服从中央精神和指示为最终依据。与之相关的法规、政策主要体现在1949年的《关于干部鉴定工作的规定》和1964年的《关于

① 闫帅：《公共决策机制中的“央地共治”——兼论当代中国央地关系发展的三个阶段》，《华中科技大学学报》（社会科学版）2012年第4期。

② 萧功秦：《与政治浪漫主义告别》，湖北教育出版社2001年版，第207页。

③ 杨光斌：《中国政治30年：变迁与反思》，《探索与争鸣》2008年第12期。

④ 何艳玲：《中国国务院（政务院）机构变迁逻辑——基于1949—2007年间的数据分析》，《公共行政评论》2008年第1期。

科学技术干部管理工作条例试行草案》等。① （4）意识形态上的革命理想主义，以动员替代常规。为了实现“赶超型现代化”② 和坚持“以阶级斗争为纲”，国家进行了深入的群众动员，发起了一系列的政治运动。在冯仕政看来，与“赶超型现代化”和“阶级斗争为纲”相对应，国家的政治运动主要有两类：一类为生产性运动，旨在改造物质世界，提高国家生产效率和产出，诸如“农业学大寨”和“大跃进”运动，以及在这些运动中所体现出来诸如“贯彻指示不过夜，推广经验不过宿”、“和火箭比速度，与日月争高低”等口号；另一类为规训性运动，旨在改造人的思想、行为和关系，进行政治规整，使其思想和行为与国家行动保持高度一致，保持个人的革命性和无产阶级色彩，诸如“破四旧”、“社会主义教育”等，以及在“文化大革命”中盛行的“反对帝富反右坏”、“横扫一切牛鬼蛇神”、“宁要社会主义的草，不要资本主义的苗”等。③

二 全能型政府的制度困局

这种国家对社会的严密把控，以国家替代社会、以计划替代市场、以忠诚替代发展、以动员替代常规、以革命替代建设的全能主义做法，完全窒息了社会的生命与活力。其中，（1）以国家替代社会、以动员替代常规的做法，使得国家可以随时随地、无所限制地侵入和控制社会的每一个阶层和每一个领域，制度化的社会束缚（诸如户籍制、单位制、公社制、票证制等）和常态化的社会动员（诸如各类生产和规整运动），消解了公民发挥自由权利的时间和空间，最终使公民个体丧失了基本自由。（2）以计划替代市场、以忠诚替代发展的做法，使得国家的经济发展遭遇到了“瓶颈”，特别是在“重工业—轻工业—农业”的发展次序下，作为人类生存基础的农业没有得到足够的重视，使得个人的生活水平仅

① 中国行政管理学会课题组：《政府部门绩效评估研究报告》，《中国行政管理》2006年第5期。

② 赶超型现代化，是指第三世界后发国家在现代国际经济体系影响下，充分利用后发优势，采取适合于自己的高效率途径，通过有计划的经济技术改造和学习先进国家，带动广泛的社会改革，加速实现向现代化工业社会的转变，从而迅速缩小同发达国家的差距和适应世界环境的发展过程。这一表述的核心内涵是工业化和经济发展问题。以突出经济的赶超发展为特征的赶超型现代化，是包括中国在内的第三世界发展中国家采取的现代化发展类型和发展模式。参见王雅林《中国的“赶超型现代化”》，《社会学研究》1994年第1期。

③ 参见冯仕政《中国国家运动的形成与变异——基于政体的整体性解释》，《开放时代》2011年第1期。

能维持在生存线，一方面是受“以阶级斗争为纲”影响的经济停滞，另一方面又是受“人多力量大”影响的人口增长，两相结合，最终使脆弱的经济无力应对庞大人口的分红食利，公民的财产权无法得以满足和保障。(3) 以计划替代市场、以革命替代建设的做法，侵害了公民的生命权。以计划替代市场，计划体制的弊端无力促使经济发展，再加上自然灾害，最终造成了三年自然灾害和大批人口的死亡；以革命替代建设，诸如“反右”、“文化大革命”、“文攻武斗”等革命运动和做法，更是使众多人的生命权受到了严重威胁和挑战。简而言之，全能型治理体制及其做法从根本上偏离了老百姓的经济权利需求，以生命权为主的各项经济权利都在国家的宏大叙事中、在癫狂的革命热情中、在未来的美好愿景中被漠视和侵害。

第一，以计划经济为主的全能型体制制约了经济增长，“蛋糕”越做越小，百姓越分越少。

从经济学的观点来看，经济发展具有“下溢效应”，个人收入与总体经济增长密切相关，只有“蛋糕”做大，才有“蛋糕”可分。然而，在当时，由于计划体制对市场和个人的束缚，做“蛋糕”的速度不仅没有加快，反而日趋变慢。

表 1-1　中国经济增长绩效的纵向历史比较（1952—1978）①

年份	GDP 增长率（%）	人口增长率（%）	人均 GDP 增长率（%）	就业增长率（%）	劳动生产率增长率（%）
1952—1957	9.2	2.4	6.8	2.8	6.4
1958—1976	5.4	1.9	3.5	2.5	2.9

表 1-2　中国经济增长绩效的横向国际比较（1965—1975）

国家/地区	GDP 增长率（%）	人均 GDP（美元）		人均 GDP 增长率（%）
		1965 年	1975 年	
中国大陆	4.7	706	874	2.2
中国香港	5.9	1804	2648	3.9

① 胡鞍钢：《中国政治经济史论（1949—1976）》，清华大学出版社 2008 年版，第 537 页。

续表

国家/地区	GDP 增长率（%）	人均 GDP（美元）		人均 GDP 增长率（%）
		1965 年	1975 年	
中国台湾	9.1	2056	3958	6.8
日本	8.0	5934	11344	6.7
韩国	11.6	1295	3162	9.3
马来西亚	6.4	1804	2648	3.9

资料来源：Angus Madison，*The World Economy*：*Historical Statistics*，Table 5b and Table 5c. 2004。

表 1－1 和表 1－2 从纵向历史维度和横向国际维度为我们展示了中国全能主义治理体制的制度绩效。从这两个表格来看，无论是纵向的历史比较，还是横向的国际比较，中国的全能主义体制都不利于经济发展。从纵向的历史比较来看，在 1958—1978 年这段时期，中国的各项指标都相比于 1952—1957 年大幅下降；而从横向的国际比较来看，在 1965—1975 年这段时期，中国的经济发展水平不仅不如日本、韩国等发达国家，甚至还远低于马来西亚。由于经济发展速度的减缓，个人所得也是寥寥可数。在 1965—1975 年这十年间，韩日马等国的人均 GDP 都实现了成倍的增长，而中国只是从 706 美元增长至 874 美元，增速只有 12%，近乎没有增长。

第二，以计划经济为主的全能型体制制约了个人发展，在配给制度下，个人所得仅能维持生存。

在整个计划经济下，限制按劳分配，推行平均主义的原则，国家通过配给制来对生产和生活资料进行分配，个人所得有限，仅能维持作为一个自然人得以生存的最低水平。具体而言，这表现为：

(1) 公民的个人财产数量和种类主要源自国家的有计划的配给，与个人主观能动性无关。个人获得生活资料的标准主要是“维持生计”，而非“个人努力”，用最通俗的话来说就是“干多干少一个样，干与不干一个样”。配给制度的基本特点就是凭票供应，其有如下特点：票证种类繁多，几乎涵盖了个人生活用品的所有领域；定量供应，即按照家庭人口的数目平均分配生活资料，无暇顾及每个人对生活资料的不同需求；定点供应，有些票据只能在某一地区、指定商店使用。

（2）公民个人的生活资料仅限于生活必需品，以维持起码的生存需要为目的。当时配给制度有一个重要的原则，那就是“满足需要，略有节余”。由于国家生活资料总量有限，有时候甚至连“满足需求”都无法达到，所以，所谓的“略有节余”，往往就是没有节余。即使略有节余，也严禁通过交换、贸易等形式来取得额外财产。在这一分配原则下，公民的个人财产只能维系生存，而不能享有和发展。

（3）公民个人财产在整个社会的生产格局中居于相当不重要的地位。首先，正如上述所提及的，公民个人财产在数量上只能维系基本生存，在类型上只能用于消费，处于生产、交换、分配、消费的末端；其次，在生产总格局中，国家的基本权重和排序为：重工业优先于轻工业，轻工业优先于农业，所以与个人生存紧密相关的农业并不太被注重，甚至在大多情况下，都要以牺牲农业来成就工业；最后，在“以农养工”的总体格局下，为了发展工业，在必要的情况下，维系个人生存的生活资料都有可能被征用，如“砸锅卖铁大炼钢铁”。

从制度经济学的角度来看，制度无以为继的典型指标就是制度绩效的降低和制度成本的增长。就制度绩效而言，正如表 1－1 和表 1－2 所示的，无论从纵向比较来看，还是从横向比较来看，中国的全能型体制不仅没有推动经济的发展，反而抑制了经济的发展。就制度成本而言，受社会抵抗和挑战的冲击，中国全能型体制的制度成本也在不断加大。徐勇将社会抵抗的原因概括为“饥饿逻辑”，在他看来，“无论是什么制度环境，生存总是人的本能”。[①] 然而，受国家“定产定购”、“统购统销”等配给制度的影响，百姓所得仅够维持基本生存，经常面临“吃不饱”的问题。“正因为‘大集体经济’吃不饱饭，甚至饿死了人，农民就要想办法，避免风险。”[②] 在“饥饿逻辑”的促使下，农民开始以各种消极抵抗的方式获得他们所需要的粮食等农产品，其中，尤其以“瞒产私分”和“投机倒把”最为典型。周雪光用“集体懈怠”来描述百姓的抵抗运动，他指出，在国家社会主义的制度结构下，集体懈怠具有特殊的政治意涵：当国家控制变得紧张，公开的反对过于危险时，集体懈怠就会出现。这表现为

① 徐勇：《论农产品的国家性建构及其成效——国家整合视角下的“统购统销”与“瞒产私分”》，《中共党史研究》2008 年第 1 期。

② 杜润生：《杜润生自述：中国农村体制变革重大决策纪实》，人民出版社 2005 年版，第 83 页。

人们对政治运动缺乏热情、生产中缺乏效率和擅自离岗，以及逃避公共责任等。这种“集体懈怠”会给予国家政治压力，对其合法性构成挑战，并阻碍其政策推行能力。① 如果说这种社会对现行体制和国家政策的不满和抵制在最开始还是“私下的”、“隐晦的”，是一种类似于斯科特所描述的“弱者的武器”的抵抗方式。那么，在“文化大革命”中，这种不满和抵抗开始显性化。向前在其博士学位论文《政治身份体系下的社会冲突：文革初期群众行为的社会根源》中研究指出，“文化大革命”的发生是高层因素和民间因素混合作用的结果，由于对现行体制的不满，民间部分群众开始组成“挑战者”，继而谋求打破既有格局，重新洗牌，重建权力机构。所以，“文化大革命”中的群众行为并非完全是病理性的，而是带有利益考量的政治性行为。② 正如一篇文章所记述的那样：“‘文化大革命’”席卷中国大地的初期，汾河中游的灵石县，最早成立的‘造反派’群众组织，不是‘井冈山’，也不是‘五台山’，不叫‘红什么’，也不叫‘战什么’，叫‘吃水造反兵团’。”③ “文化大革命”的爆发既意味着中国的全能主义体制走向了顶峰，也意味着中国的全能主义体制即将谢幕。全能型政府之所以会失败，其根本原因在于：人民具有多重身份和形象，他们既是抽象的国家主权者，也是具体的利益需求者。然而，在任何现代政治场域中，都不应该过度关注、强调、放大人民的抽象形象，必须发现具体的人民，满足绝大多数人民的需求，特别是人民对于经济权利的需求，这样，才能实现良性的政治互动，达到良好的治理状态。④ 因此，一言以蔽之，全能型政府的失败主要源自其无法回应百姓的经济权利需求。

三　迈向发展型政府

全能型体制的最大弊端在于无力回应和解决百姓的经济权利需求，所以，在“饥饿逻辑”下，民间要求摆脱这种全能型体制控制的“自发”倾向一直存在并且十分顽强，从农民的瞒产私分到工人的集体懈怠，尽管

---

① Xueguang Zhou, Unorganized Interests and Collective Action in Communist China. *American Sociological Review*, 1993 (1), pp. 54 - 73.

② 向前：《政治身份体系下的社会冲突：文革初期群众行为的社会根源》，博士学位论文，复旦大学，2011 年，第 196 页。

③ 麦天枢：《挽汾河》，《山西文学》1989 年第 1 期。

④ 欧树军：《必须发现人民：共和国六十年来对人民的想象、界定与分类》，《学海》2012 年第 4 期。

国家进行了一系列的规整运动，试图通过动员来纠偏，以达到“割资本主义尾巴”的目的，但是收效甚微，而“文化大革命”更被认为是国家规整与民众反抗的集中爆发。随着毛泽东的逝世和百姓的“人心思变”，自1958年以来所确立的全能型体制最终走向了解体。因此，1978年的改革开放旨在改革过去的全能型治理体制，重构政治秩序以及国家与社会关系，着力回应老百姓的经济权利需求。对此，胡鞍钢评价道：“‘文化大革命’成为邓小平发动改革开放的直接动因，也成为中国能够在1978年后保持政治稳定和社会稳定的根本原因。”①

为了回应人民的经济权利需求，在1978年的十一届三中全会上，党中央提出了工作中心由“以阶级斗争为纲”向“以经济建设为中心”的转移。作为改革开放总设计师的邓小平详细论述了社会的基本需求和国家回应社会需求的基本方式。针对社会的基本需求，邓小平提出了社会主义初级阶段的基本矛盾是“人民日益增长的物质文化需求同落后的社会生产之间的矛盾”，因此，国家的建设和发展应该坚持“是否有利于人民生活水平的提高”。发展经济也逐渐成为解决社会需求的基本共识和做法。此后，邓小平对于发展经济的重要性进行了多次阐述，他提出“中国解决所有问题的关键是要靠自己的发展”，“从1978年我们党的十一届三中全会开始，确定了我们的根本政治路线，把四个现代化建设，努力发展社会生产力，作为压倒一切的中心任务”，“稳定和协调也是相对的，不是绝对的，发展才是硬道理”，“低速度就等于停步，甚至等于后退”，“经济工作是当前最大的政治，经济问题是压倒一切的政治问题”。② 对此，有学者指出：“贯穿邓小平政治哲学基本范畴中的灵魂是发展主义，其政治哲学思想从本质上说是发展主义政治哲学。”③ 在“以经济建设为中心”理念的指导下，中国逐渐迈向了“发展型政府”。

所谓发展型政府，是指发展中国家在向现代工业社会转变的过程中，以推动经济发展为主要目标，以长期担当经济发展的主体力量为主要方式，以经济增长作为政治合法性主要来源的政府模式。④ “发展型政府”

---

① 胡鞍钢：《中国政治经济史论（1949—1976）》，清华大学出版社2008年版，第557页。

② 《邓小平文选》（第2卷），人民出版社2008年版，第194页。

③ 李智：《邓小平发展主义政治哲学思想解析》，《邓小平理论研究》2002年第3期。

④ 郁建兴、徐越倩：《从发展型政府到公共服务型政府——以浙江省为个案》，《马克思主义与现实》2004年第5期。

最早用于描述东亚国家的经济发展方式，如韩国政府所采取的“经济优先主义”的国家发展目标，日本所确立的“生产第一，政治稳定第二，福利第三”的发展战略，以及新加坡所提出来的“发展必须优先于公平分配”等。发展型政府最终造就了令世界瞩目的“东亚奇迹”，而“东亚奇迹”又进一步成就了“发展型政府”在世界的传播和影响。正如萨米尔·阿明所指出的：“在第二次世界大战后的前三十多年里，‘发展’是所有政府全力以赴的任务。”① 概括而言，发展型政府的体制特征和基本内容包含以下三点：

（1）经济增长主义。经济增长几乎是发展型政府的固定搭配和核心理念，发展型政府奉行“经济优先”、“经济第一”、“经济发展压倒一切”的原则，讲究经济发展的“下溢效应”，将发展经济作为国家的中心特征，“以经济发展作为国家和个人的当务之急，一切政策安排和个人计划皆围绕这一中心来部署”②。从词性上来看，发展的内涵和外延都要比经济增长更宽泛，发展除了经济增长以外，更意味着一场全方位的社会变革。但是，无可否认的是经济增长是发展的重要内容，经济增长有着其他社会变革无可比拟的优越性，它的需求性更高、影响力度更大、辐射范围更广。对于执政者来说，经济增长的速度与一个政府的政绩直接有关，能否实现经济增长是评价一届政府最为重要的指标。经济增长与否关系到政府执政的支持率和继续执政的可能性，因此，各类政府无不把经济发展作为自己的首要任务。也因此，在具体的操作中，“发展”被简单地还原为经济增长，经济增长又被简单地等同于 GDP 或人均收入的提高。

（2）国家威权主义。在发展型政府看来，“一个巩固的权威主义框架是市场运行的必要前提”。③ 国家威权主义的作用在于：第一，通过降低政治参与为经济增长提供一个良好的政治秩序。毋庸置疑，经济增长是需要条件的，特别是对于政治秩序的需求。根据亨廷顿“政治不稳定 = 政治参与/政治制度化”的公式，对于大多数发展中国家来说，由于它们的

① ［美］萨米尔·阿明：《全球化时代的资本主义：对当代社会的管理》，丁开杰译，中国人民大学出版社 2005 年版，第 81 页。

② 杨龙：《作为意识形态的发展主义》，《理论与现代化》1994 年第 9 期。

③ Peter B. Evans, *Predatory*, *Developmental*, *and Other Apparatuses*: *AComparative Political Economy Perspective on the Third World State*, *Sociological Forum*, *Special Issue*: *Comparative National Development*: *Theory and Facts for the 1990s*, 1989 (4), p. 567.

政治制度化水平不高且无法在短时期内改进，所以“降低政治参与”也就成为大多数发展中国家维持政治稳定的主要方式和手段。第二，通过压低劳动力成本为经济发展提供较低的发展成本。为了拉动经济增长，政府通常采取压低劳动工资、禁止组织工会、降低员工福利、增加劳动时间等方式来降低生产成本，正如有学者评价到的，发展型政府“通过对任何平等和社会福利不作出承诺，避免了目标冲突”。[①] 在发展型政府的支持者看来，国家威权主义也被认为是推动经济增长、维持社会稳定、实现“民族复兴”所必须付出的代价。[②]

（3）经济国家主义。在推进经济增长的具体操作上，发展型政府认为经济发展的主要动力既不是简单的计划经济下的“国家”，也不是简单的市场经济下的企业，而是两者的结合。因此，发展型政府既强调市场经济的作用，也强调国家积极干预的作用。这种国家对市场和经济的积极干预，不仅表现为国家对市场失灵的匡正，还表现为国家对生产、投资和市场的指导和规划。发展型政府是一个混合的角色，它既尊重私有产权，又遵循计划理性。政府在大力发展市场经济的同时，又通过计划理性和产业政策积极引导经济增长。一方面，国家通过产业政策，来有意识地培养具有竞争力的产业；另一方面，国家又通过各种方式控制私人领域的经济活动，使私人经济领域成为国家经济社会政策的传导器。

总结上述，我们可以将发展型政府简要概括为“经济增长”+“政治稳定”，萧功秦又称之为“高经济投入”和“低政治参与”[③]。具体而言，包括两个方面：第一，发展型政府以经济增长为中心，认为经济发展是社会进步与政治发展的先决条件，它预设了工业化与民主化的先后发展顺序，认为经济的持续增长会带来包括经济权利在内的所有社会需求的解决。可以说，发展型政府承诺了社会问题的一个总体性解决方案，即只要经济能够发展，政治发展和社会进步也都会一应解决，经济发展有着“万灵药”的功能和作用。与此同时，国家的计划理性和产业政策在推动经济增长方面有着重要而积极的作用，这就是萧功秦所讲的“高经济投

① Ziya Onis, The Logic of the Developmental State, *Comparative Politics*, 1991（10）.

② Bob Jessop and Sum Ngai－Ling, *Beyond the Regulation Approach*, Cheltenham: Edward Elgar, 2006, Chapt. 6.

③ 萧功秦：《中国的大转型：从发展政治学看中国变革》，新星出版社2008年版，第115页。

入”。第二，发展型政府以政治稳定为条件，在发展型政府看来，政治稳定是经济发展的前提条件，经济增长只有在稳定的政治环境中才能得以实现。为了保持政治稳定，发展型政府大都采取了“降低政治参与”的做法，正如阿尔蒙德所指出的：“在没有实现经济增长的情况下，更多利益集团参与政治，并试图瓜分一个停滞不前或者增长缓慢的经济馅饼，从而导致了社会冲突的加剧和社会的两极分化。不但占用了未来经济发展所必需的资本积累，而且断送了其国际经济进一步发展的动力。”① 这种降低政治参与的做法，凸显了国家的威权主义色彩，在发展型政府支持者看来，一个巩固的威权主义框架是市场运行的必要前提，这是国家为推动经济发展必须付出的代价。

第二节　发展型政府的中国实践

一　经济政策导向的治理

1978 年的改革之所以会发生，其根本原因有二：一是全能型体制对社会的束缚；二是全能型体制对效率的漠视。前者表现为：价值上的国家本位主义，强调集体利益和国家利益的至高无上性，进而在操作上习惯于国家的直接干预和支配，国家通过推行计划经济控制了市场，通过在城市推行单位制和在农村推行人民公社制控制了社会。总之，国家不仅完全控制了经济领域和公共领域，而且渗透到了私人领域。后者表现为：当时虽然也追求经济增长，但是效率与经济增长充其量只是次要的考虑。这可以从当时的两个主要具体政策看出来，一个是“软预算约束”，一个是“铁饭碗”。所谓“软预算约束”，是指一个经济组织（企业或下级政府）的活动不必以自身拥有的资源约束为限，当收不抵支、产生赤字时，它可以期待得到外部组织（或上级政府）的救助，从而继续生存，不会出现优胜劣汰的局面。② 在计划经济下，受配给制的影响，企业在生产过程中只要关注既定产出即可，而不需要注重效率，即使出现亏损，也可以不断地

① ［美］阿尔蒙德等：《比较政治学》，曹沛霖等译，上海译文出版社 1987 年版，第 435 页。

② 王绍光：《大转型：1980 年代以来中国的双向运动》，《中国社会科学》2008 年第 1 期。

向上级部门索取资源来弥补亏空。[①]“铁饭碗”意味着有终身保障的工作，不管个人表现如何都没有失业的风险。在“铁饭碗”机制下，“干多干少一个样，干好干坏一个样，干与不干一个样”，这就使得个人缺乏工作热情，致使企业生产效率低下。由此可见，“软预算约束”和“铁饭碗”显然不利于竞争和效率最大化，它们之所以能够成为计划经济体制的两大支柱，是因为当时的体制更侧重于经济单位之间的平等和为居民生存提供基本保障，即使牺牲效率也在所不惜。然而，这种以牺牲效率而换来的公平，其结果也就是没有意义的公平。全能型体制对于社会的束缚和对于效率的漠视，最终制约了经济的发展，导致经济蛋糕过小，人均所得过少，社会处于普遍贫穷状态，这也被称为“低增长贫困”。所谓“低增长贫困”，是指一方面经济低速增长，另一方面增长没有为减贫做出贡献，贫困现象日益恶化。[②]。生产的低效率加上后期的社会失序，最终导致了中国全能型体制的崩溃。所以，解决社会失序和强调经济效率也就成为改革开放以来国家建设的重点。（见表1-3）

表1-3　　全能型政府与发展型政府治理模式的比较分析

	比较内容	全能型政府（1958—1977）	发展型政府（1978—2002）
政治体制	合法性类型	卡里斯玛式	政绩合法性
	问责机制	对个人负责	对上级负责
	权威实施方式	大众动员型	压力科层制
	央地关系	中央集权制	威权化分权
行政体制	治理倾向	亲国家	亲市场
	治理政策	政治政策	经济政策
	治理理念	政治忠诚	经济增长
	意识形态	革命理想主义	经济增长主义

（一）回归正常国家

面对“文化大革命”所造成的社会失序，党和政府的首要任务就是

① 周雪光：《“逆向软预算约束”：一个政府行为的组织分析》，《开放时代》2005年第2期。

② 郑秉文：《拉美的“增长性贫困”与社会保障制度的作用》，《中国劳动保障》2007年第7期。

重建社会秩序，回归正常国家。为此，党和政府开始对全能型政府的一系列体制基础进行修正。

第一，对合法性类型的修正，从卡里斯玛式转向政绩合法性。卡里斯玛（Charisma）作为合法性来源的最大弊端在于容易导致个人专权，这也致使毛泽东个人权威凌驾于全党之上，进而酿成了一系列的悲剧。随着大众从“癫狂”回归“理性”，特别是对于物质文化需求的增长，国家的合法性类型也开始转向政绩合法性。根据亨廷顿的定义，政绩合法性是指把合法性建立在政绩的基础之上。[①] 这里的政绩主要指的是经济增长，即政府通过经济增长来改善人民的生活水平，换取人民对自己的支持。在赵鼎新看来，包括大力推进市场经济改革、采取种种措施以防止经济过热和高通货膨胀，都属于国家为构建政绩合法性而做的努力。[②]

第二，对问责机制的修正，从对个人负责转向对上级负责。全能型政府的问责机制主要是对毛泽东个人负责。这除了跟毛泽东个人至高无上的权威有关外，另一个重要的原因就是毛泽东对官僚制的解构。在毛泽东看来，为了实现社会平等，必须“打破”官僚制，这是因为，官僚制“等级森严，居高临下，脱离群众，不以平等待人，不是靠工作能力吃饭，而是靠资格、靠权力”[③]，而“文化大革命”期间的“踢开党委闹革命”更是将“打破官僚制”发挥到了极致。然而，科层制毕竟是国家进行常规治理的主要方式，有着行政效率高的特点。所以，改革开放以来，党和政府对原有的科层体系进行了恢复和重建，于1984年确立了“分级管理、下管一级”的干部管理体制。所谓分级管理就是指中央和各级党委按照干部管理权限，实行逐级分工管理干部，具体做法就是“下管一级”，中央管理省级、省级管理地级、地级管理县级、县级管理乡级。这也使我国的问责机制从对个人负责转向对上级负责。

第三，对权威实施方式的修正，从大众动员型转向压力科层制。在全能型政府下，国家权威的实施方式主要是大众动员。之所以如此，相关的

---

① ［美］塞缪尔·亨廷顿：《第三波——二十世纪后期民主化浪潮》，刘军宁译，上海三联书店1998年版，第59页。

② 赵鼎新：《“天命观”及政绩合法性在中国的体现》，《经济社会体制比较》2012年第1期。

③ 转引自席宣、金春明《“文化大革命”简史》，中共党史出版社1996年版，第66页。

解释主要有三种[①]：第一种为意志论，强调政治领袖的革命意志，特别是毛泽东本人对于官僚制的厌恶和对于大民主的青睐；第二种为结构论，强调国家体制的决定作用，认为对社会进行严密控制的全能型体制是大众动员的制度基础；第三种为历史论，强调当时的历史背景，特别是新中国成立伊始，由于中国共产党面临全新的事业和国防建设需要，尚不能马上由革命性政党转向执政性的政党，运动式治理频率也因此较高。根据冯志峰的研究，从1949年到1978年，大规模的大众动员每年大概有2次，并且涉及各个领域和层级。宏观层面如国家政策的推行、中观层面如政府措施的实行、微观层面如社会团体或企事业单位的内部整顿，无不以大众动员的方式展开。[②] 然而，随着国家治理的常规化，国家权威的实施方式开始从大众动员型转向压力科层制。在科层制下，国家权威主要是通过“金字塔”的职位等级体系，自上而下逐级传递。具体到我国而言，为了保证国家权威自上而下的实施，党和政府对“文化大革命”期间所表现出来的“踢开党委闹革命”的现象进行了“拨乱反正”，重新确立了“党管干部”的人事原则，并在此基础上，相继出台了包括《国务院组织法》、《中华人民共和国地方各级人大和地方人民政府组织法》、《公务员法》等一系列法律法规。

第四，对于央地关系的修正，从中央集权型转向分权化威权。全能型政府的央地关系可以称之为一种“央主地从”的中央集权模式。在这种中央高度集权的体制下，中央垄断了财政、人事、决策等一切权力，所有的地方政府都不过是中央政府的派出和代理机构，地方对于中央的决策要绝对服从，不能有所异议。这一体制的弊端在于，一方面中央负担过重，难以保证决策的准确、及时和适用；另一方面地方积极性受到抑制，无法因地制宜。改革开放后，随着“放权让利”的改革战略和“分灶吃饭”的财政体制的推行，原先的中央集权模式开始松动，地方不完全是中央的派出机关，而开始成为了独立的利益主体。央地关系也呈现为一种介于中央集权和地方主义的中间状态——“分权化威权主义”。分权化威权主义主要强调分权化背景下中央对地方的控制，这种控制之所以能够实现的原

① 参见冯仕政《中国国家运动的形成与变异——基于政体的整体性解释》，《开放时代》2011年第1期。

② 参见冯志峰《中国政治发展：从运动中的民主到民主中的运动——一项对110次中国运动式治理的研究报告》，《甘肃理论学刊》2010年第1期。

因在于：（1）中央的“党管干部原则”，使中央牢牢掌握了对地方党政领导干部的控制；（2）1994年的“分税制改革”，为中央对地方的调控提供了雄厚的财政基础。

（二）以经济建设为中心

通过制度重建来回归正常国家、恢复社会秩序只是1978年改革的一部分，然而，这还远远不够。从当时来看，普遍的贫穷仍然是制约国家发展和政治稳定的关键因素，对此，邓小平指出：“国家这么大，这么穷，不努力发展生产，日子怎么过？我们人民的生活如此困难，怎么体现社会主义优越性？”① 因此，1978年的改革不仅要回归正常国家，更要实现经济发展，以此来解决社会的普遍贫穷和改善人民的生活水平。对此，裴宜理指出：“当邓小平发起其改革时，与苏联戈尔巴乔夫的改革极为不同，他并不谈‘公开性’，而是提出了建设‘小康’社会的目标。”②

针对社会普遍贫穷的状况，1978年的十一届三中全会开出了“以经济建设为中心”的药方，强调“发展是硬道理”、“一心一意搞建设”、“效率优先，兼顾公平”、“对内经济搞活，对外经济开放”等。围绕“以经济建设为中心”的总格局，党和国家领导人又根据社会发展的需要，不断为“经济建设”提出了具体要求和发展目标。党的十三大提出了“三步走”的发展战略，具体要求是：第一步，到20世纪80年代末，实现国民生产总值比1980年翻一番，解决人民的温饱问题；第二步，到20世纪末，使国民生产总值再增长一倍，人民生活达到小康水平；第三步，到下世纪中叶，人均国民生产总值达到中等发达国家水平，人民生活比较富裕，基本实现现代化。党的十四大又进一步提出，要在20世纪90年代初步建立起社会主义市场经济新体制，20世纪末国民生产总值比1980年翻两番，实现第二步发展目标。党的十五大又将第三步目标进一步具体化，也就是所谓的“小三步走”：到21世纪的第一个十年，实现国民生产总值比2000年翻一番，使人民的小康生活更加富裕，形成比较完善的社会主义市场经济体制；到建党一百周年时，使国民经济更加发展，各项制度更加完善；到新中国成立一百周年时，基本上实现现代化，建成富强、民主、文明的社会主义国家。党的十六大又提出了“全面建设小康

① 《邓小平文选》（第三卷），人民出版社1993年版，第10页。

② ［美］裴宜理：《中国人的“权利”概念（上）——从孟子到毛泽东延至现在》，余钢译，《国外理论动态》2008年第2期。

社会”的目标，具体要求是，中国的国内生产总值到2020年力争比2000年翻两番。党的十七大在十六大确立的全面建设小康社会目标的基础上对我国发展提出更高的要求，即“在优化结构、提高效益、降低消耗、保护环境的基础上，实现人均国内生产总值到2020年比2000年翻两番”。党的十八大提出了到2020年全面建成小康社会的奋斗目标，并且首次提出“实现国内生产总值和城乡居民人均收入比2010年翻一番”的新指标。由上述的讨论可知，从十三大到十八大，党所提出的发展目标具有两个特点：一是坚持了以经济建设为中心的总格局；二是为每一阶段设定了可测量的、具有约束性的经济发展目标。

发展目标的经济属性也就决定了公共政策的经济属性。在以经济建设为中心的格局下，经济政策也就成了国家治理的基本导向。所谓经济政策，简而言之，即为经济发展服务的政策。具体来讲，它是指在经济发展、效率优先的指导思想下，国家或政府为了达到充分就业、价格水平稳定、经济快速增长、国际收支平衡等宏观经济政策的目标，增进经济福利而制定的解决经济问题和为经济发展提供稳定环境的指导原则和措施。经济建设的目标推动了经济政策的兴起，而经济政策的兴起又进一步巩固了经济建设的目标。在国家一系列可测量的、具有约束性的经济发展目标下，为了完成这些目标，国家又通过“以GDP为导向的绩效评估机制”，将这些经济发展指标分解给各级政府。对于这种为了实现经济赶超，完成上级下达的各项指标而采取的数量化任务分解的管理方式和物质化的评价体系，学界称之为“压力型体制”。① 在这种压力型体制下，经济增长主义的绩效观近乎弥散在了中国所有的行政层级，并且贯穿于政策过程的始终。

从词性分析来看，经济政策具有双重内涵：第一，经济政策中的“经济”二字表明了“经济增长主义”的价值导向；第二，经济政策中的“政策”二字表明了“国家干预主义”的工具手段。在近年来有关中国模式的讨论中，尽管学者们的解释千差万别，但无一例外地指向了“经济政策导向的治理”。俞可平将中国模式的特征概括为，“坚持市场导向的经济改革，同时辅之以强有力的政府调控；推行增量的经济与政治改革，

① 参见荣敬本、崔之元《从压力型体制向民主合作体制的转变：县乡两级政治体制改革》，中央编译出版社1998年版。

以渐进改革为主要发展策略，同时进行必要的突破性改革”[①]；美国学者大卫·科兹也指出，“尽管改革以来促进中国经济高速增长的因素是多重的，但是中国采取的政府主导型过渡战略对促进经济发展发挥了重要作用”[②]；舒耕德等认为，“中国所谓的‘社会主义市场经济’，是在一个似乎为绝大多数中国人民完全接受的威权主义的秩序下发展起来的”[③]；邹东涛则认为中国经济成功的经验主要为，“经济改革‘理性超前（激进）’和政治改革‘理性滞后（保守）’的非对称组合”[④]。总结这些学者的讨论来看，中国的经济政策可以概括为两大类：一类为以发展理念为目标的经济政策，即直接以推动经济增长为目标的政策；另一类为以稳定理念为目标的经济政策，即旨在为经济发展创造稳定局面的政策。

二　发展理念的制度实践

经济发展作为1978年以来改革开放的重要目标，它被赋予了重要的功能、地位和意义，这可以从党和国家领导人的历次讲话中找答案：第一，在功能上，无论是邓小平所指出的“社会主义必须大力发展生产力，逐步消灭贫穷，不断提高人民的生活水平。否则，社会主义怎么能战胜资本主义”，还是江泽民所强调的“如果我国经济发展慢了，社会主义制度的巩固和国家的长治久安都会遇到极大困难”，均表明发展被当作党执政兴国的第一要务，经济发展有利于巩固政权的合法性。第二，在地位上，从邓小平所讲的“经济工作是当前最大的政治，经济问题是压倒一切的政治问题”到江泽民所讲的“我国经济能不能加快发展，不仅是重大的经济问题，而且是重大的政治问题”，均表明经济发展被当作重大的政治问题，被赋予了重要的政治高度。第三，在意义上，无论是邓小平“三个有利于”中的“有利于发展社会主义社会生产力”，还是江泽民“三个代表”中的“我们党要始终代表中国先进生产力的发展要求”，均表明经济发展已经成为党和国家最为重要的决策依据和判断标准。在此基础上，

---

① 俞可平：《中国模式：经验与鉴戒》，俞可平、黄平等主编：《中国模式与“北京共识”——超越“华盛顿共识”》，社会科学文献出版社2006年版，第14—15页。

② 常辉：《大卫·科兹的社会主义观》，《当代世界社会主义问题》2010年第2期。

③ ［德］舒耕德、李安娜：《当代中国政策实施和政治稳定性研究的分析框架》，王丽丽译，《国外理论动态》2012年第2期。

④ 邹东涛：《“华盛顿共识”、“北京共识”与中国独特的发展道路》，俞可平、黄平等主编：《中国模式与“北京共识”——超越“华盛顿共识”》，社会科学文献出版社2006年版，第417—420页。

围绕发展理念，党和政府开展了一系列以推进经济发展为直接目标的制度实践，这主要包括确立社会主义市场经济体制、以市场化为导向的立法过程、以市场化为导向的机构改革三方面。

（一）确立社会主义市场经济体制

中国社会主义市场经济体制的确立是一个计划经济逐步退出，市场经济逐步占据主导地位，作为资源配置基础性手段的“计划”与“市场”的地位发生此消彼长的变化过程。概括而言，大致可以划分为如下四个阶段①：

第一，1978—1984 年：计划经济为主、市场调节为辅的阶段。

计划经济经过 30 年（1949—1978 年）的实践后，人们开始越来越发现计划经济所存在的体制弊端，这表现为：（1）片面强调计划的作用，否定和排斥市场的作用；（2）片面强调集中管理，微观经济丧失活力；（3）单向宏观管理缺乏来自微观自主权的制约；（4）高度集中的计划经济体制，在产业结构上，过分突出重工业，农业和轻工业落后；（5）科学技术进步缓慢，经济管理水平落后，经济效益不高，人民生活水平提高不大。② 在改革之初，人们已经开始认识到计划经济所存在的一些弊端，出现了“改革”的声音。但是，由于受旧体制的束缚，人们的思想解放不够深入，致使人们对于计划经济体制的弊端认识不足，相关“批判”主要停留在表面和浅层次，即人们认为计划经济的问题不在于体制本身而在于方法、策略。人们依然笃信：社会主义经济就是计划经济，计划经济对资源配置依然是有效率的，能够促进社会主义生产力的发展，因而在社会主义国家的国民经济中应处于支配性地位，只有在计划经济照顾不到的某些方面，交给市场去调节。在此基础上，党的十二大报告将我国的经济体制正式阐述为“计划经济为主，市场调解为辅”。在“计划经济为主，市场调节为辅”原则的指导下，零星的商品交易开始出现，但是市场在整体经济中的作用依然十分有限，行政权力对于市场的干预和指导依然较

① 这四个阶段的划分主要参考了马凯和曹玉书的《计划经济体制向社会主义市场经济体制的转轨》、王绍光的《大转型：1980 年代以来中国的双向运动》和徐湘林的《中国的转型危机与国家治理：历史比较的视角》有关中国经济体制改革的阶段划分。

② 马凯、曹玉书：《计划经济体制向社会主义市场经济体制的转轨》，人民出版社 2002 年版，第 85—91 页。

强，这被认为是“市场化的萌芽阶段”①。

第二，1985—1988 年：有计划商品经济阶段。

经过前一段的改革实践，作为资源配置手段的“市场”在推进经济发展上的功能开始得到彰显，“市场化取向”的改革取得了巨大成功。在此基础上，一些经济学家于 1984 年夏秋之际提出了“恢复社会主义国家有计划的商品经济的提法”的建议②。这一建议得到了中央的采纳，并在 1984 年 10 月 20 日十二届三中全会上通过的《中共中央关于经济体制改革的决定》中，明确提出了“社会主义经济是公有制基础上的有计划的商品经济”。与前一阶段“计划经济为主、市场调节为辅”的提法相比，“有计划的商品经济”的提法将重心落在了“商品经济”之上，“计划”只是充当着政府进行宏观调控的限定性条件。所以，从很大程度上来讲，所谓的“有计划的商品经济”就是“市场经济”。这也可以从党的十三大报告中所提出的“国家调节市场、市场引导企业”的观念中得到印证。

第三，1989—1991 年：计划经济与市场调节相结合的阶段。

在“有计划的商品经济”的思想指导下，国家加快了市场自由化的进程。1988 年 3 月，中央作出“放开管制”、“取消物价双轨制”的决定，进行“价格闯关”，这一政策的强令出台，即刻使各类商品价格在全国范围内迅猛上涨，由此引发了公众的恐慌，造成全国性的抢购风潮。“价格闯关”的失败更是引发了一系列问题，1988 年开始出现了高通货膨胀、经济过热现象，市场秩序较为混乱，国民经济的总量和结构呈现出失衡特征。经济危机最终又引发了 1989 年的政治危机。一味强调“市场取向”而忽视“计划调节”的改革策略也受到了各方的批评和压力。1990 年 3 月，七届人大三次会议上的《政府工作报告》开始重新提出了“计划经济与市场调节相结合”的理论观点。这一理论观点也被认为是对“市场取向”改革的急刹车。这是因为，从“计划经济”与“市场调节”两者的语序排列来看，“计划经济”在前，“市场调解”在后，两者孰轻孰重，一目了然。在 1990 年，国家开始进入了治理整顿时期，通过行政手段来干预和调节国民经济。治理整顿的结果就是，虽然抑制了通货膨

① 王绍光：《大转型：1980 年代以来中国的双向运动》，《中国社会科学》2008 年第 1 期。

② 吴敬琏：《社会主义市场经济的历史沿革和现实意义》，日山编：《著名学者论社会主义市场经济》，人民出版社 1992 年版，第 61 页。

胀，但也抑制了经济增长。1990 年 3.8% 的国民经济增长速度更是创下了改革开放以来的历史新低。治理整顿过程中对于行政手段的过分运用无疑是中国市场化改革的一种倒退。①

第四，1992 年以来：社会主义市场经济的最终确立阶段。

在经历了 1989—1991 年三年的改革停滞期后，1992 年邓小平发表南方谈话，重启中国的改革进程。在南方谈话中，邓小平提出："计划经济不等于社会主义，资本主义也有计划，市场经济不等于资本主义，社会主义也有市场。计划与市场都是经济手段。计划多一点还是市场多一点，不是社会主义与资本主义的本质区别。"邓小平这段关于"计划"与"市场"的论述，也成为我国社会主义市场经济的理论基础。理论的突破最终带动了改革的突破。在此基础上，1992 年党的十四大报告正式提出，"计划"与"市场"相结合的社会主义市场经济体制是我国经济体制改革的目标。这也结束了我国很长一段时间以来有关"计划"与"市场"谁主谁次的讨论。在此之后，1997 年党的十五大报告又提出"以公有制为主体，多种所有制共同发展"，这进一步丰富了我国社会主义市场经济理论的内容，也标志着我国社会主义市场经济进入理论成熟期。对此，杨光斌评价道：十四大"社会主义市场经济"的提法解决了"姓社姓资"的争论，十五大"公有制为主体，多种所有制共同发展"的提法解决了"姓公姓私"的争论，这两个问题的解决，彻底地解放了旧观念的约束，使中国的改革彻底走上健康道路。② 在此之后，市场规则开始成为全社会的主导规则，整个社会也开始进入到了"市场社会"③ 的时期。

（二）以市场化为导向的立法过程

发展理念的制度实践，不仅体现在社会主义市场经济体制的确立，还体现在以市场化为导向的立法过程。随着"计划经济"的此消以及"市场经济"的彼长，原先在计划经济年代，通过行政手段来对经济进行直接干预和控制的手段开始失灵，因此，从微观控制转向宏观调控、从行政

---

① 马凯、曹玉书：《计划经济体制向社会主义市场经济体制的转轨》，人民出版社 2002 年版，第 147 页。

② 杨光斌：《社会权利优先的中国政治发展选择》，《行政论坛》2012 年第 3 期。

③ 市场社会是与社会市场相对的概念。社会市场指的是市场镶嵌于社会规则之中，市场的运转从属于社会。而市场社会则是指市场对于社会的脱嵌，市场开始自发调节，成为社会主导规则。这表现为：市场不仅席卷了经济领域，而且开始蔓延到教育、医疗、劳动保障、住房等公共事业和非经济领域，并且试图把人类与自然环境转变成纯粹的商品。

干预转向法制管理，也就成为中国经济改革的基本方向。在发展型政府的基本定位下，从1978年至2002年，这段时期的立法工作大致可以划分为两个阶段：

第一阶段为立法探索时期，时间为1978—1991年，立法的主要目标是减少行政对经济的干预、扩大法制对经济的管理。回顾来看，这一时期立法的主要任务是为适应经济建设的需要，立法的重点是经济法。[①] 为此，1981年7月国务院成立了“国务院经济法规研究中心”，负责对各经济部门制定、修订经济法规进行规划、指导、组织和协调。中央各部门和地方各级政府也设立了负责经济与行政法规的部门，从此开始了大规模的经济立法。在此基础上，经济法规研究中心制定并实施了1982年至1986年经济立法五年规划，探索运用法律手段调控经济运行及引进外资和依法行政的途径。经过这一段时期的立法努力，基本形成了“运用经济手段和法律手段，辅之以必要的行政手段”的经济管理思路。这一时期的立法成就主要体现在两个方面：一是通过经济立法对经济秩序有了初步的规范，相关的立法涵盖了市场、企业和工商管理等方面，如《经济合同法》、《商标法》、《企业破产法》、《企业法》、《税收征管法》等；二是通过经济立法对外来投资有了一定的规范，随着对外开放，来华投资的外国企业和资本也逐渐增多，为了充分利用外资、规范管理，陆续出台了《中外合资经营企业法》、《涉外经济合同法》、《外资企业法》、《中外合资经营企业所得税法》等法律。

第二阶段为走向完善阶段，时间为1992—2002年，立法的主要目标旨在凸显“市场经济就是法治经济”，强调法治是发展社会主义市场经济的客观需求。这一时期的立法依然以经济立法为主，而且有了长足的发展。经济立法成就的取得主要跟如下几方面的因素有关：一是社会主义市场经济体制的确立；二是“依法治国，建设社会主义法治国家”基本治国方略的提出；三是加入世界贸易组织的客观现实。所以，此时的经济立法工作一方面要做到完善化，保证有法可依，让法制成为市场经济体制的基础；另一方面要做到国际化，实现与国际法规的对接，以适应入世的需要。正是由于这些原因和特点，所以相较于第一个阶段的经济立法工作，

① 蔡定剑：《依法治理》，俞可平主编：《中国治理变迁30年：1978—2008》，社会科学文献出版社2008年版，第143页。

这一阶段的立法涵盖面更广，涉及市场经济主体、维护市场经济秩序、宏观调控等方面（见表 1－4）。

通过这两个阶段的努力，我国基本形成了比较完善的经济法律法规，起到了为我国社会主义市场经济建设保驾护航的作用。

表 1－4　　1978—2002 年我国经济立法的主要领域和成就

领域	内容
对外经济交流	《中外合资经营企业法》、《中外合资经营企业所得税法》、《外资企业法》、《外国企业所得税法》、《涉外经济合同法》、《外商投资企业和外国企业所得税法》、《外国人出入境管理法》、《进出口商品检验法》、《进出境动植物检疫法》、《国境卫生检疫法》、《对外贸易法》、《进出口商品检验法》、《货物进出口条例》、《技术进出口条例》
市场经济主体	《公司法》、《合伙企业法》、《个人独资企业法》、《乡镇企业法》、《台湾投资保护法》、《中小企业促进法》
维护市场秩序	《消费者权益保护法》、《产品质量法》、《海商法》、《仲裁法》、《担保法》、《反不正当竞争法》、《反倾销法》、《反补贴条例》、《反垄断法》、《商标法》、《经济合同法》、《专利法》、《标准化法》、《药品管理法》、《税制征管法》、《烟草专卖法》、《企业破产法》、《企业法》、《统计法》、《计量法》、《全民所有制工业企业法》
国家宏观调控	《预算法》、《价格法》、《中国人民银行法》、《商业银行法》、《保险法》、《证券法》、《证券投资基金法》、《银行业监督管理法》、《税收法》

资料来源：蔡定剑：《依法治理》，俞可平主编：《中国治理变迁 30 年：1978—2008》，社会科学文献出版社 2008 年版，第 142—174 页。

（三）以市场化为导向的机构改革

经济改革从来都不是一个孤立的过程，市场化的推进势必要求相应的行政体制发生改变。随着市场化的推进，在高度集权的计划经济体制下设置的行政体制和机构，根本无法适应建设社会主义市场经济体制的需要，改革势在必行。就当时的行政体制与机构设置状况来说，也存在着许多问题，严重阻碍了经济建设。党政机构臃肿，层次重叠，许多单位人浮于事，效率低下，脱离群众，阻碍企业经营体制的转换，已经到了非改不可的地步。

在1978—2002年期间，国务院分别于1982年、1988年和1998年共进行了三次机构改革和调整，三次机构改革和调整的目标都旨在适应市场经济发展的需要，建立起“精简、统一、效能”的行政管理体制和机构。综合对比这三次机构改革来看，具有如下几方面的特点：

第一，经过三次机构改革，国务院的机构总数总体呈下降趋势，并趋于稳定。从图1-1中可以看出，自1949年以来，我国国务院（政务院）机构总数呈现出两次高峰和两次低谷。第一次高峰出现在20世纪50年代中期，其原因在于，随着三大改造的完成和1954年第一届人大的召开，国家建设逐渐走向正轨，相应的部门机构也得以建立。第一次低谷出现在20世纪70年代前中期，其原因在于，“文化大革命”的爆发，群众“踢开党委闹革命”、“砸烂公检法”，国家开始陷入无政府状态，大部分国务院机构处于停顿之中，1970—1972年，国务院机构总数分别为32个、34个、35个，创下了历史新低。第二次高峰出现在1981年左右，其原因在于，随着“文化大革命”的结束以及改革开放的启动，国家开始重建社会秩序，相应的国务院机构也得以恢复办公，1979—1981年，国务院机构总数分别为94个、99个、100个①，达到了历史最高峰。第二次低谷出现在20世纪80年代中期，其原因在于，经过1982年的机构改革和调整，一大批机构被合并和撤销，经过改革，国务院的机构数目从原先的100个减少至61个，人员编制也从原来的5.1万人减少至3万人。② 由于当时中国的经济改革还处于探索时期，有关“计划”与“市场”的关系还处于持续的争论之中，这就使得理论的困境转化成为实践的困境。于是，政府机构改革也就陷入了“精简—膨胀—再精简—再膨胀”的改革怪圈之中。直到1992年党的十四大对于社会主义市场经济体制的确立，才使中国的机构改革有了明确的方向和目标。所以，我们可以从图1-1中发现，经过20世纪80年代的微幅波动后，到了1998年之后，国务院的机构总数开始保持平稳状态。

---

① 何艳玲：《中国国务院（政务院）机构变迁逻辑》，《公共行政评论》2008年第1期。

② 《1982年国务院机构改革》，http://www.gov.cn/test/2009-01/16/content_1206981.htm，2013-2-26。

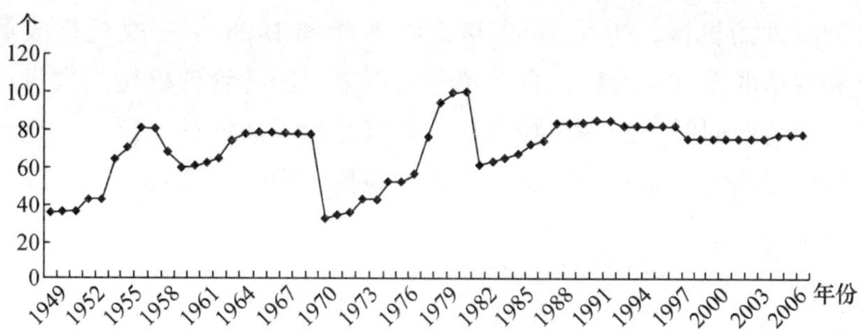

图 1－1　国务院机构总数变化（1949—2007）①

第二，经济管理类机构是三次机构改革和调整中的活跃因素。根据 1998 年九届全国人大一次会议所发布的《关于国务院机构改革方案的说明》，国务院各机构大致可以分为五类。第一类为宏观调控部门，主要职责是抑制通货膨胀、优化经济结构、实施宏观调控；第二类为专业经济管理部门，主要职责是制定行业规划和行业政策，进行行业管理、引导行业结构调整、维护行业经济秩序；第三类为教育科技文化、社会保障和资源管理部门，简称为社会事务类，主要职责是指导和规划教育、科技、文化、社保等领域的发展；第四类为执法监督部门，主要负责对法律实施情况的监督，维护法律权威和尊严；第五类为政务办公部门，主要职责是处理与政务相关的事务，这包括外交部、国防部、民政部、国家安全部等。从图 1－2 中可以看出，在这五类组织中，经济管理类组织变迁频率最多、波动幅度最大。根据何艳玲的研究，在 1949—2007 年期间，国务院通过改名、合并、撤销、新增、复设等手段对各类组织进行调整共计 608 次，其中对于宏观调控部门调整 43 次、经济管理类部门调整 258 次、社会事务类调整 142 次、执法监督类部门调整 42 次、政务办公类部门调整 123 次。由此可见，经济管理类部门是国务院机构改革中的重点，调整次数占到了总数的 42%。之所以会如此，原因大概有两个方面：一是这跟经济因素的属性有关，经济因素本身就是社会各因素中最为活跃的因素；二是这跟中国的现实状况有关，这又包括两点，一方面从计划经济向市场经济的社会转型，另一方面对于经济增长的重视和强调。受计划经济体制的影响，经济管理机构曾经是国务院各类机构中数

① 何艳玲：《中国国务院（政务院）机构变迁逻辑》，《公共行政评论》2008 年第 1 期。

目最为庞大的机构，也是1982年、1988年和1998年三次机构改革中调整和裁撤的重点。所以，自改革开放以来，经济管理机构的数目逐渐下降。而与此同时，宏观调控机构的数目开始不断增长。这一变化是与我国政府职能的转变相一致的，即改微观控制为宏观调控，改行政干预为法制管理。

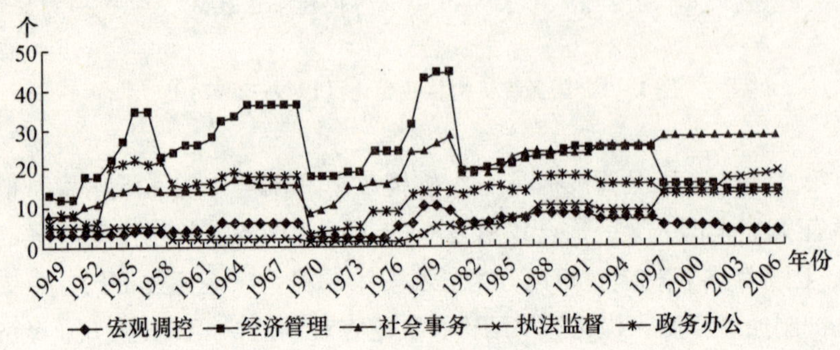

图1-2 国务院各类组织数量的变化①

第三，历次国务院机构改革和调整都受国家经济体制改革的影响。如果仔细观察国务院机构改革的时间和背景，不难发现，1982年、1988年和1998年三次机构改革之所以发生，关键原因在于我国经济体制改革的推进。（见表1-5）其中，1982年国务院机构改革主要是受党的十二大报告所确立的“计划经济为主，市场调节为辅”的经济改革原则影响，这次改革也被认为是自1949年以来对“市场调节”的首次承认。1988年所进行的第二轮机构改革主要是受1987年党的十四大所确立的“社会主义初级阶段理论”的影响，强调市场是在国家宏观调控下资源配置的基础性手段，与此相适应，国务院机构改革提出了转变政府职能的口号，要求政府职能由微观管理转变为宏观调控。1998年的国务院机构改革主要是受1992年以来社会主义市场经济体制确立的影响，所以，1998年机构改革的重要目标就是：逐步建立适应社会主义市场经济体制的有中国特色的政府行政管理体制。经过1998年的机构改革，国务院组成部门由40个减少至29个。

① 何艳玲：《中国国务院（政务院）机构变迁逻辑》，《公共行政评论》2008年第1期。

表 1-5　　影响中国经济体制改革的重要会议

时间	名称	经济体制改革内容
1978 年 12 月	十一届三中全会	全党工作重点转移到社会主义现代化建设上来
1982 年 9 月	十二次全国代表大会	计划经济为主、市场经济为辅
1984 年 10 月	十二届三中全会	社会主义经济是公有制基础上的有计划商品经济
1987 年 10 月	十三次全国代表大会	社会主义初级阶段理论
1992 年 10 月	十四次全国代表大会	建立社会主义市场经济体制
1997 年 9 月	十五次全国代表大会	公有制再界定和所有制结构多元化；依法治国

三　稳定理念的制度实践

政治稳定作为发展型政府的核心特征，它被认为是经济增长的重要条件，离开政治稳定很难谈及经济增长。对此，邓小平关于政治稳定和经济发展的关系进行了一系列论述："国内安定团结的政治局面"是实现"三步走发展战略"的重要条件之一；"没有安定团结的政治环境，什么事情都干不成"；"没有稳定的环境，什么都搞不成，已经取得的成果也会失掉"；"稳定压倒一切"。在当时看来，要想保持政治稳定必须处理好两对关系：一对为中央与地方关系，判断这对关系是否有利于政治稳定的基本标准就是中央的权威程度；另一对为国家与社会关系，判断这对关系是否有利于政治稳定的基本标准就是国家的吸纳能力。那么，为了维持政治稳定，提供良好的经济发展环境，党和政府又是如何来处理这两对关系的呢？

（一）通过分税制改革来重构中央权威

理查德·拉什曼曾指出"钱与国家能力之间的关系是累进（progressive）的"。[①] 所以，从这个角度来看，有什么样的财政制度就会有什么样的国家。在改革开放之前，我国主要实行的是"统收统支"的财政制度，即财政收入上交中央，财政支出由中央统一核定指标。在"统收统支"下，财权上收，集中于中央，中央政府相当强大，具有很高的权威性。然而，相应的弊端在于，中央统得过死，作为政策具体执行者的地方和作为经济领域主体的企业得不到发挥。正如吉尔伯特·罗兹曼所观察到的那样："一个软弱的中央政府固然不利于现代化，但是一个缺少民主，过于

① ［美］理查德·拉什曼：《国家的迷思：精英侵吞与财政危机》，陈明明主编：《共和国制度成长的政治基础》，上海人民出版社 2009 年版，第 105 页。

集权的中央政府同样也不利于现代化。”①

为了调动地方和企业的活力，改革开放之后，中央开始推行“放权让利”的改革战略。放权让利就是中央向地方、企业放权、让利，中央政府希望借此不但可以向省市政府提供激励，而且可以向各省管辖下的各个企业提供激励。放权让利在财政领域具体表现为“财政包干制”。财政包干，又称“分灶吃饭”，指的是地方的年度预算收支指标经中央核定后，由地方包干负责完成，超支不补，结余留用，地方自求平衡。财政包干制打破了统收统支的财政格局，改“一灶吃饭”为“分灶吃饭”，通过在中央和地方之间进行财权的划分，增强了地方财力，扩大了地方自主支配自有财力的权限，调动了地方政府的积极性。然而，对于决策者来说，财政包干制的推行既带来了预期内的效果，也带来了预期外的效果。所谓预期内的效果，指的是调动了地方的积极性，为了实现本地财政收入最大化，地方政府表现出了强烈的发展经济热情，继而推动了经济高速增长。所谓预期外的效果指的是，“分灶吃饭”使地方对于中央的财政依赖降低，在缺乏“财政依赖”的状态下，地方开始不听中央的管束，“上有政策，下有对策”，使得中央的政策难以推行，继而削弱了中央对于经济的宏观调控能力。

随着“放权让利”的改革战略和“分灶吃饭”的财政体制的推行，中央政府开始陷入困境之中，这具体表现为中央财政收入占国民收入的比重的下降，以及由此衍生的中央对经济调控能力和对地方控制能力的削弱。由于对中央财政的依赖减弱以及地方本位主义的增强，地方政府在行为上开始表现为“囚徒困境式”的不合作，致使中央政策的成本加大，对此，毛寿龙称为“地方主义的泥淖”。② 与之相关，一系列用以描述中央权威削弱的概念也随之兴起，如诸侯经济③、地方主义④、行

① ［美］吉尔伯特·罗兹曼：《中国的现代化》，国家社会科学基金“比较现代化”课题组译，上海人民出版社1989年版，第415页。

② 毛寿龙：《“囚犯的难题”与“地方主义的泥淖”：中央与地方关系的再思考》，《行政论坛》1996年第3期。

③ 诸侯经济强调地方行政过多干预经济，自成体系，与中央发生某种程度的制衡关系。

④ 地方主义强调各地对其工业的自我保护和设限措施，以图利本地人的做法，亦即“新重商主义”式的经济保护主义。地方领导人不但以行政措施限制外地产品进入，并且禁止本地出产的重要原料外销。当前的地方主义，是指地方政府在与中央互动时，更重视地方利益的一种行为。

为性联邦[①]、独立国家[②]、混乱状国家[③]等。在比较了中国与其他国家之后，王绍光开始对“分灶吃饭”的财政体制提出警告，他认为，中国国家能力的削弱不是一个好的预兆，远非产生我们大部分人所希望的“瑞士化”，往好的方面讲，它也许会产生一种稳定但软弱的民主，或称之为“印度化”；往坏的方面讲，中央权威的倒塌甚至会导致国家的分裂，或经济的“非洲化”加上政治的“黎巴嫩化”。[④]

“改革就是要改变过去那种权力过分集中，中央统得过死，个人独断专横，缺乏经济民主，缺少政治民主的种种弊端。但是改革并不等于削弱国家能力，市场经济并不意味取消国家干预，现代化并不需要一个软弱的中央政府。”[⑤] 王绍光和胡鞍钢的这一番带有建言性的话连同他们的《中国国家能力报告》最终引起了决策者的注意。从1994年起，中央开始推行分税制改革。在这种新制度下，一方面对中央与地方的事权和支出进行了划分，根据中央与地方事权的划分，中央财政主要承担国家安全、外交和中央国家机关运转所需经费，调整国民经济结构、协调地区发展、实施宏观调控所必需的支出以及由中央直接管理的事业发展支出，其余的属于地方事权和支出范围。另一方面对中央与地方的财权进行了划分，国家的税收被区分为三种：中央税、地方税和共享税。中央的固定收入包括关税、海关代征的消费税和增值税、消费税、中央企业所得税、中央企业上缴的利润等；地方的固定收入包括营业税（不含银行总行、铁道、各保险总公司集中缴纳的营业税）、地方企业所得税、城镇土地使用税、房产税等。中央与地方的共享收入包括增值税、资源税、证券交易（印花）税等。这一税收体制使“中央拿大头，地方拿小头”。正是由于分税制具有以上两个方面的特点，所以，人们也将分税制带来的效果称为“财权上收，事权下放”。

---

① 行为性联邦制强调中央与地方在谈判中，中央不能压倒地方，地方也没办法脱离中央。此种权力平衡制约具有“联邦制”的实质内容，但并未以宪法固定，而是在谈判行为中表现出来。

② 独立国家强调大陆各省与世界各国的经贸关系日益密切，反倒省际之间的关系逐渐疏离，因此，若从经济方面言，各省都犹如独立国家。

③ 混乱状国家强调分权的结果，使中国大陆不再是统一的国家，而变成一个混乱状的国家，中央假装在统治地方，而地方假装被中央统治。

④ 参见王绍光1991年2月向当代中国研究中心提交的论文，《建立一个强有力的民主国家》。转引自郑永年《全球化与中国国家转型》，浙江人民出版社2009年版，第133页。

⑤ 王绍光、胡鞍钢：《中国国家能力报告》，辽宁人民出版社1993年版，第38页。

分税制所实行的“财权上收，事权下放”，在重构中央权威方面起到了立竿见影的效果。这主要表现为三个方面：第一，提高了中央财政收入占国民收入的比重，从原来的不足30%提高到了50%左右，如果把强制收归国库的地方征收赋税也包括在内，那么中央政府的实际税收达到政府税收的2/3。① 第二，加强了中央对于地方的控制能力，中央财力提升的一个重要结果就是，中央财政开始变得充裕。与之相反的则是，地方财力的严重匮乏，收不抵支明显。这一结果鲜明地体现在表1-6中。针对地方收不抵支的状况，中央主要通过财政转移支付的方式来对地方进行弥补，由此，地方对中央的依赖增强。第三，提升了中央的宏观调控能力，财力雄厚也使中央在对经济的调控上变得游刃有余，规避了市场失灵的风险，推动了经济的有序增长，中国政府能够从容应对1998年亚洲金融危机就是这方面的体现。中央政府作为经济发展、政治改革、社会转型和国际关系的主要指导者和驱动者，中央政府权威的巩固和宏观调控能力的增强，有助于为经济发展提供一个稳定的政治环境。

表1-6　分税制实施前后的中央与地方财政收支比较　单位：亿元

年份	中央财政收入	中央财政支出	中央财政盈余	地方财政收入	地方财政支出	地方财政盈余
1980	284.45	666.81	-382.36	875.48	562.02	313.46
1993	957.51	1312.06	-354.55	3391.44	3330.24	61.2
1994	2906.52	1754.43	1152.09	2311.61	4038.19	-1726.58
2000	6989.17	5519.85	1469.32	6406.06	10366.65	-3960.59

资料来源：关于分税制及其实施对中国社会之影响的浅谈，http://www.douban.com/note/82231135/，2013-02-27。

（二）通过政治吸纳来巩固执政基础

随着改革开放的推进和社会主义市场经济的建立，私营经济开始复苏，并展现出了强劲的增长势头。根据世界银行（1996）的估计，在1995年，中国私营部门的份额在GDP中已经占到了56%。② 另据国家统计局全国第二次单位普查报告显示，截至2001年年末，我国一共有法人

① 郑永年：《全球化与中国国家转型》，浙江人民出版社2009年版，第118页。

② Gelb A., *China's Reforms in the Wider Context of Transition*. Bliney E. Ed. Crisis and Reform in China. Nova Science Publishers，p. 8.

单位510.7万个，比1996年增加了55.2万个，增幅达12.1%，其中私营单位数量占到了总额的43.7%，首次超过国有企业的数量。由此来看，私营企业和经济已经成为社会主义市场经济中的一支重要力量。

私营企业和私营经济的兴起也带动了一个阶层的兴起，这就是私营企业主阶层。德国学者托马斯·海贝勒通过对中国社区的研究发现，中国人的政治参与遵循着这么一个逻辑，即"先要有经济上的保障，然后选举和参与才会成为核心因素"。[①] 因此，作为先富群体的私营企业主也就成为中国政治参与中的积极分子。私营企业主的兴起以及所展示出来的政治参与热情，无论是从意识形态，还是从治理技术来看，都对作为执政党的中国共产党构成了挑战。从意识形态来看，传统的意识形态只是将工人、农民、知识分子、军队和干部作为国家的社会基础，并未将私营阶层包括在内。从治理技术来看，政治参与有了新发展，正面临着从"动员型参与"向"自主型参与"的转型。政治动员型参与的最大特点就是国家在政治参与中扮演着主导性的角色，在1978年之前的全能型政府下，国家和政党完全主宰了社会力量，只有体制导向下的政治动员，政治参与是党和政府用来构筑政治合法性的工具，不具有影响政策的实质性意义。与"动员型参与"不同，私营企业主的政治参与则属于"自主型参与"，这种参与冲动表现为两个方面：一方面经济地位的提升要求政治地位的提升，作为先富群体的私营企业主也因此普遍关心自己在社会阶层结构中的政治地位，要求通过政治参与来反映其政治地位；另一方面试图通过政治地位提升来保护财产安全，"先富起来的人"对自己财富安全非常担心[②]，他们希望通过政治参与来影响国家决策，保证财产安全。作为私营企业集中地的义乌市就是这方面的一个缩影，正如义乌市人大的一名官员所说的的："80年代末和90年代初期，义乌人对参与政治并不感兴趣，直到私人手中的财富越积越多，参政诉求才开始强烈起来。通过参政保护私有财产的利益，这是财富拥有者的天性。"[③] 私营企业主在政治参与上所表现

---

① ［德］托马斯·海贝勒：《中国的社会政治参与：以社区为例》，鲁路译，《马克思主义与现实》2005年第3期。

② 《平衡发展政治参与——商人当官的思考》，http：//www.jrj.com.cn/NewsRead/Detail.asp? News ID = 199917，2013-2-27。

③ 《被财富改变的浙江基层选举生态》，http：//news.sina.com.cn/c/2004-02-24/10252945952.shtml，2013-2-27。

出来的自主性，也使习惯了动员型参与的党和政府表现出了一定的被动性。如何改被动为主动，也就成为党和政府一大难题和挑战。

为了更好地对社会进行管理、维护社会主义市场经济体制、发挥私营企业主在推动经济发展中的作用，党和政府开始通过多管齐下的方式来对私营企业主进行政治吸纳。所谓政治吸纳指的是“一个过程，在这个过程中，政府把社会中精英或精英集团所代表的政治力量，吸收进入政决策结构，因而获致某一层次的‘精英整合’，此过程，赋予了统治权力以合法性，从而，一个松弛的但整合的政治社会得以建立起来”。[①] 这种对私营企业主的吸纳表现为，国家通过一系列措施将这些新型的社会精英吸纳进人民代表大会、政治协商会议、中国共产党、中华全国工商联合会或者其他协会和群众组织。

早在 20 世纪 90 年代初期，市场经济走在全国前列的浙江等地就开始尝试将私营企业主吸纳进人大、政协以及其他政治和群众组织，许多私营企业主更是成为中国共产党党员或者预备党员。浙江等地的先试先行为理论的突破和提升提供了实践经验和基础。在此基础上，1999 年的宪法修正案明确提出“国家保护个体经济、私营经济的合法的权利和利益”，这为私营企业主的合法财富提供了宪法保障。2000 年提出的“三个代表”将中国共产党代表的阶层从“无产阶级”拓宽到了包括私营企业主在内的全体公民，其中，私营经济被包含在了先进社会生产力的范畴，私营企业主被包含在了广大人民群众的范畴。2001 年江泽民同志在纪念中国共产党建党 80 周年的讲话中指出：改革开放以来，我国的社会阶层结构发生了新的变化，出现了包括私营企业主在内的新的社会阶层，这些社会阶层在性质上也是属于有中国特色社会主义事业的建设者。因此，应当把这些符合党员条件的社会其他方面的优秀分子吸收到党内来，从而不断增强我们党在全社会的影响力和凝聚力。这就为民营企业家加入中国共产党提供了理论和政策依据。“三个代表”也因此成为党和政府进行“政治吸纳”的重要理论依据。

自“三个代表”理论提出以来，一大批私营企业家加入中国共产党，并成为党代表。据统计，2002 年党的十六大，共有 7 位民营企业家成为党代表；2007 年党的十七大增至 17 人；到 2012 年党的十八大，更是增

---

① 金耀基：《中国政治与文化》，牛津大学出版社 1997 年版，第 21—45 页。

至34人。[①] 对此，美国著名中国问题研究专家沈大伟（David Shambaugh）评价道："中共是唯一一个向社会各群体开放的共产党，它吸引了更多的阶层，也包括私营企业主的加入。"[②] "三个代表"的提出和对私营企业主的"政治吸纳"，这些做法共同表明作为执政党的中国共产党正通过开放和革新来不断适应社会的变化，并成功地应对了来自社会的挑战，通过"党这个大熔炉"[③]，有效地整合了社会力量，扩大了党的社会基础，巩固了党的执政地位。用肯尼斯·乔威特（Kenneth Jowitt）的话来说，这种"包容主义"（对私营企业主的政治吸纳）是一种政治上的精明，因为如果这些先进的阶级没有被吸纳入政治体制内，他们极有可能成为体制外反对派的基础。因此，中国共产党的这一策略即可以被解释为一种适应策略。[④]

第三节　发展型政府的制度绩效

一　从经济增长到政治发展

发展型政府之所以会成为改革开放以来的政府定位和制度选择，主要是为了解决计划经济时代所造成的"低增长贫困"，即由于经济低速增长而导致的贫困。发展型政府背后的预设逻辑是：只有经济发展才能解决温饱问题，只有解决温饱问题才能维持政治稳定。所以，从一开始，发展型政府的基本目标和追求就是"经济增长"。

从实践结果来看，在"发展才是硬道理"的口号下，发展型政府在中国获得了巨大成功，首要表现就是推动了中国经济的增长。在过去30多年里，中国保持了年均9%以上的增长速度，增长速度之快、持续时间

---

① 《"十八大"的民营企业家党代表》，《南方周末》2012年8月2日。

② 《中共崛起：世界地图上的新坐标》，http://news.xinhuanet.com/politics/2011-06/30/c_121606616_8.htm，2011-06-30。

③ 这一提法出自江泽民同志在纪念中国共产党成立80周年上的讲话，他指出，"应该把承认党的纲领和章程、自觉为党的路线和纲领而奋斗、经过长期考验、符合党员条件的社会其他方面的优秀分子吸收到党内来，并通过党这个大熔炉不断提高广大党员的思想政治觉悟，从而不断增强我们党在全社会的影响力和凝聚力"。

④ Kenneth Jowitt, Inclusion and Mobilization in European Leninist Regimes, *World Politics*, Vol. 28, No. 1, 1975, pp. 69-97.

之久，不得不说是一个奇迹，中国也因此成为世界上最活跃的经济体。经济的持续增长也使中国摆脱了“低增长贫困”。一如经济学家们所预判的那样，经济增长带来了巨大的“下溢效应”，所有的人都从经济发展中受益，差别只是有些人受益多一点，有些人受益少一点。经济增长的这种“下溢效应”可以从以下几组数据中反映出来，随着经济的高速增长，我国的人均国内生产总值由 1978 年的 381 元，上升至 2007 年的 18934 元，扣除价格因素，增长了近 10 倍，年均增长 8.6%。[①] 另据 2011 年《人权蓝皮书》的数据，截至 2010 年年底，中国有 2.5 亿农村贫困人口成功脱贫，贫困发生率也从 30.7% 下降至 2.8%。而这一切都要归功于中国改革开放以来所取得的经济成就，对此，王绍光评价道：“减贫恐怕主要是经济增长的副产品。”[②] 除此之外，政治稳定也是经济增长的副产品，经济增长也为执政党带来了政绩合法性，这可以从邓小平的讲话中体现出来。邓小平于 1987 年 5 月 12 日会见荷兰首相吕贝尔斯时谈道：“人民有自己的亲身经历，眼睛是雪亮的。过去吃不饱，穿不暖，现在不仅吃饱穿暖，而且有现代化生活用品，人民是高兴的。既然如此，我们的政策还能不稳定？政策的稳定反映了党的稳定。”[③] 也正是由于经济增长的绩效，在面临国内外风云变幻的环境下，党和政府从容应对和度过了 1989 年春夏之交的政治风波和 1991 年的东欧剧变。

除了经济增长之外，本书更关注发展型政府所带来的政治绩效，即它在哪些方面、多大程度上推动了中国的政治发展。诚然，发展型政府的核心目标和理念哲学是经济增长，但是，经济增长所要求的市场经济同政治发展所追求的民主政治具有同质性，经济增长必然要求实行民主改革。发展型政府的政治绩效，我们或许可以称之为是经济改革的附属品，也属于经济增长的“溢出效应”。

政治发展是从传统社会向现代社会发展的过程和结果，其核心目标在于“建立有效的民主制度”，或称“建立一个强有力的民主国家”。[④] 以

---

① 罗豪才：《改革开放 30 年中国人权的发展》，中国人权研究会编：《中国改革开放与人权发展 30 年》，人民日报出版社 2009 年版，第 7 页。

② 王绍光：《大转型：1980 年代以来中国的双向运动》，《中国社会科学》2008 年第 1 期。

③ 《邓小平文选》（第三卷），人民出版社 1993 年版，第 235 页。

④ 王绍光：《建立一个强有力的民主国家——玛雅与王绍光谈民主》，《领导者》2007 年第 6 期。

往的政治发展理论，在对政治发展目标的强调上，只是单纯强调了“民主制度”，而忽视了“有效”这一限定词。然而，现代民主实践的经验告诫我们，忽视“有效性”的民主制度，会给政治发展带来许多困境。“第三波”就是一个明显的例子，由于对有效性的忽视，政治发展的结果却是造就了一大批的“民主半成品”和“民主残次品”。所以，进入21世纪以来，在反思“第三波”的基础上，民主理论家不再单纯地强调民主转型，转而强调民主质量、民主巩固以及民主绩效。所以，本书将“建立有效的民主制度”作为政治发展的核心目标是符合民主理论发展趋势的。

根据“建立有效的民主制度”这一新目标和新标准，政治发展的内容应该包括以下两个维度：第一，政治发展的过程应该是建立民主制度的过程；第二，政治发展的过程应该是增强国家能力的过程。前一个维度比较容易理解，这也是政治发展理论历来所主张的。后一个维度也不难理解，增强国家能力的过程就是构筑有效性的过程，国家能力是影响民主转型、民主巩固和民主质量的先决条件之一，一种民主制度要想运行良好并持续下去，必须有一个有效的政府。基于此，一些学者也提出中国在改革上面临着双重任务，这也就是说，在缩小国家权力范围的同时增强国家的能力。[①] 据此，我们可以从两个维度来探讨中国的政治发展：一方面为国家能力方面，另一方面为民主转型方面。就发展型政府的政治发展功能而言，前一方面可以概括为迈向基础性权力，后一方面可以概括为地方和社会的复兴。

二　迈向基础性权力

按照迈克尔·曼的区分，主要有两种类型的国家权力：专断性权力和基础性权力。所谓专断性权力，是指国家精英“无须同公民社会作例行公事式的协商”[②] 即可实施的权力。专断性权力具有如下的特点：（1）个别权力，权力的所有者往往为国家某一或某些精英；（2）深入性（intensive），能够高效地进行社会动员并使参与者为之献身；（3）威权

---

① 李强：《自由主义与现代国家》，http：//www. aisixiang. com/data/19748. html？page =4，2013-2-28。

② ［英］迈克尔·曼：《社会权力的来源》（第二卷·上），陈海宏译，上海世纪出版集团2005年版，第68页。

性，强调权力的主要实施方式是精英的意志命令。[①] 所谓基础性权力，是指国家实际上能够深入公民社会并在管辖领域内有效贯彻其政治决定的能力。[②] 基础性能力具有如下特点：（1）集体权力，权力的主体并非个人而是国家和制度；（2）广泛性，具有较强的统合能力，能够把广阔领土上的大量人员组织起来；（3）弥散性，权力不直接由命令实施，它是以相对自发的、不自觉的和无中心的方式扩散的，人们会被迫以明确的方式投入行动，但不是由于某个人或组织的命令。[③] 专断性权力和基础性权力分属于两个不同的国家权力范畴，前者涉及国家权力的性质，即政权类型；后者涉及国家的能力与有效性。从属性上来看，专断性权力与民主格格不入，而基础性权力则与民主相得益彰。所以，政治发展应该是一个不断削弱专断性权力和逐渐构筑基础性权力的过程。

结合中国的实践来看，改革开放的过程就是一个不断削弱专断性权力的过程。正如邓小平所告诫的："权力过分集中于个人或少数人手中……必然造成官僚主义,必然要犯各种错误。"[④] 为此，改革开放以来国家首先对专断性权力赖以生存的制度基础——全能型政府体制进行了改造。这表现为：（1）对合法性类型的修正，由卡里斯玛式转向政绩合法性；（2）对问责机制的修正，由对个人负责转向对上级负责；（3）对权威实施方式的修正，由大众动员型转向压力科层制；（4）对央地关系的修正，由中央集权型转向分权化威权。[⑤] 经过这一系列改造，我国基本上告别了全能型体制，也同时削弱了国家的专断性权力。国家权力的特点也开始由个别权力转向集体权力，由深入性转向广泛性，由威权性转向弥散性。时至今日，我们很难想象国家精英"无须同公民社会群体进行正常的协商"就可以实施权力，反倒是国家权力越来越受到限制，正如乔尔·S. 米格代尔所观察到的那样，国家权力具有双重角色，它既是"强制者"也是

① ［英］迈克尔·曼：《社会权力的来源》（第二卷·上），陈海宏译，上海世纪出版集团2005年版，第7页。

② 转引自王绍光《祛魅与超越：反思民主、自由、平等、公民社会》，中信出版社2010年版，第126页。

③ ［英］迈克尔·曼：《社会权力的来源》（第二卷·上），陈海宏译，上海世纪出版集团2005年版，第7页。

④《邓小平文选》（第二卷），人民出版社1993年版，第328—329页。

⑤ 这部分已在本章第二节"经济政策导向的治理"中详细讨论。

"乞求者"，它对社会存有合法性的乞求。①

在削弱专断性权力的同时，国家也对基础性权力进行了积极建构。基础性权力又被称为国家能力。结合学界既有的讨论，为了避免争论，本书选取了一个最大公约数，将国家能力归为四类：（1）强制能力，即维护国家安全与公共秩序的能力；（2）汲取能力，即动员与调度社会资源的能力；（3）再分配能力，即保障经济安全、维护社会分配正义的能力；（4）规范能力，即规范政府、企业及社会成员行为的能力。在发展型政府的定位下，强制能力与汲取能力先于再分配能力和规范能力得到了发展。之所以如此，这跟发展型政府的基本理论主张有关。经济增长作为发展型政府的核心目标，这一目标的实现有赖于两个条件：政治稳定和宏观调控。要想维系政治稳定，必须发展强制能力；而要想实现宏观调控，必须发展汲取能力。

第一，以综合治理来推进国家的强制能力建设。以治安为基础的社会公共安全与秩序是百姓最基本的需求，治安职能也被认为是国家的核心职能之一。而在社会转型过程中，旧的控制体制已然崩溃而新的控制体制尚未建立，由于新旧体制之间所出现的衔接不畅和制度断裂，进而造成了控制体制的失灵和社会秩序的失序。自 1978 年以来，我国的犯罪率开始持续上升，在 1991 年更是高达万分之二十点九，而在 1978 年之前，即使在"文化大革命"这一"无政府状态"时期，犯罪率最高时也仅为万分之六。为了维持社会秩序，国家开始实行"严打"，然而，"严打"只能是社会治安形势严峻、某些严重犯罪居高不下之时的权宜之计。对此，早在 1981 年，党中央在批转中央政法委《京、津、沪、穗、汉五大城市治安座谈会纪要》中就提出，为了争取社会治安根本好转，必须全党动手，实行全面综合治理的方针。1991 年，党和政府在《关于加强社会治安综合治理的决定》中进一步明确指出，社会治安综合治理"是解决我们社会治安问题的根本出路"。在此之后，综合治理取代"严打"成为控制犯罪的基本政策性措施。综合治理的实施也取得了良好的效果，有效地扭转了犯罪率高涨的状况，犯罪率也由 1991 年万分之二十点九的最高点回落至 1992 年的万分之十三点七，回落效果明显。综合治理之所以能够迅速

---

① ［美］乔尔·S. 米格代尔：《强社会与弱国家：第三世界的国家社会关系及国家能力》，张长东等译，江苏人民出版社 2009 年版，第 9 页。

有效地重构公共安全与秩序，根本原因在于，作为一种社会控制形式，综合治理在本质上是一种执政党主导的组织化调控，它不仅有效整合了体制内资源，而且还调动和吸纳了体制外资源，使社会本身趋向高度的组织化，最终主要通过组织性的力量来实现国家治理的目的。[①] 综合治理的出现是中国在制度资源相对贫乏的情况下，通过强化组织在社会控制体系中的作用来达成国家治理目标的产物。综合治理的实施有效地推进了我国的强制能力建设，发挥了国家在维护国家安全与公共秩序方面的功能，保证了国家对于暴力的垄断，重构了国家在百姓中的权威。

第二，以分税制来推进国家的汲取能力建设。汲取能力被认为是动员与调度社会资源的能力。王绍光和胡鞍钢在《中国国家能力报告》中特别指出："国家汲取财政能力是最重要的国家能力。"[②] 在改革开放初期，为了调动地方和企业的积极性，国家实施了"放权让利"的改革战略和"分灶吃饭"的财政体制，然而，最终的结果却是，虽然调动了地方和企业的积极性，但也带来了中央权威的削弱。由于中央与地方角色的不同，两者想问题和做决策的出发点和价值观也不同，中央主要关注的是宏观的与整体的利益，而地方主要关注的是微观的与局部的利益。中央权威削弱的结果就是地方主义的兴盛，受地方利益的驱动，地方政府在发展经济上表现出了职能的选择性履行、行为的短期化、地方保护主义、"搭便车"等"囚徒困境"，这些表现都制约了经济的良性发展。在此情况下，重构中央权威，发挥中央的宏观调控功能也就显得尤为重要。而宏观调控的实现又有赖于雄厚的财政支持。在此基础上于1994年推行的分税制改革，不仅提升了中央财政收入占国民经济的比重，也提升了全国财政收入占国民收入的比重。这两个比重的提升，一方面强化和提升了国家的财政汲取能力，使国家能够更有效地发挥宏观调控职能；另一方面财政汲取能力的提升又为其他国家能力的发展提供了雄厚的财政基础和保障。

三 地方与社会的复兴

1978年的改革开放以及随之出现的政府类型从"全能型政府"向"发展型政府"的转型，可以被描述为一种国家体制的解组和重构的过程。以1978年为分界，从之前的总体支配到之后的技术治理，国家对经

---

① 唐皇凤：《社会转型与组织化调控：中国社会治安综合治理组织网络研究》，博士学位论文，上海复旦大学，2006年，第60页。

② 王绍光、胡鞍钢：《中国国家能力报告》，辽宁人民出版社1993年版，第9页。

济、社会和政治的管理方式已然发生了巨大改变。在经济方面，随着1992年社会主义市场经济体制的确立，经济领域几乎完全依照市场规律来运作，政府虽有干涉但不主导；在社会领域，社会的发展虽然仍在国家的监管之下，社会团体的成立都必须向所属的各级人民政府民政部登记，并且接受国家的行政与财政的管理与监督，但相较于过去国家对社会的消解状态，显然已进步甚多；在政治方面，虽然民主仍然处于低度发展阶段，但是由于经济与社会的多元化，过去的那种一元领导体制显然无以为继，经过一系列的"调适"、"改革"和"开放"，人大制度、基层民主和党内民主开始恢复、发展和兴起，成为中国政治体制改革的助推力和突破口。

那么，该如何描述改革开放以来中国所发生的这些变化？"发展型政府"的实践以及所带来的市场经济改革又在多大程度上推动了中国的政治发展？为了回答这些问题，学界借用了民主理论中有关"自由化"与"民主化"的区分。① 自由化一般被认为是对公民权利承认和对社会控制松动的过程，比如，放松对媒体的控制，扩大工人阶级自组织的空间，开始强调个人的合法权利等。而民主化一般被认为是公民权利的制度化过程，这其中，标志性的事件就是竞争性选举制度的确立。一些学者据此认为，尽管中国的经济改革并未使政治在民主化上取得真正的进步，但在政治自由化上取得了重大的发展。② 具体来说，我们可以将这种政治领域的自由化概括为：社会的复兴和地方的复兴。

政治领域自由化的第一个表现就是"社会的复兴"。随着政治的发展和研究的深入，社会的作用越来越被看重，被认为是国家治理的基础，从某种程度上来说，有什么样的社会就会有什么样的国家。之所以如此，主要有两方面的原因：第一，社会被认为是弥补市场失灵和政府失灵的重要手段；第二，社会被认为是民主制度赖以运行的基础。对此，迈克尔·麦金尼斯和文森特·奥斯特罗姆更是将现代政治的发展总结为"从为民主

① 有关"自由化"与"民主化"的讨论可以参见的文章有：奥唐奈和施密特的《威权统治的转型：关于不确定民主的试探性结论》、亨廷顿的《第三波：20世纪后期民主化浪潮》、林茨和斯泰潘的《民主转型与巩固的问题：南欧、南美和后共产主义欧洲》以及普沃斯基的《民主与市场——东欧与拉丁美洲的政治经济改革》。本书所使用的有关"自由化"与"民主化"概念的区分，是对他们观点的一种综合和归纳。

② 吴晓云、吕增奎：《西方学者论改革开放以来中国的政治发展》，《马克思主义与现实》2008年第6期。

而奋斗走向自主治理”。[①] 在改革开放之前，我们可以将我国的国家与社会关系概括为“有国家，无社会”，社会处于国家的高度统合之中。随着“全能型政府”的落幕，那种国家对社会高度统合的状况开始变得支离破碎，经济、私人和公共领域逐渐从国家领域中漂离[②]，个体的自由空间和群体的公共空间开始变得更为广泛，而社会团体的快速发展更被认为是社会复兴的首要指标。综合相关学者的研究来看，中国社团的发展大致经历了三个阶段。第一个阶段为1978—1988年，这一阶段为恢复发展阶段，在此期间，民众的结社热情开始高涨，各类社团如雨后春笋般增长，逐渐形成了一个初具规模的民间组织体系。第二个阶段为1988—1998年，这一阶段为建章立制阶段，一批相关的法律法规开始建立，这主要包括《社会团体登记管理条例》、《基金会管理办法》和《外国商会管理登记条例》等，这些法律法规的颁布实施，一方面对社团的活动起到了保护作用，保护了其行为的行使；另一方面对社团的活动起到了约束作用，规范了其行为的行使。第三阶段为1998年以来，这一阶段为多元发展阶段，国家在对政治性社团加强监控的同时，也开始强调社团在满足社会需求、提供公共服务等方面功能，并积极支持和鼓励相关社团组织的发展。与这三个阶段相伴的是，中国社团的蓬勃发展，社团数量从“文化大革命”时期的百余家[③]发展至1989年的20万家[④]，后又发展至2002年的24.45万家。[⑤] 尽管当前国家与社会的分离还不够彻底，社团的发展也受到了种种限制，中国正在出现的公民社会还只能算是一个“不成熟的公民社会”(nascent civil society)，或者是一个“国家引导的公民社会”(state - led civil society)，但可以预见的是，随着政治体制改革的推进、中国经济的持续增长、全球化的深入影响、互联网与手机短信的普及，中国的社会联系和结社也将会变得更为容易。正如邓正来所预判的那样：“改革在国家

---

① [美] 迈克尔·麦金尼斯、文森特·奥斯特罗姆：《民主变革：从为民主而奋斗走向自主治理》，《北京行政学院学报》2001年第3期。

② 马骏：《经济、社会变迁与国家重建：改革以来的中国》，《公共行政评论》2010年第1期。

③ 吴忠泽、陈金罗主编：《社团管理工作》，中国社会出版社1996年版，第6页。

④ 王绍光、何建宇：《中国的社团革命——中国人的结社版图》，《浙江社会科学》2004年第6期。

⑤ 王名主编：《中国民间组织30年——走向公民社会》，社会科学文献出版社2002年版，第23页。

经济体制和法律制度方面所导致的变化，实质上促生了一种结构性力量的公民社会的逐渐形成。”①

政治领域自由化的第二个表现就是地方的复兴。中国的改革开放被认为是一个激活和培育各种社会力量的过程，而“地方”正是国家放权和分权过程中形成的诸多社会力量中的一种。“地方”是我国省级及其以下各级政府的总称，在“渐进改革”的战略指导下，地方的复兴主要表现为基层民主的推进。为了激活民众在发展经济上的活力，国家开始在农村实行家庭联产承包责任制，随着家庭联产承包责任制的推行，原先诸如人民公社、生产大队等集体化的管理方式也就无法适应农村发展的需要，“导致了生产大队、生产队组织的瘫痪，农村基层社会出现了权力真空，社会治安、公共事务、公益事业等处于无人管理的状态”②。为了适应家庭联产承包责任制的需要、重构农村社会秩序，国家开始在农村推行村民自治。村民自治的基础是民主选举，具体做法就是由村民直接投票选举出自己认可的村民委员会成员。正如《中华人民共和国村民委员会组织法》第一章第二条所指出的那样：“村民委员会……实行民主选举、民主决策、民主管理、民主监督。”村民自治的推行也为中国的民主试验带来丰硕的成果，这表现为：第一，扩大了农民的政治参与，据统计，从全国范围来看，村民在村委会选举中表现出了十分强烈的参与意识，投票率一般都达到了90%以上，有些地区更是超过了95%③；第二，提升了农民的权利意识，经过选举实践和民主培训，农民逐渐走出了“畏官惧官”的思想屏障，在维护个人权利和表达个人利益方面表现得更为积极和主动，根据郑欣在河北P县所做的田野调查显示，在农民上访事件中，有不少上访事件涉及“要求村务公开，揭露贪污腐败”、“发展集体经济，维护村民利益”、“争取民主权利，要求民主选举”④，这表明，公民的公共意识开始增强，权利意识开始觉醒；第三，推进了中国的民主进程，村民自治的实施也为中国的民主发展产生了示范效应，在总结村民自治经验的基

① 邓正来：《市民社会与国家知识治理制度的重构——民间传播机制的生长与作用》，《开放时代》2000年第3期。

② 白钢：《中国村民自治法制建设平议》，《中国社会科学》1998年第3期。

③ 金太军：《走出对村民自治的认识误区》，《探索与争鸣》1999年第8期。

④ 郑欣：《乡村政治中的博弈生存——华北农村村民上访研究》，中国社会科学出版社2005年版，第130页。

础上，国家又开始推行城市居民委员会选举、县乡人大代表直选、乡镇党委选举和党内民主，可以说，村民自治对国家层面的政治民主化进程的影响不可低估。由于中国的村民选举最接近西方的民主选举制度和实践，因此，村民选举被西方学者誉为20世纪90年代以来中国最重要的政治改革之一。[①]

① 吴晓云、吕增奎：《西方学者论改革开放以来中国的政治发展》，《马克思主义与现实》2008年第6期。

第二章　治理困局：发展型政府的异化与危机

把合法性建立在政绩基础之上的努力产生了可以被称作政绩困局的东西……由于合法性是建立在政绩的标准之上，如果不能有好的政绩，将失去合法性，如果政绩好了，也将失去合法性。

——塞缪尔·亨廷顿

“中国政治怪象”表现为：一方面人们抱怨政府太强，管得太多，太死；另一方面人们也有理由抱怨政府太弱，对很多该管的事（如惩治腐败，打击制假贩假，防止灾难性事故，从严执法等）往往显得无能为力。

——胡鞍钢、王绍光、周建明

第一节　发展理念异化与分配正义危机

一　发展理念的异化：GDP 崇拜

自 1978 年十一届三中全会确立“以经济建设为中心”以来，“经济增长主义”的理念开始弥漫于政府的各个层级并贯穿于决策的始终。然而，在具体的实践中，人们基于一般的常识和惯性的思维很容易将经济增长简单化地等同于具有后果主义倾向的 GDP 增长。所以，“经济增长”的政治社会化后果就是全社会对于 GDP 的崇拜，国家寄希望于 GDP 增长带来综合国力的提升，官员寄希望于 GDP 增长彰显个人执政绩效，民众寄希望于 GDP 增长带动个人就业和收入。在全社会的助推下，发展理念向 GDP 崇拜的异化可以说是大势所趋，而政府在其中更是扮演了关键性的角色和推手，这表现为如下三个方面：

第一，从原因来看，政府对于GDP的推崇，表现为GDP指标便于上级政府的绩效考核。

表2-1 山东省即墨市2008年度乡镇工作考核办法

一级指标	二级指标	百分比（%）
经济建设指标	（1）财税工作；（2）外贸出口；（3）规模以上固定投资；（4）第二产业发展；（5）第三产业发展；（6）农民人均纯收入增长速度；（7）环境保护；（8）造林绿化；（9）科技创新	50
政治建设指标	（1）依法治市；（2）国防后备力量建设和兵役工作；（3）全程办事代理制；（4）防范和处理邪教工作；（5）部分军队退役人员工作	6
文化建设指标	（1）宣传思想工作与精神文明建设；（2）文化事业	6
社会建设指标	（1）社会安全；（2）就业与社会保障；（3）社会事业发展；（4）城乡建设与管理；（5）社会主义新农村建设	30
党的建设指标	（1）基层党组织建设；（2）党风廉政建设；（3）统战工作；（4）机关建设	8

毋庸置疑，发展理念显然不只包括经济增长一个方面，还包括了社会发展、政治发展、文化发展等诸多方面，但是，相较于其他方面，经济发展，特别是GDP增长更为直观和更容易测量，能够成为真正的约束性指标。所以，我们看到，在上级政府对下级政府进行考核的过程中，虽然会开列出一系列的指标，但是除经济建设指标以外的绝大多数指标都具有主观性色彩较强的特点，难以进行量化。正如查尔斯·沃尔夫所言："同市场产出的效益—成本描述相比，非市场产出总的来说没有一个评价成绩的标准。"① 以山东省即墨市的政府绩效考核为例，在《中共即墨市委、即墨市人民政府关于2008年推动科学发展促进社会和谐（镇、市直工业基地）目标绩效考核的意见》中，共开列出了经济建设指标、政治建设指标、文化建设指标、社会建设指标、党的建设指标五项一级指标，除经济建设指标所列出来的财税工作、外贸出口、规模以上固定投资、第二产业发展、第三产业发展、农民人均纯收入增长速度、环境保护、造林绿化、

① ［美］查尔斯·沃尔夫：《市场或政府：权衡两种不完善的选择》，谢旭译，中国发展出版社1994年版，第5—6页。

科技创新 9 项二级指标具有强可测性以外，其他绝大多数指标都难以量化，比如，政治建设指标中的依法治市、文化建设指标中的宣传思想工作与精神文明建设、党的建设指标中的统战工作等都过于笼统，只能做定性而非定量的测评。因此，对于上级政府来说，真正具有约束性的指标只有经济建设指标，其他指标都只是一种软约束。也因此，在即墨市的考核指标中，经济建设指标占到了 50% 之重。通过即墨市的考核指标，我们也可以达到一叶知秋的效果。综观全国，虽然各地、各级政府在对下级政府绩效考核的具体指标设计上，存在着各种各样的差异，但是大多数考核指标都将经济建设指标作为了关键性指标，在分配分值和权重时，给予倾斜和照顾。

第二，从过程来看，政府对于 GDP 的推崇，表现为 GDP 指标便于地方政府短期内出成绩。

地方政府作为某一地域的主要管理者和中央政策的具体执行者，具有“为官一任，保一方平安”的重任。然而，正如布坎南所指出的那样：“没有理由认为政治家和政府官员因为有了一种特殊身份就变成了奉行利他主义原则的天使。”[①] 布坎南所揭示的道理很简单，那就是，官员也是具有自我利益的经济人，官员的自我利益主要表现为政治晋升。就中国而言，要想获得政治晋升，地方官员需要解决两个方面的约束条件：一方面是任期制约束下的短期内出政绩；另一方面是分税制约束下所带来的“财权上收”和“事权下放”的治理难题。面对这两个约束条件，地方官员的解决之道就是 GDP 崇拜，这是因为，一方面 GDP 增长见效快、回报高，能够满足地方官员短期内出政绩的需要；另一方面 GDP 增长能够解决地方官员在日常治理中所面临的“财权上收”与“事权下放”的治理困局，解决财政危机。所以，在日常实践中，地方政府都热衷于投资经济、推崇 GDP 增长，围绕 GDP 指标而展开的比较和攀比也就成了地方政府间竞争的常态，如现在流行的“全国百强县”排名，其核心指标就是 GDP 数量，所谓的“全国百强县”说白了就是“全国 GDP 百强县”。仔细观察，不难发现，GDP 崇拜已经成为地方政府“想问题，办事情”的核心逻辑。一方面，每当上级政府提出某个经济发展指标时，下级政府便

① ［美］詹姆斯·M. 布坎南：《自由、市场与国家：80 年代的政治经济学》，平新乔、莫扶民译，上海三联书店 1989 年版，第 547 页。

会竞相提出更高的发展指标，由此表现出层层加码、层层分解的现象[1]；另一方面，地方政府罔顾中央“转变经济发展方式”、要“绿色 GDP”不要“带血的 GDP”、要“GDP 质量”不要“GDP 数量”的要求，“唯 GDP 论”和“以 GDP 论英雄”的总体格局没有变，于是我们看到，在制定“十二五”规划时，有十几个省份提出了经济总量翻番的目标，这相当于平均每年的增长率达到 15%，为此，时任贵州省省长赵克志曾对财新网记者说，各省争着达到最高的发展速度，“我们没有退路，只能和他们死拼”。[2]

第三，从结果来看，政府对于 GDP 的推崇，表现为 GDP 增长便于政府官员的政治晋升。

地方政府官员之所以推崇 GDP，是因为 GDP 增长与官员晋升有着较高的正相关关系。曾如公共选择理论所指出的那样，“追求晋升、企望升官”是官员的核心追求和内在冲动。而在我国现有的单一制国家结构形式和党管干部的原则下，官员获得晋升的途径并非源自公民的“用手投票”，而是源自于上级政府的任命和评价。正如上述第一点中所指出的，尽管上级开列出了一系列的绩效考核指标，但是在具体的操作和执行中，只有经济指标能够量化和成为具有约束性的指标，各地、各级政府的绩效考核都有着强烈的“GDP 导向”。换而言之，在不发生重大事故和基本政治导向正确的前提下，晋升的速度和 GDP 增长往往保持了较高的一致性，这也得到了历史经验的佐证。周黎安的相关研究表明，在 1979 年至 2002 年这 24 年间，省级官员的升迁概率与省区 GDP 的增长率呈显著的正相关关系，即省区 GDP 实际增长率越高，省级领导干部升迁的概率越大，而权力中止（如退休或退居二线）的概率越低。根据他的统计结果，如果省区平均 GDP 实际增长率提高 6 个百分点，那么，省级领导的晋升概率可以提高 2.4 个百分点，而权力中止的概率将下降 3 个百分点。[3] 对此，学者们用“政治锦标赛”（political tournaments）来概括和揭示 GDP 增长

① 周黎安：《转型中的地方政府：官员激励与治理》，上海人民出版社 2008 年版，第 91 页。

② 《中国地方政府死拼 GDP 增长率》，http://article.yeeyan.org/view/192520/172224，2012－12－29。

③ 周黎安：《转型中的地方政府：官员激励与治理》，格致出版社、上海人民出版社 2008 年版，第 92 页。

同官员晋升之间的关系。在他们看来，“同一行政级别的地方官员，无论是省、市、县还是乡镇，都处于一种政治晋升博弈，或者说政治锦标赛状态中”[①]，这其中，同级地方官员围绕经济绩效指标，即GDP增长指标进行竞争，进而将这种晋升竞争转化为GDP竞争。这也就是民间所说的“官出数字，数字出官”。

从“GDP导向”的绩效评估到“GDP导向”的政府行为再到“GDP导向”的晋升机制，这一系列政府行为形成了一种相互锁定机制，最终使发展理念异化为GDP崇拜。在GDP崇拜的主导下，政府一切行为都要为经济发展让路，“社会建设被要求服务于经济发展，社会政策屈从于经济政策，社会保险基于投资导向，为经济发展融资”。[②] 这种GDP崇拜，也使我们忘记和偏离了改革开放初期所确立的“效率优先，兼顾公平”的目标，所谓“兼顾”在很大程度上就是“不顾”。[③] 而发展理念异化的最终结果就是，经济发展与社会发展的严重失衡，出现了下文将提及的分配正义危机。

二　分配正义的理想标准：政府过程的视角

（一）分配正义的一个分析框架

为了能够准确地评价GDP崇拜所带来的分配正义危机，我们首先需要探讨一下理想状态的分配正义状况，这样才能为我们的评价寻找到一个评估标准和分析框架。从本质上说，正义是关于什么是好社会和如何实现好社会的理论，所以正义本身具有开放性、模糊性与乌托邦等特点，而这些特点就为人们想象、描述、设计正义提供了多种可能和路径。所以，自古以来，人们从未在“何为正义?”、“为何正义?”、“如何正义?”等标准上达成一致和共识。有关正义的内容和标准一直处于持续的争论之中。概括而言，目前关于正义的理论讨论与设计，主要有以下三种。

（1）程序正义：以哈耶克、诺齐克等为代表的自由至上主义者，追求分配过程和程序的公正性，主张自由市场经济，认为只要市场过程本身是合法而公正的，其具体结果导致谁贫谁富都是无可指责的。他们认为，

① 周黎安：《晋升博弈中政府官员的激励与合作——兼论我国地方保护主义和重复建设问题长期存在的原因》，《经济研究》2004年第6期。

② 郁建兴：《发展主义意识形态反思和批判》，《马克思主义研究》2008年第11期。

③ 王绍光：《大转型：中国的双向运动》，梁治平主编：《转型期的社会公正：问题与前景》，生活·读书·新知三联书店2010年版，第100页。

由于贫穷而批评自由市场经济是毫无理由的，“贫穷本身不是非正义，因为在一个由法律和正义统治的自由经济中，无数个人在买卖交易中追求自身的目标，从中肯定会产生特定的收入、财富、物品或服务的结果，但这本身不是收入与财富的‘分配’，因为这是这些买卖过程非意向的结果。社会非正义意味着分配不公，但分配不公本身却以一个分配者有意制造这种恶性分配为前提。但在自由市场中，并不存在这样的分配者或权威机构”[①]，这也就是说，只有市场机制的收益和负担进行分配的方式是有意派给时才是不正义的，排除这点，买卖中的非意向性结果，不违反正义。

（2）结果正义：以罗尔斯、德沃金等为代表的自由平等主义者，强调追求分配结果的公正性，主张福利国家，强调自由主义前提下的国家干预，他们持一种试图将程序正义与结果正义协调起来的居中立场。比较著名的是罗尔斯的“两个正义原则”，在罗尔斯看来，一个社会如果是正义的，那就应该符合以下两个正义原则：第一个原则是自由平等原则，即所有的社会基本价值都应该平等分配；第二个原则为差别原则，即社会的不平等分配应该有利于那些最少受惠者。这两个原则存在一种“词典式序列”（lexical order），其中，第一个原则要优先于第二个原则。与罗尔斯观点稍有差别，德沃金提出了“敏于志向，钝于禀赋”的公正观，这一公正观同样包含两个基本原则：重要性平等原则和个人责任原则。重要性平等原则宣称每个人的人生都重要且同等重要，政府应该对每一个公民都表示平等的关切与尊重，这是政府的至上美德，特别是对于那些由于先天禀赋——包括家庭出身、智力以及自然和社会约束——的原因，来自于“运气”而非个人的努力造成的不平等，国家必须予以矫正，这也就是德沃金所说的“钝于禀赋”；个人责任原则坚持每个人都应该对自己的选择负责，对于那些并非由于先天禀赋的差异而是由于后天嗜好的选择而造成的不公，个人应该自负其责，这也就是德沃金所说的“敏于志向”。

（3）能力正义：以阿玛蒂亚·森为代表的发展经济学者，追求能力的平等。阿玛蒂亚·森将能力定义为一个人实现有价值的目标所必需的功能组合。由于每个人的价值目标和追求是不同的，所以对实现这些价值目标所要求的能力也不尽相同，因此，国家和社会应针对每个人不同的能力

① 顾肃：《什么样的平等是合理可行的——当代西方政治哲学有关社会公正的争论》，梁治平编：《转型期的社会公正：问题与前景》，生活·读书·新知三联书店 2010 年版，第 7 页。

和发展要求给予个人化的帮助，让每个人都能最大限度地发挥他的比较优势，做到“人尽其才”。这其中，社会的力量是非常重要的，正如阿玛蒂亚·森所指出的：“对个人自由的社会承诺，并非只能通过国家来实施，而是必须涉及其他机构：政治和社会组织、以社区为基础的安排、各种非政府机构、传播媒体和其他的公共理解与交往的媒介，以及保障市场和契约关系发挥功能的机构。”①

就以上三种分配正义理论而言，它们存有价值上的冲突，在某些情况下，甚至是彼此对立的，因此，在一次性的分配中不可能同时使用。为了解决这一难题，本书借用了“四次收入分配说”的相关理论框架。“四次收入分配说”的支持者认为，社会总财富在各个社会成员之间的分布状态是经过四次分配形成的，这四次分配分别为：由市场主导的第一次分配、由政府主导的第二次分配、由社会主导的第三次分配和由个体（灰黑色收入）主导的第四次分配。（见表2－2）② 在这一个连续的分配过程中，不同的分配层次，所涉及的分配问题和所适用的分配原则也是各不相同的，这就为不同正义理论的并列适用提供了可能。

表2－2　　　　四次分配过程与基本内容

主体	原则	形式	正义理论
市场	效率	工资、利润、利息	程序正义
政府	公平	税收、财政	结果正义
社会	道德	自愿捐助与资助	能力正义
个体	暴力、权力	贪腐、盗窃等各种犯罪活动	法治正义

概括而言，这四次分配过程及其适用的正义理论分别是：（1）以市场为主体的第一次分配，这次分配的基本原则为效率，形式为工资、利润、利息等，这次分配主要强调自由市场的环境和个人能力的发挥，所以，其正义理论应该是以哈耶克、诺齐克为代表的“程序正义”，强调自由市场的作用和减少人为干预的可能。（2）以政府为主体的第二次分配，

① ［印度］阿玛蒂亚·森：《以自由看待发展》，任赜、于真译，中国人民大学出版社2010年版，第285页。

② 康晓光：《经济增长、社会公正、民主法治与合法性基础——1978年以来的变化与今后的选择》，《战略与管理》1999年第4期。

这次分配的基本原则为公平，形式为税收、财政，其中，税收主要是从社会收钱，财政主要是向社会花钱，是一种“损有余而补不足”的过程，由于其特别强调政府的干预和救济责任，所以其适用理论为罗尔斯和德沃金的“结果正义”，即政府应该对那些“市场上的最少受惠者”和“先天禀赋差异者”进行帮扶，这是政府“至上的美德”。(3) 以社会为主体的第三次分配，这次分配的原则是道德，分配形式为自愿捐助与资助，这次分配主要依赖于政府组织和营利组织之外的社会组织（第三部门），因为由政府主导的第二次分配，在公共物品的提供上主要是根据多数人的特殊需求来决定提供与否，因此社会上占少数的人群对某些公共物品的特殊需求就不容易获得满足；另外，政府提供的公共物品是普遍性的，对所有社会成员都是一致的，但事实上人们的需求不尽相同，所以政府提供的公共物品在使某些人满足的时候，另一些人却可能没有得到充分满足。所以，社会组织可以提供公共部门尚未提供的公共物品，可以满足不同人群对公共物品的多样化需求，可以向弱势群体提供他们所需的物品。由于这次分配考虑和照顾到了个人能力之间的差异，所以其适用的正义理论为阿玛蒂亚·森的能力正义理论。(4) 以个体为主体的第四次分配，如果说以上三次分配都是一种正向性的分配，那么这次分配则是一种灰黑色性的分配，政府应对这次分配予以制止。这次分配的原则为暴力和权力，分配形式包括暴力、抢劫、盗窃、行贿受贿等方式。这种通过不法手段所取得的收入，政府应该以法律的形式坚决予以制止和惩罚，特别是针对当前贪腐盛行的现状，政府更是应该以法治正义的理论来要求自己，做到“惩恶扬善”。

（二）关注分配正义的“政府过程”

就这四次分配过程而言，每次分配正义的实现，都与政府的作为紧密相关。其中，在以市场为主体的第一次分配中，根据程序正义的原则，政府应该减少对市场的干预，发挥自由市场这只看不见的手的调节功能；在以政府为主体的第二次分配中，根据结果正义的原则，政府应该加强对分配结果的干预，对于最不利者通过财政等杠杆予以救济和帮扶；在以社会为主体的第三次分配中，根据能力正义的原则，政府应该放松对社会的管制，积极引导和支持各种社会组织，特别是慈善组织的发展，发挥社会组织和团体在提供公共服务、帮助弱势群体上的“拾遗补阙”功能，以社会组织的多样化来应对社会需求的多样化，进而弥补“市场失灵”和

“政府失灵”；在以个体为主体的第四次分配中，根据法治正义的原则，政府应该加强对黑灰色收入和不法收入的法治监督和惩戒，维护国家的基本权威和法治正义（见表2-3）。

表2-3　四次分配中的政府职能

分配过程	政府职能
以市场为主体的第一次分配	政府的消极职能，减少干预
以政府为主体的第二次分配	政府的积极职能，积极干预
以社会为主体的第三次分配	政府的消极职能，减少干预
以个人为主体的第四次分配	政府的积极职能，积极干预

由上述讨论可知：（1）分配正义的实现不是一次性完成的，而是由一系列过程组成的，这起码包括四次分配过程，因此，分配正义具有鲜明的“过程性”；（2）分配正义的实现关键因素在于政府，在这四次分配中，政府应该根据每次分配的不同要求发挥不同的功能，因此，分配正义具有鲜明的“政府性”。分配正义的这种“过程性”和“政府性”，就要求我们应该从政府过程的视角来解读分配正义，关注分配正义中的“政府过程”。

“政府过程”（governmental process 或 process of government），一般被理解为政府决策的运作过程，主要包括政府的政策制定与执行等功能活动及其权力结构关系。① 其特征是对政治活动特别是政府活动的行为、运转、程序以及各构成要素，特别是各政治利益团体（群体）之间，以及它们与政府之间的交互关系进行实证性的分析、研究和阐述。② 政府过程中的政府：（1）政府是一个“大政府”而非“小政府”，这意味着，政府不只是行政机关，而是指国家机构的总体与执政党之和；（2）政府是一个“现实政府”，而非“理想政府”，政府是在国家中实际发挥作用的、有可能发生“偏离”的那个实在政府，是“过程中的政府”、“确实如此的政府”。政府过程注意到了，任何实际运行中的政府，都不仅是一种体制、一个体系，而且还是一个过程，它使国家与政府理论研究摆脱了“纯理论”和抽象设计的地位。

---

① 胡伟：《政府过程》，浙江人民出版社1998年版，第1页。

② 朱光磊：《当代中国政府过程》，天津人民出版社2008年版，第1页。

从政府过程来观察分配正义的意义在于：第一，从内在逻辑来看，分配正义的过程性（由四次分配逐步完成）和政府性（政府是影响分配正义的关键性因素），与政府过程相契合。第二，从问题的缘起来看，当前的社会不公正，具有强烈的政府性（国家性），这主要表现为两种：政府的不作为和政府的过度作为，即政府积极职能的缺位和消极职能的越位。第三，从解决路径来看，分配正义问题不仅是一个经济问题，也是一个政治问题。所以，我们在解决路径上，应该强调经济与政治的双向动因。特别是就中国而言，如果说改革开放以来的三十年，是利用经济手段来解决政治危机，强调经济发展的“下溢效应”，从而从容应对了“1989年春夏之交的政治风波”和“东欧剧变”，保持了政治稳定；那么，接下来的改革，则需要利用政治手段来解决经济危机，即面对一个“脱嵌”于社会，并试图支配社会的市场力量，政府需要通过保护性立法或其他干预等“自我保护运动”来制止“市场”这匹脱缰的野马。第四，从结构功能主义来看，分配正义是一个各要素紧密相连的系统，对于其中任何单一因素的强调和对于某一过程的放大，都无助于问题的解决，因此，必须协调各结构层的各个要素和功能，使其整体功能得以发挥。如当前对于二次分配（公共服务均等化、财政转移支付）功能的过度放大，进而忽视了二次分配的公正与否明显与第一次分配有关，如果无视当下市场体制不健全的现象，而单一、过度强调政府的二次分配功能，明显是错误和危险的。

三　政府职能错位与分配正义危机

上述为我们提供了一个有关分配正义的分析框架，这一分析框架的意义在于：（1）通过“四次分配说”，有效地协调了分配正义理论之间的“诸神之争”；（2）关注到了分配正义的“过程性”和“政府性”，从而要求我们从政府过程的视角来研判当前中国分配正义的现状。概括而言，基于政府过程的视角，当前中国的分配正义危机及其原因主要表现为如下几个方面：

第一，在以市场为主体的第一次分配中，由于政府对市场的过度干预，造成了一个不公的市场分配机制，导致财富分配不公，政府的消极职能越位。

根据哈耶克和诺齐克的程序正义理论，在以市场为主体的第一次分配中，要保持市场的自由和独立，因为市场本身不会制造一个不公的分配环境和前提，分配不公意味着政府的介入，并且以一个分配者的身份有意制造了一个不公的分配环境。所以，在第一次分配中，应该避免政府对市场的过度干预和介入，保持政府的消极职能状态。然而，与之相反，在发展型政府形态的主导下，政府积极主导了中国的市场化改革，深深介入到了市场之中。

这种政府对市场的干预和介入主要表现为：地方政府竞争取代市场企业竞争成为中国经济增长的拉动力量。在此过程中，政府角色日趋企业化。在“发展才是硬道理”等指导思想的催化下，经济增长理念最终被制度化为“GDP 导向的绩效评估机制”。正如制度主义所强调的那样，制度塑造行为，有什么样的制度，就会有什么样的行为。在 GDP 导向的绩效评估机制下，地方官员围绕经济增长展开了“政治锦标赛”。这种 GDP 导向的绩效考核机制在催化经济高速发展的同时，也造成了地方政府行为的企业化。地方政府为了促进经济发展，开始充当经济主体，像企业一样直接参与市场竞争，比如招商引资、兴办企业、征地拆迁等等，以至于戴慕珍（Jean C. Oi）将中国的地方政府称为“政府公司”，将地方政府干部称为“干部企业家”。[①] 大卫·文克（Wank David）更是用“共存庇护主义”来描述中国地方政府及其官员与市场主体——企业的合谋和庇护关系，他指出，在中国市场化的进程中，原先资本权力与政府权力之间的“单向依赖”关系已演变为一种“共存依赖”关系。[②] 政府行为的企业化以及政府与企业之间的“共存庇护主义”关系，一方面使地方政府开始成为一个谋取财政收益最大化的“自利人”，另一方面也使企业利益开始渗透到地方政府决策过程进而使政府决策的“亲企业化”，这两个方面共同造就了一个不公的分配环境。征地拆迁就是这方面的典型，征地拆迁作为一种市场化行为，在各国都有，然而，由于政府对于市场的介入和亲企业行为，使得当前中国的征地拆迁具有以下两个特点：一是补偿的廉价性，二是过程的暴力性。据《2005 年农村经济绿皮书》提供的资料显示，在土地的增值收益中 20%—30% 归地方政府，40%—50% 归开发商，25%—30% 归村级组织，农民只能拿到 5%—10%。据专家预测，改革开放以来，全国通过各种形式征用农地的价格“剪刀差”，从农民身上至少

① Jean C. Oi, Fiscal Reform and the Economic Foundation of Local State Corporatism in China. *World Politics*, 1992（1）.

② Wank David, The Institutional Process of Market Clientelism: Guanxi and Private Business in a South China City, *The China Quarterly*, 1996（147）.

“拿走”了近5万亿元。①

这种政府对市场的直接参与和过度干预，最终造成了政府与民争利，财富在国家与社会之间的不均衡分配，学界也将这种现象形象地描述为“国富民不强”，这加剧了中国社会的不公正性。白重恩和钱震杰的研究表明：在1992—2005年间，在初次分配中，居民部门下降了10.71%，而企业和政府部门则分别上升了7.49%和3.21%。②

第二，在以政府为主体的第二次分配中，由于政府的再分配能力不足，公共服务和物品供给不够，没有起到抑制贫富差距的作用，政府的积极职能缺位。

根据罗尔斯和德沃金的结果正义理论，政府应当对那些最少受惠者和先天禀赋差异者通过公共服务的方式予以补偿和帮扶，这也被称为政府的再分配能力。多国的实践经验表明，政府主导的再分配有助于调节和降低基尼系数，缩小贫富差距。然而，从中国实践来看，与政府对于发展经济的热情形成鲜明对比的是，政府在教育、医疗、卫生等基本公共服务方面缺乏热情。正是由于政府的这种不作为，使得市场规则肆无忌惮地扩大到了医疗、卫生、教育、保险等公共领域，而市场只为那些有支付能力的消费者服务，无怪乎相当多的中国城乡居民抱怨“三难三贵”。③

具体而言，地方政府作为实际政府职能的履行者和公共服务的承担者，却严重缺乏提供公共服务的意愿，使得政府的社会保障功能无法得以发挥。无论是基于“财政联邦主义”所强调的地方政府自利性和追求财政盈余最大化来看，还是基于“分权化威权主义”所强调的中央GDP导向的绩效考核和地方官员的晋升冲动来看，地方政府在实际行为中都表现为“重经济发展，轻公共服务”。其中的道理很简单，教育、医疗和廉租房等公共服务投资周期长且见效慢，对于官员有限任期内的经济绩效贡献不大，而且还占用稀缺的投资资源，所以地方政府官员不愿意投入，导致政府在教育、医疗、社会保障和经济适用房方面的投资严重不足。④ 医疗

① 转引自石霞《现代化过程中的农业、农村和农民问题》，《中共中央党校学报》2005年第3期。

② 白重恩、钱震杰：《谁在挤占居民的收入——中国国民收入分配格局分析》，《中国社会科学》2009年第5期。

③ 所谓“三难三贵”是指“看病难、看病贵”，“上学难、上学贵”，“买房难、买房贵”。

④ 周黎安：《转型中的地方政府：官员激励与治理》，格致出版社、上海人民出版社2008年版，第116页。

保险就是这方面的一个典型，病有所医是现代福利国家不可或缺的重要部分，由于政府将过多的精力放在了发展经济上，导致政府的公共服务投入不足，这使得当前的医疗保险体制存有两大缺陷：政府投入不足和个人负担过重。《2005 年中国卫生统计提要》的数据显示，中国当年的卫生总费用开支高达 6623 多亿元，其中政府支出只占 17.2%，社会支出为 27%，个人支出则高达 55.5%。对比来看，在发达国家，政府支出占卫生总费用的开支要高达 73%，即使在其他发展中国家，政府支出占卫生总费用的开支也在 57%—59.3%。由此来看，由于政府投入的不足，中国人民恐怕成了世界上医疗负担最重的群体，无怪乎老百姓抱怨“看病难，看病贵”。也因此，中国的政府（特别是地方政府）被批评是扩大社会差距、导致社会不公的重要因素。①

第三，在以社会为主体的第三次分配中，由于“行政吸纳社会”，造成社会组织的公共服务功能微不足道，政府消极职能越位。

首先需要澄清的是，这里的社会并非是一般意义上的社会，而是指公民社会、公共领域、第三部门等语境中的社会，在此语境下，一个发达的“社会”意味着一个为数众多、功能强大、表现积极的“不受权力支配的社会组织”。学界普遍认为，社会组织的发展壮大和功能发挥对于帮助弱势群体、提供公共服务、维护社会公正是十分必要的。其中，“共同生产理论”（coproduction）就是这方面的一个代表性理论，该理论认为，公民会自愿提供某些公共物品，没有公民的积极参与，政府提供公共物品和服务的能力将大打折扣。概括而言，社会组织对于弱势群体的帮扶主要表现在两个方面：（1）社会组织有助于公民的利益表达和权益维护。社会组织作为公民结社自由的表现形式，之所以受到现代社会的推崇，原因就在于，公民个体的利益表达能力是有限的，因此，具有相同利益的个体需要结成组织来进行利益表达。公民的这种结社有助于信息自下而上的流动，保持社会对政府的施压，进而保证政府行政的公共性以及对于公共服务的关注。（2）社会组织有助于公共物品和公共服务质量的提升。一般而言，弱势群体常常无力按市场价格购买所需要的物品，而政府提供的公共服务和公共物品又往往不能满足所有人的不同需求，在这种情况下，社会组

① Carl Riskin, Inequality: Overcoming the Great Divide, Joseph Fewsmith ed, *China Today, China Tomorrow: Domestic Politics, Economy and Society*, Rowman & Littlefield Publishers, 2010, pp. 91 – 108.

织，特别是慈善组织、社区组织和社会服务组织等通过提供无偿的或低于市场价格的服务就会有助于弱势群体生活质量的提高。事实上，关心和帮助社会弱势群体一直是社会组织提供公共物品和服务的重要方面。由上述可知，社会组织有助于维持社会公正，因此，政府需要为社会组织发展创造条件，实现国家与社会、政府与公民的协同治理。

从理论回归现实，就当前而言，受中国"全能主义"制度历史的影响，中国的公民社会发育比较晚、独立程度比较低、政府控制比较严，中国的实际情形是政府控制社会或国家融合社会。对此，康晓光等将当前我国的国家与社会关系概括为"行政吸纳社会"，"行政吸纳社会"的核心机制主要有两种：一是控制，即控制民众运用"非政府的方式"挑战政府权威；二是功能替代，即通过拓展行政机制满足民众的利益要求。经过"控制"和"功能替代"这两种方式，最终达至"吸纳"的效果，即政府透过自己的一系列努力使得公民社会、合作主义、公民社会反抗国家之类的社会结构无法出现。[①] 在这种"行政吸纳社会"的格局下，社会组织成了政府的另一个代名词，其基本组织结构、运作程序跟正式政府组织别无二致，因此，中国的社会组织也被认为是具有"半官半民"的"双重属性"。

政府对于社会的吸纳和控制，一方面削弱了社会在救助和帮扶方面的能力，只能靠个人来实行帮扶和救助，而现实中各种"救人反被冤枉"的案例更是进一步激化了整个社会的冷漠格局；另一方面削弱了弱势群体同强势群体的博弈能力，由于社会弱势群体与强势群体在利益表达上的不均衡，"进一步拉大或加剧中国社会的不公，造成强者愈强，弱者愈弱，进一步固化社会的不公正，使政府为改变社会不公状态所进行的政策调整变得更加困难"。[②] 收入分配改革方案的难产就是这方面的典型案例。按照国务院计划，收入分配改革方案原本要在2012年6月出台，后来推至10月，再后延至年底，继而又被推迟。凤凰网以"收入分配改革方案酝酿8年未出台，受阻既得利益者"为题进行了报道。收入分配改革之所以难产，其根本原因在于博弈的不对称性：与既得利益集团的强势影响形成鲜明对比的是，在结社受限的背景下，作为个体的普通民众缺乏相应的

① 参见 Kang Xiaoguang and Han Heng, Administrative Absorption of Society: A Further Probe into the State - Society Relationship in Chinese Mainland, *Social Sciences in China*, 2007 (2)。

② 殷冬水、周光辉：《利益表达平衡：社会公正的内在要求——我国社会不公发生逻辑与社会正义实现方式的政治学分析》，《江汉论坛》2013年第2期。

资源、能力和渠道来进行利益表达，进而无法有效地参与、影响政府决策，只能作为收入分配决策的旁观者，沦为“沉默的大多数”。

第四，在以个体为主体的第四次分配中，由于政府法制建设的落后，对非法资本权力和非法政治权力的监督和制约不够，使不正义显性化和直观化，政府积极职能缺位。

贪污腐化所导致的不公，严重挑战着法治权威和正义底线。无论是“契约论”，还是“代议制”，以至于“委托—代理理论”，它们都宣示国家权力来自于人民，应当“取之于民，用之于民”。然而，某些官员反倒是“取之于民，用之于己”。日趋严重的贪腐问题，更是让不正义显性化与直观化，进一步激化了官民矛盾。对比来看，当前的贪腐呈现出两个趋势：一是所涉层级越来越高；二是所涉金额越来越大，而且呈现出了一种“小官巨腐”的趋势。2010 年所查处的原抚顺市国土资源局顺城分局局长罗亚萍，涉案金额达 1.45 亿元，被中纪委领导批示为“级别最低、数额最大、手段最恶劣”。腐败问题的根本成因在于制度化的约束机制不够，没有将权力关进制度的笼子。对此，前中纪委副书记刘锡荣曾指出，当前中国的监督体制存在明显的弊端，这表现为“上级监督下级太远，同级监督同级太软，下级监督上级太难，组织监督时间太短，纪委监督太晚”。正是由于监督体制的不健全、法制建设的跟不上，使得贪腐问题进一步显性化和直观化，如“官员财产公开”制度建设跟不上，导致官员瞒天过海；事后追惩跟不上，导致贪官逍遥法外与“海”外。贪腐问题的显性化和直观化又进一步损害了中国的社会公正，张静教授的相关实证研究也佐证了这一结论，她的社会公正观调查显示，大众最不能接受的不公议题是“贪污”，它要超过“大锅饭”、“成分制”、“找关系”等。①

第二节　稳定理念异化与利益表达困境

一　稳定理念的异化：刚性稳定

在发展型政府的定位下，中国的收入分配也经历了从“帕累托改进”到“帕累托改变”的变化。最开始的经济发展确实如最初的预想一样，

---

① 张静：《转型期中国：社会公正观研究》，中国人民大学出版社 2008 年版，第 45 页。

具有某种程度的“下溢效应”，呈现为一种“帕累托改进”，即在没有使任何人变坏的情况下，使得至少一部分人变得更好。然而，从20世纪90年代开始，中国的改革开始进入到了“帕累托改变”阶段，改革在使某些人状况变好的同时，另外一些人状况却变坏了。正如孙立平所指出的：“市场不仅是一种经济整合机制，同时也是社会结构的生成机制之一。与市场经济体制的建立相伴随的，是社会结构的分化和利益主体的多元化。”① 收入分配的不公更是激化了这一“利益冲突”的社会格局，引发了上访、群体性事件的频繁发生。

随着社会矛盾的激化，政府开始从强调经济发展转向强调社会稳定。“稳定压倒一切”的理念开始向社会传播和普及，进而形成了“发展是硬道理，稳定是硬任务”的宣传口号。基于以下两个方面的原因，党和政府开始大谈稳定的重要性：（1）稳定是发展型政府的应然之义，“经济发展”、“政治稳定”和“国家干预”被认为是发展型政府的三个核心理念，其中，政治和社会稳定更是被认为是经济发展的前提条件；（2）稳定是执政合法性的必然要求，在选举合法性缺失的情况下，稳定也就被当成执政者衡量改革成败得失和获取民众认同的重要标准，实际上，“稳定也就成为了政权的合法性标志”②。由此可知，稳定对于中国来说意义绝非寻常，因此，党和政府也就对稳定提出了高标准、严要求。

在压力型体制下，中央对于稳定的这种“高标准、严要求”在分解给地方的同时，也如同经济指标一样，开始层层加码。最终稳定的概念以这样一种姿态出现：中国的稳定以绝对安定作为管治目标，把一切抗议行为如游行、示威、罢工、罢市、上访等行为都视为无序和混乱，都采取一切手段进行压制或打击。③ 学界将这种稳定方式称为“刚性稳定”。分解来看，“刚性稳定”起码包括如下几方面的内容：

第一，在目标上，刚性稳定追求绝对稳定、静态稳定和“零上访”，

---

① 孙立平：《博弈：断裂社会的利益冲突与和谐》，社会科学文献出版社2006年版，第7页。

② 于建嵘：《当前压力维稳的困境与出路——再论中国社会的刚性稳定》，《探索与争鸣》2012年第9期。

③ 唐皇凤：《“中国式维稳”：困境与超越》，《武汉大学学报》（哲学社会科学版）2012年第5期。

将政治和社会稳定理解为绝对的“稳定太平”和表面的“风平浪静”。为此，政府在维稳工作中实行“一票否决”的考核机制，一旦辖区内出现“进京上访”、“非正常上访”、群体性事件等现象，相关主要负责人就会被问责。2009 年 7 月 12 日颁布的《关于实行党政领导干部问责的暂行规定》中，规定了七种对党政领导干部实行问责的情况，其中两种直接和群体性事件有关。“一票否决”的问责机制，导致了地方政府注意力的转移。相比于经济发展，地方官员更为关心维持稳定，这是因为，经济发展搞不好，最多无法获得晋升，但是维持稳定搞不好，则有可能乌纱不保。受此影响，“不出事逻辑”和“不稳定幻象”开始在地方盛行，维稳问题也被无限放大，地方政府开始绷紧神经，动用一切资源和手段以达至绝对稳定。

第二，在方式上，刚性维稳实行“组织化”和“两头堵”。首先，维稳的“组织化”，是指为了维持稳定，各级政府动员和成立了一系列的组织机构。概括而言，可以分为两类：一类为体制内资源的集中与动员，各级政府会成立维稳工作领导小组、维稳办、政法委、社会管理综合治理委员会等各种机构，进而将武警、警察、民兵、法院等各种压制性力量组合起来；另一类为体制外资源的集中与动员，这表现为群众工作室、维稳信息中心、人民调解委员会、矛盾纠纷调解中心等一系列组织网络，进而将政府的维稳力量延伸至了街道办、村（居）委会等基层组织。不仅如此，福建、浙江、江苏更是推行“综治维稳进民企”，将维稳力量延伸到了企业。其次，维稳的“两头堵”表现为，事前的“低参与”和事后的“低表达”。所谓事前的“低参与”，主要是指根据亨廷顿的推论，政治不稳定与政治参与成正比，所以，降低参与也就成为维系政治稳定的主要手段。就目前来看，民众的政治参与渠道有限，当前中国的民主发展主要集中在“基层民主”、“党内民主”和“协商民主”三个层次，而能够调动民众广泛政治参与的“高层民主”、“人民民主”和“选举民主”依然不发达。[①] 所谓事后实行“低表达”，主要是指一旦民众出现上访、请愿、游行、示威等利益表达现象，各级政府会动用各种手段来摆平理顺，如对上访者的“围追堵截”以及“花钱买平安”等思维，致使民众的正当权

---

① 虞崇胜：《准确把握中国式民主的三个维度》，《武汉大学学报》（哲学社会科学版）2010 年第 3 期。

利和诉求得不到有效的表达。

第三，在结果上，刚性维稳导致了维稳的“内卷化”和“去司法化”两方面的结果。维稳的内卷化，是指随着维稳的人力、物力和财力等投入不断增加，在达到一定程度后，相应的产出开始呈现为边际效应递减，在某些情况下，更是适得其反。我们看到，一方面在“稳定压倒一切”和“稳定是硬任务”等管治目标下，为了维持稳定，政府相应的财政投入也就不断增加，甚至可以称为“不计成本”。近年来，各级政府都相继设立了“维稳基金”，2011 年的公共安全支出更是超过了国防开支；另一方面，维稳的绩效不彰，呈现为一种“越维越不稳”的“维稳怪圈”，我们看到，与维稳经费同步增加的是群体性事件的数量，据学者们保守估计，群体性事件的数量从 1999 年的 3.2 万起增加至 2011 年的 18.25 万起。[①] 面对高发的群体性事件，政府表现得力不从心，摁下葫芦浮起瓢。而维稳的去司法化，是指随着社会利益冲突的加剧，在自下而上的社会增压和自上而下的中央施压下，地方政府犹如惊弓之鸟，实行“宁紧勿松”的维稳策略，不能以平常心来看待民众的利益表达，把本来应当看作是在行使公民正常权利的利益表达当成了影响稳定的“群体性事件”。政府对于民众利益表达的简单化、绝对化、“一刀切”的判断，其结果就是将维稳与维权、维稳与司法对立起来。在地方领导看来，要维稳就不能讲法治，讲法治就难以维稳，而这一切都可以总结为维稳的“去司法化”。而维稳的这种去司法化又成为新一轮社会不稳定的根源。

二 利益表达的理想方式：公民参与的视角

为了能够准确地评估刚性维稳所带来的利益表达困境，我们有必要首先来看一下理想化的利益表达方式。利益表达是指相关利益主体向政府等公共权力部门提出特定利益要求的行为过程，其旨在将个人的主观需求转换为政府的权威性政策或决定。为此，阿尔蒙德讲道，“当某个集团或个人提出一项政治要求时，政治过程就开始了。这种提出要求的过程称为利益表达”[②]。具体来说，利益表达具有如下三方面的特征：

第一，利益表达的对象为公共权力部门。这里的公共权力部门是一个

① 《中国群体性事件保守数量统计》，http：//www. tianya. cn/publicforum/content/develop/1/1066439. shtml，2012－12－23。

② ［美］加布里埃尔·A. 阿尔蒙德、G. 宾厄姆·鲍威尔：《比较政治学——体系、过程和政策》，东方出版社 2007 年版，第 179 页。

广义的概念，包括立法、司法和行政机关，甚至也包括政府的一些派出机关和群众团体。在当前“行政国家”的背景下，政府的行为与民众生活日益相关，民众的利益表达内容和形式也变得非常广泛，这既包括仲裁型的利益表达，如要求政府为民做主；也包括诉求型的利益表达，如要求政府为人民服务。在某种情况下，公共权力部门甚至是公民利益表达和诉求的对立群体，在这种情况下，公民的利益表达会表现为游行、示威、抗议，甚至是冲击政府。

第二，利益表达的内容具有多样性。之所以强调利益表达内涵的多样性，这是因为，很多人存有这样的误区，即将利益表达的内容狭隘地等同于政治利益。其实不然，利益表达的内容既可以是政治利益，也可以是经济利益，还可以是社会利益；利益表达的内容既可以是个人利益，也可以是公共利益。而且，就各国的发展现状而言，利益表达的内容主要集中在经济利益和个人利益两个方面。

第三，利益表达的过程涉及公共权力部门。通常而言，公共权力部门会以第三方的身份出现。政府的这种第三方的身份分为积极意义和消极意义两个方面，从积极意义上来讲，国家或政府是利益表达的接受者和诉求方，如政府替农民工讨薪，成为农民工利益的代言人；从消极意义上来讲，国家或政府是群众利益不满表达的牵连者，如人民对于食品安全的不满表达虽然主要是指向具体的生产厂商和企业，但是也会牵连到政府，抗议政府的监管不力，等等。

民众的利益表达对政府而言有着重要的意义和内容：一方面，这有利于保持政府与民众的信息对称，特别是能够促进信息自下而上的流动，推进政府决策的科学化和民主化；另一方面，这有利于维持政治秩序和政治稳定，正如本书曾提及的那样，在现代政治分析中，政府保持政治秩序和政治稳定的不二法宝就是持续地对社会需求做出回应，在一个利益表达不畅的政治系统和环境中，政府的治理就会偏离社会需求，造成政府与社会的脱节，使政府既无法“为人民服务”，也无法“为人民做主”，进而使政府丧失正当性。所以，自古以来，政府都一直倡导“广开言路”。发展至今，在利益表达上一般都强调公民参与，参与被认为是拉近政府与民众距离，实现民众利益表达的理想方式。正如王绍光所指出的，“大众参与十分重要，因为它可以对政府施压，使之不得不回应民众的需求和要求，使之不得不为自己的行为负责"[①]。

从类型学的角度来讲，学界一般根据公民参与的制度化水平将公民参与区分为制度化的公民参与和非制度化的公民参与两种类型。尽管这种区分过于简单且并不十分准确，因为，所谓制度化参与也会含有非法律性的行为，比如网络参与中的一些违法言论；所谓的非制度化参与也可能包含合法的成分，比如"群体性事件"中的"依法维权"行为。[②] 但是，从理想标准来看，本书还是接受了这种"二分法"。

首先来看制度化的公民参与。在现代社会，制度化的公民参与主要有如下三种：（1）政治型参与，这主要表现为选举，选举被认为是公民参与的主要方式，公民通过定期、自由、公正、透明的选举来更换国家领导人，进而将能够代表选民和倾听民意的人选为公共决策者，"选票"即是"民意"，"投票"即是"表达"，因为选举"最基本的理念是官员要响应、促进并且保护选民的利益"[③]。然而，选举的弊端在于，人民每隔几年才能表达一次，它使政治生活远离人民大众，大众的参与和表达机会有限，民众对选举的参与热情也逐渐降低。（2）行政型参与，这主要表现为听证等公众决策参与机制，基于选举的局限性以及所出现的公民参与热情的降低和"没有公民的民主"[④] 结果，学者们开始推行一种公民参与日常管理和决策的行政型参与，其主张加强社会生活中的参与特别是与公民密切相关的基层生活的参与，这被认为有助于公民的日常利益表达，不必将平常的利益诉求累积到每几年一次的选举。行政型参与的方式有立法听证会、公民参与绩效评估、恳谈民主等。（3）结社型参与，这主要表现为公民结社。结社型参与是指具有相同利益的个体通过结成组织来进行利益表达的形式。罗伯特·达尔的多元民主理论就突出强调了结社型参与的重要性。在他看来，现代社会是一个权力资源高度分散的社会，社会存在

① 王绍光：《祛魅与超越：反思民主、自由、平等、公民社会》，中信出版社 2010 年版，第 172 页。

② 杨光斌：《政治参与》，俞可平主编：《中国治理变迁 30 年：1978—2008》，社会科学文献出版社 2008 年版，第 93 页。

③ ［美］皮特·F. 伯恩斯：《仅有选举政治是不够的：少数群体利益表达与政治回应》，任国忠译，中央编译出版社 2011 年版，第 7 页。

④ "没有公民的民主"源自罗伯特·恩特曼（Robert Entman）的一本书名，这一概念用以表示：在被称为"参与式"的西方民主社会中，社会成员却经常性地疏离了他们的政治制度。参见 Robert Entman，*Democracy Without Citizen*：*Media and the Decay of American Politics*，Oxford University Press，1989。

着多元权力中心，其中任何一个中心都不可能完全占有主导地位，各种各样的组织或利益集团并立存在，相互竞争。①

其次来看非制度化的公民参与。非制度化的公民参与主要是那些没有依法律规定或在某种程度上与法律有冲突的政治参与行为。在西方，非制度化的公民参被称为“社会抗争”。按照蒂利（Charles Tilly）等人的定义，社会抗争（resistance）具有五方面的特点：（1）抗争发生的偶然性；（2）抗争行动的集体性；（3）抗争诉求的公共性；（4）抗争属性的冒犯性；（5）抗争对象的政治性（政府）。② 从这些特点来看，特别是抗争的集体性、冒犯性和政治性，对于政府而言，社会抗争无疑意味着麻烦、骚乱与颠覆。在中国的语境中，我们通常以群体性事件来指代社会抗争。从国家所颁布的两份有关群体性事件的定义来看，群体性事件同样意味着不安定。2000 年 4 月 5 日公安部颁发的《公安机关处置群体性治安事件规定》将“群体性事件”定义为“聚众共同实施的违反国家法律、法规、规章，扰乱社会秩序，危害公共安全，侵犯公民人身安全和公私财产安全的行为”；2004 年中共中央办公厅制定的《关于积极预防和妥善处置群体性事件的工作意见》将群体性事件定义为“由人民内部矛盾引发、群众认为自身权益受到侵害，通过非法聚众、围堵等方式，向有关机关或单位表达意愿、提出要求等事件及其酝酿、形成过程中的串联、聚集等活动”③。中央办公厅的定义，虽然相比于公安部的定义淡化了群体性事件的“社会危害性”，但是依然强调了群体性事件的“非法性”。④

基于上述对比分析来看，制度化的公民参与一般被认为是理想化的利益表达渠道和方式。通过制度设计，引导公民的合理利益表达，进而在规制意识中，使政府和公民达成平衡和妥协，避免社会暴力和冲突。

三　政府分类控制与利益表达困境

在“稳定压倒一切”的理念下，政府通过多管齐下的方式来维稳。

---

① ［美］罗伯特·达尔：《多元主义民主的困境——自治与控制》，周军华等译，求实出版社 1989 年版，第 5 页。

② Doug McAdam, Sidney Tarrow and Charles Tilly, *Dynamics of Contention*, Cambridge University Press, 2001, pp. 4 – 9.

③ 转引自朱力：《中国社会风险解析——群体性事件的社会冲突性质》，《学海》2009 年第 1 期。

④ 于建嵘：《当前我国群体性事件的主要类型及其基本特征》，《中国政法大学学报》2009 年第 6 期。

具体而言，这是指政府会根据不同的公民参与形式及属性，采取不同的“维稳”方式，本书称之为“政府分类控制”。就目前而言，中国的公民参与主要包括如下四种：以选举为主的政治型参与、以听证为主的行政型参与、以结社为主的结社型参与和以上访、群体性事件为主的维权型参与。在对待这四种不同的公民参与类型上，政府采取了不同的控制方式与策略。（见表 2－4）

表 2－4　　　　公民参与和政府分类控制

<table>
<tr><th colspan="2">公民参与</th><th colspan="3">政府控制</th></tr>
<tr><th>名称</th><th>内 容</th><th>方 式</th><th>属 性</th><th>结 果</th></tr>
<tr><td>政治型参与</td><td>选举</td><td>积极介入</td><td rowspan="3">任务型
缓压型</td><td rowspan="3">形式化</td></tr>
<tr><td>行政型参与</td><td>听证等</td><td>全程主导</td></tr>
<tr><td>结社型参与</td><td>结社</td><td>限制与替代</td></tr>
<tr><td>维权型参与</td><td>上访、群体性事件</td><td>围追堵截</td><td>维稳型</td><td>抑制化</td></tr>
</table>

第一，政治型参与。在渐进式改革理念的主导下，中国的选举主要局限在基层，包括三种：人大代表选举、村委会选举和居委会选举。党和政府之所以做出优先发展基层民主的选择，根本目的在于协调改革和稳定的关系，一方面要推进民主化改革，另一方面又要保持稳定，不能因为推行民主而丧失社会稳定。所以，从一开始，基层民主就承担起了改革和稳定两项任务。然而，对于基层民主的实践者——地方政府来说，出于“便于管控”和“维护稳定”的考虑，地方政府一般会以某种方式介入和控制基层选举的进程。以城市社区的居委会选举为例，中国的居委会选举始于 1999 年①，每三年举行一次，在具体的选举形式上主要实行间接选举，即绝大部分仍是由家庭代表、单幢楼的居民代表或居民小组的代表参加的选举。之所以采取间接选举而非直接选举，主要出于如下的考虑：(1) 资金不足；(2) 担心混乱；(3) 担心投票率低，会影响到国家合法性；(4) 担心选举结果背离国家意志。在这种选举模式下，居民对居委会的选举知之甚少，或者一无所知，缺乏参与的热情和动力，参与主体也大多数局限于妇女、老年人、低学历者和弱势群体。其中，妇女和老年人

① 1999 年，民政部选定 26 个试验区开展最基层的选举。

之所以参加选举和热衷于居委会工作主要是为了“打发时光”，而“低学历者”和“弱势群体”的参与则是出于一种利益的考量，他们试图与居委会或者街道办的领导形成一种庇护关系，希望通过自己的积极配合，以便让上级领导在发放低保、社会保障和介绍工作等方面会优先考虑自己。即使在实行直接选举的村委会方面，地方政府的这种“便于管控”的理念和“随时介入”的干预也是无处不在①，以至于在老百姓看来“选与不选一个样”、“谁上谁下一个样”、“谁当我都是放羊的”，形成了一种对于选举的消极和无所谓态度。根据王铁民所做的调查，大多数访谈对象质疑了选举的重要性，将选举等同于“浪费时间或无用”（见表2－5）。2009年5月中共中央办公厅、国务院办公厅联合印发的《关于加强和改进村民委员会选举工作的通知》就公开指出：“有的地方没有严格执行村民委员会选举的法律法规和相关政策，影响了村民的参与热情。”在人大代表选举方面似乎更糟，很多地方的选举压根对人大代表候选人一无所知，投票也并非一个严肃的过程，而只是“勾勾画画”，代投、不投等现象大量存在，当选的人大代表也极少联系选民。（见表2－6）久而久之，公民在村委会、居委会和人大代表的选举上，缺少参与热情和积极性，大多数地方都只能通过动员的方式来保证较高的投票率。由于地方政府对于选举的积极介入和干预，使得选举逐渐呈现出了“形式化”的趋向，只是“看上去很美”，而无法成为百姓“利益表达”的有效途径。

表2－5　　　您为什么不想参加选举？　　　单位：人，%

	人数	占受访者比例
选举只是一种形式，纯粹是表面的	634	59.0
选举与我无关	147	13.7
选举毫无用处	131	12.2
选举是浪费时间	112	10.4
其他	51	4.7
总计	1075	100

资料来源：王铁民：《选民选举心理与行为分析》，蔡定剑主编：《中国选举状况报告》，法律出版社2002年版，第169页。

① 相关内容可以参见宋丽娜的《选举动员与农民的“人情票”——对于中国式民主政治性质的经验阐释》。

表 2-6　　选民与人大代表的日常了解与互动情况①　　单位:%

问题	1993 年	1998 年	2003 年
是否记得所选候选人的姓名	77.9	51.3	47.8
过去五年是否见过本选区人大代表	—	24.5	18.8
是否对上届人大代表所做事情有些了解	41.1	35.0	26.8

注释：上表数据均为进行肯定回答者所占比例。

第二，行政型参与。随着现代行政理念的兴起，特别是新公共管理和新公共服务理论的勃兴，这两个理论基于不同的视角和理由得出了相同的结论——扩大行政层次上的公民参与。新公共管理理论基于“效益原则”，主张将市场力量引入到公共服务的提供中来，并强调政府服务中的顾客意识，而公民参与有助于培养政府的顾客意识，促进政府公共服务质量的提升。新公共服务理论基于“服务行政”的主张，强调民主、代表性、政治回应和责任的价值观，主张将公民纳入到公共服务和决策的过程中，公民的主张和意愿得以在政府的决策中表达出来。如同王绍光所言，“公民不直接参与政府的决策过程就没有真正的民主可言”②。这种公民对于政府决策过程的参与以及利益表达表现为：听证、绩效评估、预算、协商、恳谈等。以绩效评估为例，为了提高政府的绩效水平，我国很多地方政府开始尝试公民参与绩效评估的机制，相关的案例有：2001 年开始的南京市万人评议机关作风、2003 年和 2004 年的北京市网民评议政府活动、2004 年和 2005 年的乌鲁木齐市万人评议活动等。然而，这种评价的机制和效果并不佳，南京市的结果是“满意率为 99.3% 引争议”，北京市的结果是“网上评议活动突然闭幕且未公布结果”，乌鲁木齐市的结果是“万人评议投诉电话有点冷”。王锡锌对此评价：“许多以公众为主体对政府绩效进行评价的活动虽然一开始声势浩大，但效果却很难令政府和公众满意，参与者积极性受挫，参与人

① 孙龙、雷弢：《区县人大代表选举中的选民参与》，《华中师范大学学报》（人文社科版）2007 年第 1 期。

② 王绍光：《祛魅与超越：反思民主、自由、平等、公民社会》，中信出版社 2010 年版，第 193 页。

数逐渐递减。”[①] 与此同时，听证会也面临着同样的尴尬，自听证会引入我国十余年来，从2002年的铁路票价听证会到2008年的手机漫游资费听证会，再到2009年的哈尔滨水价听证会，几乎逢听必涨，以至于有人戏称听证会为“听涨会”、“涨价会”。除此之外，更是出现了“听证牛人”等现象。无论是绩效评估，还是听证会，从结果来看，都沦为一场“政府秀”，这所折射出来的逻辑是，地方政府的关注点并不在于公民参与的广度与深度而在于“思考（公民）参与技术是否具有当下公共管理领域的流行元素，是否既能吸引上级眼球、响应上级号召，又不损害公共管理者自身利益”[②]。所以，整个行政型参与的操作过程都掌握在政府手中，公民几乎没有发挥的空间，在很大程度上，公民都是“被代表”，即使能亲身参与，也只是“说说而已”。行政型参与同样面临着“形式化”的结果。

第三，结社型参与。结社是公民的自由，是实现公民利益表达的最好方式，因此，西方将由公民结社组成的社团称之为“利益集团”、“压力集团”。自改革开放以来，随着国家对社会的放松，中国也出现了一定程度上的“结社革命”和社团的“爆发式增长”[③]。尽管如此，相关的研究者也不得不承认，由于现行的《社会团体登记管理条例》把一切合法的社团都置于政府的直接控制之下，所以，中国并不存在真正独立于政府的“非政府组织”，用严格的“公民社会”概念来描述社团难以避免“削足适履”的风险[④]。王绍光等基于社团的组织程度和基本性质将社团分为注册社团、准政府社团、草根社团、传统的血缘关系四种类型。（见表2－7）在他看来，中国的社团主要表现为在民政部登记的注册社团和准政府社团两种，因此，中国的社团具有“半官半民”的“双重属性”。在此基础上，康晓光和韩恒认为，中国政府对于具有不同挑战能力的社会组织，会采取不同的控制策略，对于具有较强的潜在挑战能力的社团，如工会、宗教组织等，政府会将其纳入“准政府组织”或者限制其发展，对于挑

---

① 王锡锌：《公众参与、专业知识与政府绩效评估的模式》，《法制与社会发展》2008年第6期。

② 陈芳：《公民参与策略异化的倾向及预防》，《东南学术》2010年第6期。

③ 康晓光：《转型时期的中国社团》，《中国社会科学季刊》1999年第4期。

④ 王绍光、何建宇：《中国的社团革命——中国人的结社版图》，《浙江学刊》2004年第6期。

战能力较弱的社团，政府则会减少干预。[①] 在此之后，康晓光和韩恒又继续提出了“行政吸纳社会”这一概念，认为政府对社团管理的总体格局是“限制”和“功能替代”。尽管从整体趋势来看，政府对社团的控制和结社的自由开始放松，但是这种放松主要原因在于，政府基于“资源有限”的现实，开始退出部分公共领域，因此，政府需要鼓励那些“能够在很大的程度上有效弥补政府退出后社会领域公共物品提供上的不足”[②]的社团组织的发展。总之，无论是从政府的意愿来看，还是从现实的发展来看，社团的发展主要在于提供公共物品，减少政府开支，而非实现“利益表达”。在政府看来，一个存有“利益表达”功能的社团无疑是“麻烦制造者”。因此，结社型参与在政府的“限制”和“功能替代”下，也无法发挥公民的“利益表达”功能。

表 2－7　　　　社团的一种分类[③]

<table>
<tr><td colspan="2"></td><td colspan="2">性　质</td></tr>
<tr><td rowspan="3">组　织</td><td rowspan="2">正式</td><td>志愿</td><td>非志愿</td></tr>
<tr><td>注册社团（在民政部登记）</td><td>准政府社团</td></tr>
<tr><td>非正式</td><td>草根社团（虚拟社团）</td><td>传统的血缘关系</td></tr>
</table>

第四，维权型参与。目前而言，维权型参与主要有两种形式：一种为上访，另一种为群体性事件。上访是信访制度的一种延伸，依据 1996 年《国务院信访条例》，信访是指社会成员利用来信、来访等形式，向社会组织管理者反应情况、提出要求和建议、申诉问题以及检举揭发，并依法由相关机关进行受理和处理的活动。[④] 一开始，信访就确立“分级负责、归口管理”的原则，希望通过信访将社会矛盾消解在基层，做到“小事不出乡，大事不出县”。然而，由于大多数被诉对象为信访部门的上级领

① 康晓光、韩恒：《分类控制：当前中国大陆国家与社会关系研究》，《社会学研究》2005 年第 5 期。

② 邓正来、丁轶：《监护型控制逻辑下的有效治理——对近三十年国家社团管理政策演变的考察》，《学术界》2012 年第 3 期。

③ 王绍光、何建宇：《中国的社团革命——中国人的结社版图》，《浙江学刊》2004 年第 6 期。

④ 杨光斌：《政治参与》，俞可平主编：《中国治理变迁 30 年》，社会科学文献出版社 2008 年版，第 62 页。

导或者同级官僚，在"官大一级压死人"的现行权力体制下，信访部门遭遇了空前的尴尬，无力解决老百姓的利益诉求。因此，信访就不可避免地转化为"越级上访"，而越级上访的结果是大量的基层矛盾集中到了中央，使得中央相关部门"超负荷运作"。国家信访局局长周占顺用4个80%来概括当前民众的越级上访，即80%以上反映的是改革和发展过程中的问题、80%以上有道理或有一定实际困难和问题应予解决、80%以上是可以通过各级党委和政府的努力得以解决的、80%以上是基层政府应该解决也可以解决的。[①] 这段话透露了两层意思：一是一定程度上肯定了百姓上访行为的合理性；二是批评了地方政府在应对上访上的不合理作为，特别是后两个80%，更被认为是地方政府职能的履行不到位。为此，国家出台了"一票否决"制度，以此来向地方政府施压，初衷是通过地方政府对于职能的积极履行，来满足百姓需求，降低上访人次。然而，"一票否决"却带来了事与愿违的结果，不仅没有降低上访人次、将社会矛盾化解在基层，反倒是诱发了地方政府"上访等于不稳定"的思维定式。[②] 以至于地方政府对上访实行"围追堵截"，对上访者更是"打击报复"和"秋后算账"。上访未果、表达无门的结果就是，群体性事件的爆发，百姓以一种更为激进的方式来表达利益诉求。

在上述这种分类控制的格局下，制度化的公民参与渠道，这包括选举、听证、结社和上访等，带有如下两个方面的特征：第一，低参与，受政府的限制公民参与的水平并不高；第二，形式化，公民参与大多"形式大于内容"，无法发挥利益表达的功能。杨光斌对此评价道："如此的制度设计，无组织化利益群体没有利益表达机制，那么，参与决策过程也就无从谈起，冲突因之难以避免。百姓中间普遍存在着对体制内利益表达渠道的'不利用'，以及'表达无门'、'表达无用'等现象。"[③] 换言之，随着利益主体的多元化和社会矛盾的加剧，各个社会群体或者集团都增加了面向政治体系的利益诉求活动。民众的利益表达行为越来越频繁，但是这些利益表达行为和活动并没有很好地被制度化吸收。既然制度化的利益

---

① 转引自何增科《民主化政治发展的中国模式与道路》，《中共宁波市委党校学报》2004年第2期。

② 王梅枝：《试论从刚性维稳向韧性维稳的转变》，《党政干部学刊》2010年第4期。

③ 杨光斌：《政治参与》，俞可平主编：《中国治理变迁30年》，社会科学文献出版社2008年版，第62页。

表达无门，那百姓只能铤而走险、另辟蹊径，以非制度化的方式来进行利益表达。

第三节 从治理异化到治理危机

一 治理异化：国家能力的畸形发展

无论是发展理念的异化及其带来的分配正义危机，还是稳定理念的异化及其带来的利益表达困境，这两者背后均反映的是中国国家能力的畸形发展，这主要表现在汲取能力与再分配能力、强制能力与规范能力两组相对的国家能力上。

（一）汲取能力与再分配能力的畸形发展

汲取能力是指国家从社会获取财政资源的渗透能力。再分配能力是指国家在各个不同社会群体之间对稀有资源实行权威性再分配的能力。这两类国家能力主要围绕政府财政展开。一般而言，一个国家的汲取能力主要受两个因素的影响，一个是经济发展水平，另一个是国家税收政策。中国国家汲取能力的发展就得益于这两个因素，一方面，自 1978 年改革开放以来，中国 GDP 的年均增长率保持了 9% 以上①，这为财政收入的增长提供了经济基础，所谓水涨船高，就是这个道理；另一方面，以 1994 年的分税制改革为标志，这一制度又充分保证了政府（尤其是中央政府）的财政汲取能力。自分税制改革以来，财政收入涨幅开始高过 GDP 的涨幅，甚至很多时候，前者的增长是后者的 2 倍，如 1999 年，GDP 的年增长率为 6.6%，而财政收入则达到了 12.9%；再如，2010 年，GDP 的年增长率为 10.0%，而财政收入则达到了 21.6%。② 2001—2009 年国家财政收

---

① 自 1978 年以来，中国的 GDP 年增长率分别是：1979 年的 7.6%，1980 年的 7.8%，1981 年的 5.2%，1982 年的 9.1%，1983 年 10.9%，1984 年的 15.2%，1985 年的 13.5%，1986 年的 8.8%，1987 年的 11.6%，1988 年的 11.3%，1989 年的 4.1%，1990 年的 3.8%，1991 年的 9.2%，1992 年的 14.2%，1993 年的 14.0%，1994 年的 13.1%，1995 年的 10.9%，1996 年的 10.0%，1997 年的 9.3%，1998 年的 7.8%，1999 年的 7.6%，2000 年的 8.4%，2001 年的 8.3%，2002 年的 9.1%，2003 年的 10.0%，2004 年的 10.1%，2005 年的 11.3%，2006 年的 12.7%，2007 年的 14.2%，2008 年的 9.6%，2009 年的 9.1%，2010 年的 10.4%，2011 年的 9.2%。

② 《最近 20 年中国财政收入占 GDP 比重的变化及趋势》，http：//zhoucaiqi. com/blog/ratio - of - state - revenue - to - gdp - in - china - 2330. htm，2012 - 12 - 27。

入年平均增长率为19.9%，远超同期GDP 10%的增长率。据杨光斌的统计，在2010年，我国税收收入高达8万亿元，如果加上各种费，那么国家财政收入则超过了10万亿元，财政收入占到了GDP的1/3，远高于其他国家的1/4甚至1/5的比重，我国的国家汲取能力之强，由此可见一斑。①

与强汲取能力相对的则是弱再分配能力，其原因和表现有：（1）在发展型政府的定位下，政府热衷于经济建设和GDP增长，整个财政支出主要为一种“经济建设型支出”，政府将大比例的财政支出用于经济建设，而对能够调节再分配的公共服务领域则支出不足。以1990—2001年的政府财政支出比例为例，在1990年，经济建设支出占到了44.4%，社会文教支出只占23.9%，即使到了2001年，两者的比例有所缩小，但是差距仍大，经济建设的比重为34.2%，社会文教的比重为27.6%。② 政府在财政分配和投资上所表现出来的这种重经济建设和轻公共服务，也被批评为政府职能的选择性履行。（2）在“部门财政”体制的定位下，代表各种行业的政府部门都在财政预算中发挥着程度不同的作用，都旨在争取本部门及其所代表行业利益的最大化，进而忽视了公共利益和弱势群体的利益。除此之外，各个具有财政自主权的部门主体还通过不受限制的利用“软预算约束”③ 和“逆向软预算约束”④ 来实现资金分配权的最大化，这样就极大地腐蚀了财政体制。（3）在“人大”功能没有得到完全发挥的情况下，中国财政支出缺乏“外部控制”。人民代表大会被认为是代表人民和监督政府的权力机关，它被赋予了管理政府“钱袋子”（即预决

---

① 杨光斌：《社会权利优先的中国政治发展战略选择》，《行政论坛》2012年第3期。

② 吴爱明、沈荣华、王立平：《服务型政府职能体系》，人民出版社2009年版，第172—173页。

③ 软预算约束意味着一个经济组织（企业或下级政府）的活动不必以自身拥有的资源约束为限。当收不抵支、产生赤字时，它可以期待得到外部组织（上级政府）的救援，从而继续生存，不会出现优胜劣汰的局面。如当前的贫困县就是这样的例子。

④ 逆向软预算约束指的是，地方政府在账面上的财政能力（预算规模）对其组织行为没有实际约束力，它可以不断地通过自上而下的攫取行为来突破已有的预算约束；地方政府的目标设置和组织行为已经建立在这一软预算约束的预期之上了。逆向软预算约束的主要形式有：（1）最为引人注目的是基层政府向企业或个人征收正式税收之外的各种苛捐杂税，将政府之外的资源转变为政府可支配的（正式或非正式的）财政能力；（2）基层政府通过各种政治压力或者交换关系迫使或诱使所管辖区域的企业或其他实体单位向政府倡导的政绩项目或其他公共设施工程捐资出力；（3）近年来出现的另外一种突破预算约束的方式是自上而下的“钓鱼工程”。参见周雪光《“逆向软预算约束”：一个政府行为的组织分析》，《中国社会科学》2005年第2期。

算）的功能，但是，由于目前人大代表职位大多是非专职化的设计，因而，除非是具有会计专业知识的人大代表，普通的人大代表很难理解预算草案，就更别提对预算进行有效监督了。① 因此，在人民代表大会的财政监督职能没有得到完全发挥之前，中国的财政体制在很大程度上都只能是“部门财政”而非“公共财政”，国家的再分配能力也很难有明显的提升。

表2-8 西方国家二次分配前后的家庭收入基尼系数变化（1960—1980）②

	美国	法国	英国	德国	挪威	芬兰	瑞典
二次分配前	0.34	0.5	0.38	0.45	0.35	0.46	0.39
二次分配后	0.324	0.309	0.276	0.262	0.238	0.225	0.202

再分配能力被认为是保障经济安全、维护社会分配正义的重要一环。根据西方国家的经验，再分配能力有助于政府缓和社会风险，缩小富人与穷人之间的差距。众多学者的研究表明，西方主要国家通过再分配都有效地调节和降低了基尼系数，其中，信奉“福利国家”的瑞典和芬兰等国，通过再分配使基尼系数下降了近一半；即使是信奉“自由放任”的美国，通过再分配也使基尼系数有一定程度的下降。（见表2-8）除此之外，无论从理论还是实践上来说，不平等往往都会增加政治不稳定的可能性，因此，再分配不仅关涉社会正义，而且关涉政治稳定、政权正当性。而一个国家要想拥有较高的再分配能力，必须同时具备三个条件：收入汲取（这是指一个预算体制从社会中汲取资源的能力）、公共责任（这是指一个预算体制对社会公众是否承担政治责任）、行政控制（这是指在政府内部是否有严格的财政控制）。收入汲取被认为是国家再分配能力的前提条件，但是强汲取能力并不能直接转化为再分配能力，其还必须兼具公共责任和行政控制。然而，当前中国的“部门财政”体制和“GDP崇拜”导向在很大程度上偏离了行政控制和公共责任，国家的再分配不仅没有像西方主要发达国家那样有效地降低基尼系数，还被认为是造成贫富差距和阶

① 笔者于2009年在宁夏某县级市进行调研时，向当地的人大主任提问：“像财政预决算这样专业性比较强的工作，一般人大代表能够看懂吗?”该人大主任答道：“财政预决算很简单，没你们想的那么难，就像家庭过日子，就是一笔流水账，收了多少，花了多少，仅此而已。”

② 秦晖：《什么是“福利国家”?》，梁治平主编：《转型期的社会公正：问题与前景》，生活·读书·新知三联书店2010年版，第174页。

层固化的重要因素①。由上述讨论可知，由于缺乏公共责任和行政控制机制，我国的强汲取能力并没有转换为强再分配能力，而是呈现出了一种强汲取能力和弱再分配能力的畸形发展。

（二）强制能力与规范能力的畸形发展

强制能力是指国家运用暴力手段、机构、威胁等方式维护其统治地位的能力。规范能力则是指规范政府、企业及社会成员行为的能力。这两类国家能力主要与国家的法治化程度和制度化水平有关。强制能力被认为是维护国家安全与公共秩序的重要能力，如果国家强制能力不足则有可能面临“国将不国”和“无政府状态”的风险。一般而言，强制能力大致包括两个方面：一是抵御外部力量，保护国家主权和领土完整；二是维护公共秩序，保持政治稳定和社会有序。本书着重探讨的是后者，即国家维护公共秩序的能力。作为一个有着全能主义制度历史的国家，中国也从传统社会那里继承了一个强有力的国家系统，保持了较强的社会管控能力。国家可以通过多种方式和手段来维持政治和社会稳定，根据燕继荣的总结和整理，这些手段和方式包括：（1）集中式管理：实现社会整齐划一，步调一致是政府管理的目标；（2）狱警式管理：政府试图通过制造和利用信息不对称来管控社会；（3）倒计时管理：军令状和暴力执法是政府管理常见的手段；（4）围堵式管理：追求无抗议管理，坚持社会抗议零容忍；（5）运动式管理：突击式综合治理是政府经常采用的方式。② 这些措施在总体上保证了中国“强国家，弱社会”的基本格局，维护了中国政治和社会的高度稳定。如果说这种对于国家高“强制能力”的展示还有些隐晦，那么，接下来的一组对比数据似乎更为直接，以警察在总人口中所占的比例作为尺度，这个比例在中国为1.3‰，美国为3.25‰，瑞典为2.49‰，俄罗斯为8.46‰，中国以较低的警力投入比例却换回了较高的社会稳定，中国的国家强制能力程度由此可见一斑。

与高强制能力相对的则是国家的规范能力不足。这里的规范能力其实涵盖了王绍光所列出来的濡化能力（公民在观念上对于国家的认同）、规管能力（国家使个体与群体改变自己的行为，服从国家制定的规范的能

① Carl Riskin, imequality: Overcoming the Great Divide, in Joseph Fewsmith ed., China Today, China Tomorrow: Domestic Politics, Economty and Society, Rowman & Littlefield Publishevs Inc., 2010, pp. 91 – 108.

② 燕继荣：《变化中的中国政府治理》，《经济社会体制比较》2011年第6期。

力）和统领能力（确保国家机构内部协调的能力）。[①] 概括来说，一个国家要想拥有较强的规范能力，关键在于制度的健全与有效，也就是我们常说的“有法可依、有法必依、违法必究、执法必严”。然而，从目前来看，中国规范能力不足的根本原因在于“制度化水平低”，这主要包括两个方面：（1）制度的完备性不够，部分领域法律还不健全；（2）制度的执行性不够，即有法不依、违法不究、执法不严。相较而言，后者的问题更为突出和严重。对此，许文慧（Vivienne Shue）解释到，中国是一种“蜂窝状”结构，表现为一种“高度国家组织内的低度整合”（minimal integration within the highly organized state）[②]，即国家决策的自主性比较高，但是执行的自主性比较低。很多制度在执行过程中都会“变异”，信访制度就是一个典型，在刚性稳定的理念下，我们会看到“信访制度在法理上的合法性与它在实践中的‘非法性’的冲突”[③]。一方面，在法理上，根据国务院制定的《信访条例》，民众有上访的权利；另一方面，在实践中，地方政府又将上访视为不稳定因素，并采用各种方式来打压上访者。

规范能力被认为是塑造与巩固国家认同、维护经济与社会生活秩序以及确保国家机构内部协调的重要能力。法律和制度则被认为是国家规范能力的灵魂，这是因为，法律和制度明确界定了两重关系，即“权利”与“义务”关系和“权利”与“权力”关系，进而通过“保护权利”和“限制权力”提升了国家的规范能力。然而，由于中国制度化水平比较低，不仅无法做到“保护权利”和提供良好的公民参与和利益表达渠道，还无法做到“约束权力”和禁止官员的权力傲慢和违法乱纪行为。除此之外，还衍生了一系列的不正义问题和不稳定因素，这表现为：制度安排导致的不正义（如户籍制度）、制度变迁导致的不正义（如国企改革）、制度空白导致的不正义（如遗产税与富二代）、制度乏力导致的不正义（如物权法和征地拆迁）、制度禁行不够导致的不正义（如贪污腐败）等等。总的来说，由于国家的强制能力比较高，使得许多政府机关不通过法

① 王绍光将国家能力具体细化为强制能力、汲取能力、濡化能力、规管能力、统领能力和再分配能力六项。具体可以参见王绍光《祛魅与超越：反思民主、自由、平等、公民社会》，中信出版社 2010 年版，第 120—166 页。

② 转引自陆德泉《“关系”——当代中国社会的交换形态》，《社会学与社会调查》1991 年第 5 期。

③ 于建嵘：《当前压力维稳的困境与出路——再论中国社会的刚性稳定》，《探索与争鸣》2012 年第 9 期。

律即可“办事”，进而削弱了国家的规范能力；而国家的规范能力不足，制度化水平较低又缺乏对国家强制能力的有效约束，进一步放任了国家强制能力的发展，造成了国家的强制能力与规范能力的畸形发展。

综上所述，对于国家能力一般理论和中国实践的探讨可以得出如下两点结论：第一，一个良好的国家能力应该是各项具体能力的协调发展，国家能力“厚此薄彼”的畸形发展，无助于社会稳定，正如前文所指出的，强汲取能力和弱再分配能力导致了当前中国的“分配正义危机”，而高强制能力和弱规范能力导致了当前中国的“利益表达困境”。第二，一个良好的国家能力应该是各项具体能力的适度发展，不是说具体某一项能力越强大就越好，比如：再分配能力过于强大，就会出现财政赤字危机；汲取能力过于强大，则会出现国家赋税过重，国富民不强。因此，任何一项具体能力的发展都应该有一个上限和一个下限，无论是超出上限还是跌出下限都是不可取的。

二　治理危机：社会抗争的转化升级

治理危机是指作为治理者的政府（国家）在特定时期无法有效地对社会矛盾和冲突进行控制和管理，进而严重地影响到政府统治能力（governability）的一种状态。[①] 从发生学的角度来看，治理危机并非由于某些重大事件，而是由于体制本身存有严重缺陷而引起的，因此，其在本质上是一种体制危机。自改革开放以来所确立的发展型政府，在经历了改革初期的辉煌之后，也逐渐暴露出了其体制弊端。这表现为：一方面，发展型政府对于 GDP 增长的单纯追求，导致了社会的贫富悬殊和分配正义危机；另一方面，发展型政府对于社会稳定的绝对强调，又导致了刚性维稳和利益表达困境。正如黄宗智所指出的，这一体制“既是中国 30 年来经济发展‘奇迹’的能动主体，也是同时期凸显的社会和环境危机的主要根源”[②]。这种治理危机的政治社会化后果就是社会抗争的兴起，并表现为以群体性事件为代表的显性抗争和以政治不信任为代表的隐性抗争两种形式。

---

① 徐湘林：《中国的转型危机与国家治理：历史比较的视角》，陈明明主编：《转型危机与国家治理》，上海人民出版社 2011 年版，第 45 页。

② 黄宗智：《改革中的国家体制：经济奇迹和社会危机的同一根源》，《开放时代》2009 年第 4 期。

（一）显性抗争：群体性事件

追根溯源，群体性事件在中国的发生是百姓迫不得已的选择。自国家推行依法治国和普法运动以来，百姓确实有了“讲法律”的意识，“我要告你”也成为民间的日常表达。然而，在具体实践中，老百姓发现司法诉讼有着内在的弊端，这表现为：首先，司法诉讼耗时费力，速度不快；其次，司法诉讼成本比较高，效益不佳；最后，司法诉讼需要具备一定的专门法律人才，需要聘请律师，从而又增加了一笔法律服务费用成本。[①]因此，老百姓大多不愿意打官司和诉诸司法。与之形成鲜明对比的则是，信访具有“合法化、低成本、见效快”等优点，以至于在民间流传这样的说法，“一封信几毛钱，让你干部忙半年”。正因为如此，信访开始取代司法诉讼成为民间流行的利益表达途径和政治参与方式。然而，在实践中，信访的大多被诉对象都是信访部门的上级领导和同级官僚，在“官大一级压死人”的科层体制下，信访制度陷入了空前的尴尬，在很大程度上无力“为人民做主”。因此，“越级上访”也就成为一种必然，各地相继出现了许多“上访专业户”、“上访村”，乃至“上访乡”。为了避免过多越级上访和集体访对中央部门和中心城市正常秩序造成的不良影响和社会不稳，《信访条例》作出有关“收容”、“遣送”、“由所在地区或单位带回”等制度规定。于是，我们就看到了信访在法理上的合法性与它在实践中的“非法性”的冲突。

正如阿尔蒙德等所言：“在贫富之间存在巨大鸿沟的社会里，正规的利益表达渠道很可能是由富人掌握的，而穷人要么是保持沉默，要么是采取暴力的或激进的手段来使人们听到他们的呼声。”[②] 在制度内渠道表达无门的效果下，百姓只能通过制度外的、更激进的甚至是暴力的手段进行利益表达，这就是所谓的群体性事件。从1990年以来，中国的群体性事件以几何级数增长，根据中国社会科学院历年的《社会蓝皮书》不完全统计，群体性事件1993年为8700起，2003年为60000起，2004年为74000起，2005年为87000起，2010年180000起，2011年182500起。群体性事件所产生的暴力性和破坏性程度也日益增长。

① 郑欣：《乡村政治中的博弈生存——华北农村村民上访研究》，中国社会科学出版社2005年版，第185页。

② ［美］加布里埃尔·A. 阿尔蒙德、G. 宾厄姆·鲍威尔：《比较政治学——体系、过程和政策》，东方出版社2007年版，第206页。

从群体性事件的结果来看，大多是以政府向民众妥协和民众利益得到满足而结束。而这似乎又给民众传达出了如下的信号，即相比于制度内的公民参与和利益表达，以群体性事件为主的制度外表达更为有效。于是，“小闹小解决，大闹大解决，不闹不解决”也就成为民众行动的思维逻辑。“闹大”现象也代表了群体性事件的整体发展趋势。概括而言，民众的“闹大”逻辑旨在追求两个维度的动员和四个方面的效果。所谓两个维度的动员，是指横向的民众动员和纵向的政府动员。横向的民众动员，是指通过诉苦、道德震撼、标题党、街头鸣冤和网络等方式，动员媒体力量和其他公民与网民对自己的支持；纵向的政府动员，说白了就是“向上捅”，是指通过诉苦、陈情、哀求、进京上访和拦车告状等方式，动员上级政府及其领导人对自己的支持。所谓四个方面的效果，包括：(1）规模效果，通过串联群众、营造声势，来增强力量，达到“人多力量大”的效果；(2）情感效果，通过诉苦等方式来激发陌生人的同情心和正义感，得到道德上的支持力量；(3）破坏力效果，通过罢工、暴力、堵塞交通、破坏设备、围攻政府等手段，来干扰社会秩序和冲击政治稳定，制造紧张感和冲突感，让政府感受到压力；(4）认同力量效果，通过渲染，构建相关利益共同体，向人们展示如果不行动的严重后果，如在什邡、启东等事件中，民众通过发短信来传递相关工程对当地环境的污染和后果，进而实现广泛动员。① 对此，有学者总结到，当前中国的群体性事件具有如下的一些特征和趋向：在实施主体上，由特定群体到不特定多数人；在发生区域上，从村落社区到城市社区；在诉求目标上，从利益表达到不满宣泄；在动力机制上，从压迫—反应到不满—刺激—攻击；在策略技术上，从依法抗争到暴力抗争。②

（二）隐性抗争：政治不信任

斯科特在《弱者的武器》一书中曾指出，大量有关民众抗争的研究都集中于有组织的、大规模的抗议运动，而忽视了这样一个简单的事实：贯穿于大部分历史过程的大多数从属阶级极少能从事公开的、有组织的政治行动，那对他们来说过于奢侈。所以，我们应该关注民众反抗

① 韩志明：《能力短缺条件下的双边动员博弈——政府维稳与“公民闹大”及其关系》，《江苏行政学院学报》2011 年第 6 期。

② 王赐江：《群体性事件的类型化及发展趋向》，《长江论坛》2010 年第 4 期。

的日常形式。[①] 在中国同样如此，虽然以群体性事件为代表的显性抗争很是惹人关注，但对于中国民众来说这并非是日常的抗争形式，这是因为，无论如何，群体性事件的成本都相对比较高，这种成本既包括组织动员的成本、游行示威的成本以及事后处罚的成本等，若不是迫不得已，群体性事件不会成为民众的首选。因此，在特定环境下，“不作为”、“不合作”作为“沉默的抗争”也是一种非常有效的日常抗争形式。[②] 对于中国民众来说，日常的反抗形式应该是以政治不信任为代表的隐性抗争。

政治信任（political trust）是社会成员对政治共同体、政治制度、政府当局以及政治领袖持有的情感认同和合法性支持。一般而言，在现代政治分析中，随着现代国家的建立和政治世俗化，政治信任主要源于个人对政府制度绩效的评价，即制度绩效越高，就越容易构筑政治信任。而维持高水平的政治信任则是每个政府追求的目标，这是因为，高政治信任不仅有助于社会稳定，还有助于规避风险和提升统治合法性。

那么，中国的政治信任处于何种状况？从目前的情况来看，中国的政治信任正面临危机与挑战。据《小康》杂志社联合清华大学媒介调查实验室发布的“2014 年中国信用小康指数”之“最让人担忧的信用问题”排行榜显示，相对于人际信用、企业信用而言，公众最担忧的还是政府信用问题，有 57% 的受访者表达了对政府信用的担忧。在政治不信任的格局下，中国正进入一个“风险社会”。归因来看，当前的这种“政治不信任”格局与发展型政府的制度绩效不彰有着紧密的联系。对此，我们可以从宏观和微观两个层面做出解释。从宏观层面来看，当前的制度绩效面临两重困境：一为分配正义危机；二为利益表达困境。地方政府与基层政府在公正上的“不作为”和在维稳上的“乱作为”激化了官民矛盾，这严重影响到了官员在百姓心目中的威信与口碑，降低了百姓的政治信任程度。从微观层面来看，当前制度绩效不彰所造成的政治不信任表现为：政府在日常的社会管理中，习惯于通过制造和利用信息不对称来管控社会，面对信息的不对称和政府说谎的可能性，百姓则以不信任的方式予以回应。这里边的道理很简单，就如同民众面对小商小贩的产品推销一样，在民众缺乏有关产品的相关信息和认定小商小贩有可能说谎的前提下，民众

---

① 参见［美］詹姆斯·C. 斯科特《弱者的武器》，郑广怀、张敏、何江穗译，译林出版社 2011 年版，第 1—2 页。

② 翁定军：《冲突的策略——以 S 市三峡移民的生活适应为例》，《社会》2005 年第 2 期。

会抱着一种不信任的态度来要求打折扣、讨价还价，甚至不买等多种方式来避免自己上当受骗。[①] 以广州番禺垃圾焚烧发电厂事件为例，从2002年的提出规划到2009年的批准开建，在长达7年的决策中，番禺区政府一手主导了整个选址和决策的进程，百姓对此一无所知，决策过程表现出了高度的“封闭性”和“孤立性”，直至2009年9月24日《新快报》对此事进行报道，广州番禺区民众才得知此事。[②] 诸如此类的事件，都增加了民众对于政府的不信任程度，认为政府行事不透明、不公开、暗箱操作。

政治不信任有哪些隐性抗争形式？具体而言可以概括为如下三方面：第一，谣言影响稳定，政治不信任的一个重要表现就是谣言的产生和扩散。一般认为，谣言是与正规信息渠道相对的一种信息获取和表达方式。在很大程度上，谣言都是对正规信息渠道的一种挑战和对抗。由于政治不透明，再加上政府习惯于用信息不对称的方式来对社会进行管理，这就为谣言的生长提供了土壤。而网络和互联网的发展，更是助推了谣言的传播。对此，于建嵘指出：“地方的党政官员没有意识到信息技术发展带来的变化，仍想沿用以前那种延迟发布或封锁消息的办法，结果谣言满天飞，想用真相来消除已经来不及，谣言夹杂着部分真相让广大民众不知道该信谁。”[③] 第二，令不行禁不止。政治不信任的最大结果就是政府推行政令的困难，换而言之，政府的制度成本开始提高。受这种政治不信任的影响，政府的很多政策在推行中都大打折扣，大的方面如老百姓对于选举参与的热情不够，认为选举是“弄虚作假”和“浪费时间”；小的方面如在2013年3月5日学雷锋日，政府发出了“向雷锋同志学习”的号召，结果民间的反应却是“你们都在学和珅，却要我们学雷锋”的抵制式表达。第三，合法性的流失。毋庸置疑，政治信任与合法性有着高度的关联性，政治信任的流失所带来的也是政府合法性的流失，一旦民众对政府的信任感和认同感降低甚至丧失，必将引发民众的恐慌和社会秩序的全面

---

① ［美］布莱恩·卡普兰：《理性选民的神话：为何民主制度选择不良政策》，刘艳红译，上海人民出版社2010年版，第124页。

② 详情可以参见张艳伟《“不要在我家后院”：国家自主性视域下的中国式邻避冲突》，硕士学位论文，复旦大学，2011年。

③ 于建嵘：《当前压力维稳的困境与出路——再论中国社会的刚性稳定》，《探索与争鸣》2012年第9期。

混乱。

那么，这种政治不信任为何能够成为百姓的日常抗争形式？政治不信任之所以能成为百姓的日常抗争形式，这是因为相较于群体性事件等显性抗争，以政治不信任为代表的隐性抗争具有如下几方面的优势：（1）政治不信任的抗争成本低，从成本的角度来讲，不信任几乎不需要任何成本，对于一个个体来说，保持一定程度的质疑和不信任，总是有利无害的。（2）政治不信任的波及范围广，对于群体性事件来讲，它的规模总是有限的，这种限制既来自利益相关性的程度，也来自地域相关性的程度，而政治不信任则不会受这种限，仍以《小康》杂志的调查数据为例，在2014年，有57%的受访者对政府的信用危机表示担心，这也就意味着在14亿人口中，有7.98亿的人口有着政治不信任的倾向。（3）政治不信任的惩罚难度大，正如我们将政治不信任定义为一种隐性抗争一样，它并不是具体的行为，政府很难发觉和矫正，也很难像群体性事件那样对相关当事人予以惩罚和告诫。因此，政治不信任所隐藏的破坏性和抗争力度也比较大，它对政府合法性的蚕食不能不引起政府的关注和忧虑。

第三章　社会何求：从经济发展到社会公正

公民身份与国家权力组成了现代国家的基本政治关系，构成了国家与社会关系的重要解释维度。在历史上，随着公民身份的内涵和性质发生变化，政治国家的性质和表现形式也相应地发生改变。从这一角度来说，理解和认识公民身份是有意义的，它是我们理解国家与社会之间关系变迁的基础。

——郭忠华

他们（弱势阶层）普遍感觉到中国的改革已经步入歧途，到了改弦更张、强调经济社会协调发展的时候了。这就启动了力图抵制经济“脱嵌”的保护性反向运动。

——王绍光

第一节　社会需求的转向

一　民众行动的议题指向：社会公正

发展型政府的异化以及社会抗争的升级，使政府在治理危机的泥潭之中越陷越深，多项调查报告一致显示，受访者均将“官民矛盾”列为各种社会矛盾之首。① 而现行所采取的“刚性维稳”模式不但没有导向期待中的“稳定”，反倒是“越维越不稳”。因此，如何突破“维稳的怪圈”，

① 参见郑杭生主编《中国人民大学中国社会发展报告2007》，中国人民大学出版社2007年版，第103页；李培林等：《中国社会和谐稳定报告》，社会科学文献出版社2008年版，第325页。

维持社会和政治稳定成为政府面临的首要难题。而要想破解这一难题，我们首先需要分析社会抗争的缘起，这是因为，对政府而言，社会抗争虽然具有破坏功能，但也具有预警效应和指示意义，它反映了当前中国深层的社会结构和基本需求。一如刘能所言，社会抗争的形成与爆发，“不但与中国转型社会的重大结构特征直接相关，也与中国社会独特的管控和治理模式直接相关，同时还与中国社会中弥散的政治文化和政治心理息息相关”[①]。因此，对于社会抗争议题指向和基本属性的研判，也就暗示和给出了政府解决问题的路径和改革发展的方向。

毋庸置疑，社会抗争已然成为学界研究的热点话题，学者们对于社会抗争的研究主要集中于社会抗争的议题指向，即社会缘何抗争。为此，学者们以议题指向为基本标准，对社会抗争进行了不同类型的划分。王赐江将社会抗争分为“基于利益表达的群体性事件”、“基于不满宣泄的群体性事件”和“基于价值追求的群体性事件”三类[②]，王国勤则将社会抗争分为“维护型利益表达”、“维护型价值表达”、“索赔型利益表达”和“索赔型价值表达”四类[③]，于建嵘则将社会抗争分为维权行为、社会泄愤事件、社会骚乱、社会纠纷和有组织犯罪五类[④]，刘能更是将社会抗争细化为直接利益相关的原生型集体维权抗争、无直接利益相关的群体泄愤事件、地方政治生态恶化诱致的突发群体性事件、行业集体行动和工业集体行动、工具性处理“死亡因素”引发的群体性事件、意识形态或政治动机驱动的群体性事件、网络场域中内生的群体性事件七类[⑤]。由此可见，学界对于社会抗争的类型划分越来越精细，也越来越符合类型学所强调的“包容性”和“互斥性”这两个标准。那么，随之而来的问题是，面对纷繁复杂的抗争类型和抗争成因，我们应该如何分配这些抗争类型的权重？何者才是当前社会抗争的焦点与核心？

为了回答以上的问题，我们借用了肖唐镖所提供的案例库（见表3-1），

① 刘能：《当代中国的群体性事件：形象地位变迁和分类框架再构》，《江苏行政学院学报》2011年第2期。

② 王赐江：《群体性事件类型化及发展趋势》，《长江论坛》2010年第4期。

③ 王国勤：《“集体行动”研究中的概念谱系》，《华中师范大学学报》2007年第5期。

④ 于建嵘：《当前我国群体性事件的主要类型及其基本特征》，《中国政法大学学报》2009年第6期。

⑤ 刘能：《当代中国的群体性事件：形象地位变迁和分类框架再构》，《江苏行政学院学报》2011年第2期。

在他收集和整理的478起案例中，除去153起原因复杂和不明的“其他”选项，在所剩的13个选项中，相关的群体性事件可以概括为四种类型①：(1) 涉及国家利益或主权的国家争端问题，如序列11，相关案例有2起，占总案例的比重为0.4%。(2) 涉及民众之间纠纷的民间纠纷争端，如序列12，相关案例有44起，占总案例的比重为9.2%，值得指出的是，此类争端一般不涉及政府，政府既不是参与者，也不是利益相关的第三方。(3) 涉及信仰问题的宗教纠纷争端，如序列8，相关案例有1起，占总案例的比重为0.2%。(4) 涉及维权型和泄愤型的社会纠纷争端，序列1、2、3、4、5、6、7、9、10、13等都属于这一类型，相关案例有278起，占总案例的比重为66.9%。在此类争端中，社会抗争对象一般为政府，在某些情况下，社会抗争直接指向政府，学界称为“原生型抗争”，由征地拆迁所引发的社会抗争就是这方面的典型；在另外一些情况下，社会抗争间接指向政府，学界称为“迁怒型抗争”，由社会不公所引发的社会泄愤事件就是这方面的典型。

表3-1　　群体性事件的议题诉求表（多项选择）② N=478

序列	抗争内容	案例（个）	比例（%）
1	就业、下岗	24	5.0
2	生活保障	41	8.5
3	征地及其补偿	39	8.1
4	拆迁	31	6.4
5	收费、负担	24	5.0
6	产权或资源纠纷	22	4.6
7	干部腐败作风不良	21	4.3
8	宗教纠纷	1	0.2
9	拖欠工资	35	7.3
10	环境污染、生态保护	26	5.4

① 肖唐镖原本的分类为3种，即文中的（1）涉及国家利益或主权的国家争端问题、（3）涉及信仰问题的宗教纠纷争端、（4）涉及维权型和泄愤型的社会纠纷争端共3种。本文基于群体性事件与政府的相关关系，这种关系可以是间接的，也可以是直接的，又增加了第（2）种，涉及民众之间纠纷的民间纠纷争端。参见肖唐镖《当代中国的“群体性事件”：概念、类型与性质辨析》，《人文杂志》2012年第4期。

② 肖唐镖：《当代中国的“群体性事件”：概念、类型与性质辨析》，《人文杂志》2012年第4期。

续表

序列	抗争内容	案例（个）	比例（%）
11	国际争端	2	0.4
12	民间纠纷争端	44	9.2
13	医疗纠纷	15	3.1
14	其他	153	32.0

由上述的考察分析可知，当前社会抗争的议题主要集中在维权和泄愤方面，正如肖唐镖总结到的那样：社会抗争可以划分为“价值取向型群体性事件”和“利益取向型群体性事件”两种类型，“不过，后一类型事件居多，也就是说，民众的抗争行动绝大多数是为了个人的现实问题，尤其是现实经济利益”①。肖唐镖的这一结论既具有可信性，又具有代表性。对此，刘能的相关研究也指出：“群体性事件的发生，其前提和诱因主要是真实的利益受损和长期且弥散的各类怨恨。”②

概括而言，学界有关抗争议题的研究主要有三个方面的共识和成果：第一，维权型抗争是当前中国民众行动的核心内容和关键议题，如王赐江所使用的“基于利益表达的群体性事件”，王国勤的“维护型利益表达”和“索赔型利益表达”，于建嵘分类中的“维权行为”以及刘能分类中的“直接利益相关的原生型集体维权抗争”等，均属于维权型抗争，这种抗争类型具有如下五个方面的特点：（1）具有直接利益相关性；（2）是一种被动性抗争；（3）是一种保护性的抗争；（4）以社会公正为基本诉求和理念；（5）政府是社会抗争的对象。第二，社会泄愤事件成为仅次于维权型抗争的第二大抗争类型，社会泄愤事件大多是因为民众对社会不公心存不满而由一个偶然事件诱发的暴力活动，其特点是因偶然事件而突发、无明确组织者、参与者无利益关联而只是为了表达对社会的不满、有打砸抢烧等违法犯罪行为。③ 第三，具有政治色彩的价值性抗争并非当前的社会主流，这里的价值性抗争指的是为了自由、民主、法治、宗教等政

① 肖唐镖：《当代中国的“群体性事件”：概念、类型与性质辨析》，《人文杂志》2012 年第 4 期。

② 刘能：《当代中国的群体性事件：形象地位变迁和分类框架再构》，《江苏行政学院学报》2011 年第 2 期。

③ 于建嵘：《中国的社会泄愤事件与管治困境》，《当代世界与社会主义》2008 年第 1 期。

治价值和信仰而进行的抗争，它一般表现为政治反对派所发起的社会运动、族群冲突和都市恐怖主义等活动，也就是王赐江分类中的“基于价值追求的群体性事件”、王国勤的“维护型价值表达”以及刘能的“意识形态或政治动机驱动的群体性事件”。

维权型抗争和泄愤型抗争作为当前社会抗争的两大议题，如果进一步分析，我们可以将当前民众行动的议题指向细化为两个方面：

第一，对政府单纯追求“GDP 增长”的不满。改革开放初期所确立的“以经济建设为中心”的发展战略以及随之逐渐建立起来的“市场经济”体制，确实满足了老百姓所呼吁的经济权利，通过发展经济和建立市场体制解决了民众对于财产权、生命权的需求，灾荒、饿死人等现象已不再有，取而代之的是有产有权、拥有市场交易权和基本自由得以保障的中国大众。然而，政府对于“GDP 增长”的单纯追求和发展型政府的基本定位，也侵害了民众的基本权益，这主要表现为两个方面：一种为对民众经济/物质等方面权益的侵害，这包括农村征地补偿、城市拆迁安置、企业改制和欠资纠纷、工程移民等方面，也引发了诸如乌坎事件、汉源事件、陇南事件等社会抗争行为；另一种为对民众生态环境方面权益的侵害，这包括乡村工业污染、饮用水和空气污染、有毒废弃物处理站、垃圾场、高压辐射、通信基站辐射、高风险工业选址等，这引发诸如东阳画水事件、厦门 PX 事件、大连 PX 事件、什邡事件、启东事件、番禺事件等社会抗争行为。在肖唐镖的案例库中，旨在维护经济/物质方面权益的抗争事件共有 252 件，所占比例达到了 53%，旨在维护生态环境权益的事件有 26 件，所占比例为 5.4%。

第二，对政府一味忽视“社会保障”的不满。正如波兰尼所指出的，一个“脱嵌”的、完全自我调节的市场力量是十分野蛮的力量，因为当它试图把人类与自然环境转变为纯粹的商品时，它必然导致社会与自然环境的毁灭。[①] 政府对于市场经济的追求和 GDP 增长的青睐，最终引发了一系列的严重问题，这包括日益恶化的生态环境和贫富悬殊。有关生态环境危机以及民众对于生态环境权益的要求上述已经提及，这里着重描述贫富悬殊问题。由于政府将过多的精力和财力投入到了经济发展之中，致使社

① 转引自王绍光《大转型：中国的双向运动》，梁治平主编：《转型期的社会公正：问题与前景》，生活 · 读书 · 新知三联书店 2010 年版，第 102 页。

会保障不足，大规模的下岗失业、就学难、就医难、就业难、买房难等一系列问题正在刺痛民众的神经①。诸如此类问题，市场体制不仅不会去解决，反而会导致这些问题的进一步恶化，因为市场只为那些有支付能力的消费者服务，由此观之，经济增长并不必然保障大多数居民的以社会保障为主的社会权利。由西南财经大学中国家庭金融调查于2012年12月9日公布的最新数据显示，2010年中国家庭的基尼系数高达0.61。② 从经济学的角度来看，基尼系数0.3以下是稳定线，0.4是警戒线，0.5是危机线，0.6则是动乱线，这意味着中国的贫富差距已超出动乱线。在此情况下，各种与就业下岗、社会保障、医疗纠纷等相关的社会抗争事件开始频发。与此同时，这些在市场体制中遭受伤害的弱势群体，开始对那些中饱私囊的官员、挥金如土的新贵、一夜暴富的土豪、蛮横无理的官富二代充满仇恨，各种与之相关的社会泄愤事件开始上演。如在重庆万州事件中，由于一名临时工冒充公务员打人，结果点燃了民众对于官员滥用职权的不满，造成了围攻区政府的群体性事件；③ 又如在安徽池州事件中，一辆丰田车不小心撞伤行人并引发冲突，最终激发了民众对于新贵蛮横霸道的不满，造成了打砸抢烧等恶劣后果。④ 吴忠民对此总结道：“政府在公共服务方面的不到位，是引致‘官民矛盾’问题的重要原因。”⑤

总体来看，当前社会抗争的议题指向主要有两个方面：（1）对政府单纯追求“GDP增长”的不满；（2）对政府长期忽视“社会保障”的不满。这两个议题指向表明，当前的社会需求已经从以财产权、生命权和自由权为主的经济权利逐渐向以社会保障为主的社会权利转变。一如杨光斌所言：

---

① 对此，民众将这些困难编成了如下的顺口溜：“生不起，剖腹一刀五千儿；读不起，选个学校三万起；住不起，二万多元一平米；娶不起，没房没车谁嫁你？养不起，父母下岗儿下地；病不起，药费利润十倍起；炒不起，半夜鸡叫一片绿；信不起，出尔反尔忽悠你！死不起，一个墓地三万儿！”这些困难涉及吃穿住行、就业就医就学买房养老等诸多方面，其中，“信不起，出尔反尔忽悠你”更是将矛头指向了政府。

② 《西南财大报告称中国家庭基尼系数达0.61》，http://www.chinadaily.com.cn/dfpd/hun/2012-12/10/content_16001883.htm，2012-12-10。

③ 参见范伟国《重庆万州临时工冒充公务员打人引发群体性事件》，《北京青年报》2004年10月20日。

④ 参见王吉陆《安徽池州群体性事件调查：普通车祸变打砸抢烧》，《南方都市报》2005年7月1日。

⑤ 吴忠民：《当代中国社会“官民矛盾”问题特征分析》，《教学与研究》2012年第3期。

“邓小平、江泽民的主要遗产是基本解决了公民的经济权利，……（而）①经济增长并不必然保障大多数居民的社会权利。……（所以，从当前来看）并不武断地说，社会权利是大多数中国人的最优先的选择。”②

表3-2　两会调查之百姓最关注的十大热点问题（2009—2012年）

得票排名	2012	2011	2010	2009
1	社会保障 256634票	社会保障 71090票	养老保险 104962票	反腐倡廉 84604票
2	收入分配 186865票	司法公正 46150票	依法拆迁 57909票	食品、药品安全 78815票
3	医疗改革 108425票	反腐倡廉 26501票	反腐倡廉 54168票	医疗改革 77345票
4	社会管理 107619票	个人收入 24814票	调控房价 42410票	收入分配 71897票
5	教育公平 105967票	房价调控 20020票	贫富差距 35509票	就业问题 69131票
6	三农问题 77697票	医疗改革 18889票	就业问题 31130票	住房问题 48201票
7	反腐倡廉 60458票	物价调控 18848票	医疗改革 29113票	教育公平 47027票
8	物价问题 33576票	环境污染 18387票	司法公正 29049票	社会保险 45925票
9	食品安全 32404票	食品安全 17547票	教育公平 24537票	司法公正 44477票
10	房价调控 32353票	教育改革 13752票	民主监督 22952票	依法行政 38165票

资料来源：人民网举办的2009年、2010年、2011年、2012年全国两会调查：你最关注的十大热点问题是什么？

正如前文所提到的，对于政府而言，社会抗争具有预警效应和指示意

① 为了保持语句通顺，括号里边的字为笔者所加。

② 杨光斌：《社会权利优先的中国政治发展选择》，《行政论坛》2012年第3期。

义，它代表了社会的基本需求和民心所向。社会抗争深刻地揭示了当前社会需求从经济权利向社会权利的转变和发展，以及在这一过程中国家所予（GDP 增长）和社会所需（社会保障）之间的错位和失衡。由人民日报社政治文化部和人民网于每年两会期间联合推出的大型网络调查“你最关心的十大热点问题”的评选结果也印证了社会需求从经济权利向社会权利的转变。通过表 3－2 我们可以看出，从 2009 年到 2012 年，百姓最关注的热点问题分别为“反腐倡廉”、“养老保险”、“社会保障”、“社会保障”，其余的还有“医疗改革”、“收入分配”、“调控房价”、“教育公平”等问题，这充分说明以社会保障为主的社会权利已经成为当前百姓的基本需求和热点话题。对此，胡锦涛同志就指出，应该从“教育、就业、分配、社保、医疗、安定”六个方面，加快推进社会建设，改善民生，因为这正是老百姓当前最关心的六大民生问题。① 温家宝同志也指出，“反腐败、收入分配、住房和房价”等是群众比较关心和政府应该着力解决的问题。② 综上讨论，我们可知，围绕当前的社会抗争，民间、学界和官方已经达成了共识，即社会公正已经成为民众行动的主要议题和国家改革的主要方向，党和政府应该通过社会保障建设来维护社会公正、保障民众的社会权利。

二　民众行动的基本属性：依法抗争

所谓民众行动的基本属性，主要是指民众在社会抗争中所表现出来的对现行政权和制度的忠诚度或离合度。③ 对于社会抗争如何定性，政府和学界一直存有两种截然不同的态度，一种将社会抗争定性为“敌我矛盾”，另一种将社会抗争定性为“人民内部矛盾”。回顾来看，在很长一段时间，“敌我矛盾”主导了政府和学界对于社会抗争的基本看法。2000 年 4 月 5 日公安部颁布的《公安机关处置群体性治安事件规定》将“群体性事件”定义为“聚众共同实施的违反国家法律、法规、规章，扰乱社会秩序，危害公共安全，侵犯公民人身安全和公私财产安全的行为”④，

① 《老百姓当前最关心的六大民生问题》，http：//cpc. people. com. cn/GB/64093/64103/6197708. html，2013－1－3。

② 温家宝：《老百姓最关心收入分配差距加大和房价等问题》，http：//finance. ifeng. com/news/20100202/1789392. shtml，2013－1－3。

③ 该观点来自肖唐镖，详情参见肖唐镖《当代中国的“群体性事件”：概念、类型与性质辨析》，《人文杂志》2012 年第 4 期。

④ 公安部：《公安机关处置群体性治安事件规定》，2000 年 4 月 5 日。

在这一定义中，群体性事件具有三重属性：聚众性、非法性和危害性。与此同时，学界也将群体性事件看作是一种危害社会和政治秩序的“社会敌意”行为，更有甚者认为群体性事件是“一个犯罪学应该关注的前沿问题”①。

随着学界对于民众行动和社会抗争的研究深入和认识加深，人们越来越发现将民众的抗争行为冠之以“敌我矛盾”过于武断，忽略了当前中国民众行动和社会抗争的特殊性。仔细观察来看，当前中国的大多数社会抗争都有着介于合法与非法之间的特性，之所以说是合法，是因为他们大多数要求都是合法与合理的；之所以说是非法，是因为他们选择了制度外的参与方式和行动策略。民众选择制度外的参与方式和行动策略实则为无奈之举，这是因为，制度内的渠道不利于民众的利益表达。这体现为：首先，选举政治并不是中国政治过程中最为常见的政治活动；其次，中国的法治化程度不是很高，且有些制度安排并不合理；再次，在以“干部委任制”为支柱的政治单一制②下，地方政府“对上负责而不对下负责”。③于是，我们会看到：由于选举政治不发达，制约了人大制度在代表人民进行利益表达上的功能；由于法治化程度不高，特别是漫长的诉讼程序和高昂的诉讼成本，使民众“信访不信法”；由于信访制度安排上的不合理，特别是在“刚性维稳”和“一票否决”的语境下，信访制度面临着法理上的合法性与实践上的非法性的冲突。凡此种种，民众被迫选择了制度外的参与方式和行动策略，于是社会抗争应运而生。从上述分析来看，我们必须重新审视中国社会抗争的基本属性。归纳来讲，当前中国的民众行动和社会抗争在对待现行社会政治制度上具有如下几方面的特点：

第一，未出现反政权的特征。根据默顿的“失范理论”，社会成员对政权的忠诚与否表现为两个方面：（1）个人所追求的目标是否符合社会规范；（2）个人追求目标所使用的手段是否符合社会规范。以此为标准，

---

① 参见康均心、马力《群体性事件：一个犯罪学应该关注的前沿问题》，《法学评论》2002年第2期。

② 自90年代后期以来，中央政府对地方政府的省级核心领导干部的管理大大加强了，这样做的主要目的是遏制地方主义和宗派主义，加强中央政府的权威，以便保持政治上的统一和稳定。在中国的经济转型中，控制地方核心领导干部成为中央约束地方政府行为的一种主要手段，也是政治单一制的核心特征。参见杨光斌《中国经济转型时期的中央—地方关系新论——理论、现实与政策》，《学海》2007年第1期。

③ 参见杨光斌《公民参与和当下中国的治道变革》，《社会科学研究》2009年第1期。

社会成员的行为可以归纳为五种（见表3－3），在这五种行为中，除“遵从”行为以外，其余四种行为均被视为偏差行为。其中：革新行为是指民众为了追求社会鼓励的目标，采用了不被社会认可的手段，甚至是违法的手段；形式主义是指虽然拒绝了社会提供的目标，但仍然以遵循社会规范的手段行事；退缩主义是指既放弃了社会鼓励的目标，也抛弃了社会认可的手段；反叛行为是指不仅拒绝社会认可的目标和手段，而且试图从个人观念出发，以新的目标和手段来替代，当这种偏差行为涉及政治领域时，通常也被称为革命。在这四种偏差行为中，只有反叛行为具有反政权的特点。而当前中国的民众行动和社会抗争并不属于“反叛行为”，而是属于“革新行为”，即为了追求社会鼓励的目标，采用了不被社会认可的手段，甚至是违法的手段，这也就是上文所提及的，当前社会抗争所呈现出来的兼具合法与非法的两个特性。“革新行为”之所以会发生，其根本原因在于，政府在提供目标和提供手段上存有断裂，即社会成员接受了社会规范的目标，但却无法获得实现这些目标的合乎规范的手段。这在当前表现为，民众接受了“共同富裕”、“小康社会”、“公平正义”等一系列社会规范目标，但是由于实践中“兼顾公平”的力度不够、“社会保障”的投入不足、“征地拆迁”的损害民利、“利益表达”的制度缺乏等，政府没有为民众提供实现这些目标的合乎规范的手段，最终造成了民众维权抗争和自我保护运动。换言之，“民众行动并未体现出反政权反体制的特点，即使是涉及政府与民众之间、官民（干群）之间的冲突，其行动针对的仍然是地方政府或其官员，而非规则、体制；即使是暴力性的对抗行为，一般也仅为经济要求，而非反体制行为”①。

表3－3　　默顿的目标—手段适应方式类型②

适应方式	社会认可的目标	社会认可的手段
Ⅰ 遵从	+	+
Ⅱ 革新	+	-
Ⅲ 形式主义	-	+

① 肖唐镖：《当代中国的“群体性事件”：概念、类型与性质辨析》，《人文杂志》2012年第4期。

② 参见 R. K. Merton, *Social Theory and Social Structure*, Free Press, 1968。

续表

适应方式	社会认可的目标	社会认可的手段
Ⅳ 退缩主义	-	-
Ⅴ 反叛	±	±

注：+表示接受，-表示不接受，±表示以新的目标或手段取代旧的目标和手段。

第二，以地区性的抗争为主。如果说"未出现反体制的特点"旨在证明民众行动的"反官员不反政权"属性，那么"以地区性的抗争为主"旨在证明民众行动的"反地方而不反中央"属性，因此，这一点是对第一点的具体化和再延伸。在现行的单一制国家结构形式下，中央一般被认为是国家政权和体制的代表，而地方只是中央的派出和执行机关。随着20世纪90年代以来，"放权让利"的改革战略和"分灶吃饭"的财政体制的推行，地方政府逐渐成为具有自我利益诉求的行为主体，在对中央决策的执行上也开始有了变通和花样，所谓"上有政策，下有对策"就是这个道理，于是，我们经常会看到，地方在执行上对于中央决策的异化和偏离。① 除此之外，相较于中央，地方还具有如下几方面的不利特点：第一，地方官员特别是基层官员文化素质相对较低，法治意识较为淡薄，思想观念也相对落后一些；第二，在"决策—执行"二分的模式下，地方政府主要负责执行，必须具体落实各种中央政策，包括难度很大甚至是不利于民众的政策，所以地方政府特别是基层政府需要直接面对民众，没有缓冲、无法后退，很容易与民众发生冲突；第三，地方政府特别是基层政府承受着来自各方的压力，夹在上级政府与百姓大众之间，而且面临着"权力有限而责任无限"、"事权下放而财权上收"、"只能执行而无权决策"等多种难题。受这些因素的限制，最终造成了民众"信中央不信地方"的结果。学界的多项研究表明，中国的政治信任状况呈现为一种"差序性格局"和"切割性评价"，即中央政府相对于地方政府更加受到民众的信任。如郑欣在河北某乡的调研就发现，民众对于地方政府和中央政府有着天壤之别的评价，在他们看来，"中央的农村政策都是正确的，法律也是公正的，但问题出就出在那些基层干部身上，以为'天高皇帝

① 民间的很多顺口溜都反映了这种现象，在这里仅列两例。如村骗乡，乡骗县，一直骗到国务院，国务院下文件，一层一层往下念，念完文件上饭店，文件就是不兑现。上级压下级，一级压一级，级级加马，马到成功；下层蒙上层，一层蒙一层，层层加水，水到渠成。

远’，没人能够管得住他们，所以就为所欲为、贪赃枉法”①。对此，刘能评价到，“社会抗争的深层原因，主要是基层政治生态恶化和由此导致的社会信任感丧失。”②

第三，对政府的依赖程度高。虽然社会抗争事件频发，政府承受压力日增，但是，总体而言政府依然具有较高的权威性，民众对政府的依赖性依然很强。这具体体现在抗争的缘起、过程和结果三个方面：（1）从抗争缘起来看，当前的社会抗争具有“主动性的抗争较少，被动性的抗争较多；要求性的抗争较少，保护性的抗争较多”的特征，即社会抗争一般是民众的利益受到侵犯（如征地拆迁、环境危机）或者无法得以保障（如下岗失业、生活窘迫）时才会发生。（2）从抗争过程来讲，民众将问题的解决寄希望于政府，这具体体现在民众在抗争中所使用的口号和标语，因为口号和标语是民众行动的宣言，也是“最基本的动员要素，最简单的运动也要首先形成自己的口号，以表达自己行动的正义性”③。当前民众在抗争过程中所使用的口号和标语大致有四类：第一类为伦理口号，伦理口号具有朴素和古老的特点，它蕴含着“不证自明”的道理，具有天然的“正义性”和“合法性”，如在征地拆迁中，民众所使用的“还我祖先耕地”、“打倒贪官，还我耕地”、“反对腐败，惩治贪官”、“为民做主”、“高物价、高房价、低遣散”等口号就具有信正义、盼清官、讨说法等伦理特色。第二类为法律政策口号，以前的中国大众的法律和政策意识淡薄，有着“不学法、不知法和不信法”等特点，然而受以下几个方面的影响，民众的法律意识被激活：首先是普法工作的推行，其次是大众媒介的宣传和灌输，最后是维权过程中的习得。民众在抗争过程中也开始使用大量的法律政策口号，如“依法选举”、“坚决拥护十七届三中全会”、“坚决反对违法违规用地”、“坚决维护失地农民的合法权益”等。④ 第三类为意识形态口号，如当前中国工人和农民在抗争中就动用了大量社会主义意识形态的修辞，如“工人是国家的主人”、“要社会主义，

① 郑欣：《乡村政治中的博弈生存——华北农村村民上访研究》，中国社会科学出版社 2005 年版，第 159 页。

② 刘能：《当代中国的群体性事件：形象地位变迁和分类框架再构》，《江苏行政学院学报》2011 年第 2 期。

③ 王海光：《旋转的历史——社会运动论》，上海人民出版社 1995 年版，第 192 页。

④ 《百姓监督》，http：//bbs1. people. com. cn/post/71/0/1/102498604. html，2013 - 1 - 5。

不要资本主义”、“工人阶级万岁”等[①]。第四类为领导人的讲话，如“加强三个代表！我们要吃饭，我们要迈步进入小康”[②]。（3）从抗争结果来看，尽管多项研究表明，社会抗争呈现出“燃点多，燃点低”的格局，但是这并未降低政府在百姓中的权威和民众对于政府的依赖，据2006年全国综合社会调查数据显示，在“遭遇不公平对待时最想上诉的部门”这一问题上，49.2%的人选择了本地政府，16.0%的人选择了法院，14.6%选择了本单位领导。[③] 这一数据充分说明，政府在百姓心目中的地位依然很高，依然具有权威性。在此意义上，学界使用了如下的概念来描述和概括当前中国的社会抗争，如欧博文和李连江的“依法抗争”、于建嵘的“以法抗争”、应星的“以气抗争”、肖唐镖的“服从性抗争”等。

通过上述分析，我们可知，大多数民众都把具体的利益诉求作为行动的目标，没有明确的政治目标，而且行动过程中，民众的抗争行为具有诉苦、请愿等特点，其基本出发点是希望政府“倾听民意”、“为民做主”。因此，当前中国的社会抗争不具有反体制的特征，而是一种利益表达和“依法抗争”。在此基础上，“人民内部矛盾”逐渐取代“敌我矛盾”成为政府和学界对于民众行动和社会抗争的基本定性。如中共中央办公厅于2004年颁发的《关于积极预防和妥善处置群体性事件的工作意见》就将群体性事件重新定义为“由人民内部矛盾引发、群众认为自身权益受到侵害，通过非法聚众、围堵等方式，向有关机关或单位表达意愿、提出要求等事件及其酝酿、形成过程中的串联、聚众等活动”[④]。这一定义相较于2000年的定义，淡化了群体性事件的“社会危害性”。与此同时，学界也开始从“人民内部矛盾”的角度来解释群体性事件，并将其看作是“有着自己的信仰、文化价值观和理性策略战术选择的‘有目的’的社会

① Ching Kwan Lee, Pathways of Labour Insurgency in Elizabeth, J. Perry and Mark Selden eds, *Chinese Society: Change Conflict and Resistance*, Routledge, 2003, p. 81.

② Yu Jianrong, *The Plight of China's Working Class Annals of Anyuan*, Mirror Books, 2006, p. 365.

③ 中国人民大学中国调查与数据中心：《中国综合社会调查报告（2003—2008）》，中国社会科学出版社2009年版，第135页。

④ 转引自朱力《中国社会风险解析——群体性事件的社会冲突性质》，《学海》2009年第1期。

行动者”保卫自己权益、表达自己立场的一种理性行为。[1] 学者们也开始从多个面向来观察民众的抗争行为，力图呈现出一幅“横看成岭侧成峰，远近高低各不同”的社会抗争图景，这主要包括三个方面：第一，侧重于群体性事件的反常规特征，强调群体性事件的制度外参与、暴力性色彩和破坏性结果；第二，突出群体性事件的目的合法性，尽管民众采取了“聚众”、“非法”等手段，但在本质上依然是一种维权行为和自我保护运动；第三，强调群体性事件中的策略理性，总体而言，民众在抗争的过程中大体保持了基本理性，表现为一种依法抗争、以法抗争和服从性抗争，之所以如此，其根本原因在于民众抗争的诉求主要是社会公正而非政治性追求。

第二节　需求背后的权利逻辑

一　权利的概念及其分类

权利（right）是一个人之所以为人的必备要件，也是人权理论的基础。正如人权理论家所主张的那样：“所有人仅仅因其为人而具有一定的、不可剥夺的政治权利。”[2] 权利是连接社会与国家的主要纽带，也是解释国家与社会关系的主要维度，社会需求也主要表现为一系列的权利需求。随着政治现代化的推进，现代国家的合法性清晰而不可动摇地建立在大众主权概念之上，无论是民主的，还是不民主的政权，都必须通过宣称代表人民来构建其合法性。[3] 因此，如果社会需求的内涵发生变化，国家的政策也会相应地发生改变。马歇尔从西方的历史发展和社会实践出发，将民众的权利需求抽象为三种：公民的要素（civil element）、政治的要素（political element）和社会的要素（social element），在此基础上，裴宜理基于东西方的差异，进一步将其凝练和合并为公民与政治权利和经济与社

① 刘能：《当代中国群体性集体行动的几点理论思考：建立在经验案例之上的观察》，《开放时代》2008 年第 3 期。

② 转引自［加拿大］贝淡宁《超越自由民主》，李万全译，上海三联书店 2009 年版，第 60 页。

③ 参见［印度］帕萨·查特杰《被治理者的政治：思索大部分世界的大众政治》，田立年译，广西师范大学出版社 2007 年版，第 32 页。

会权利两种。①

所谓公民与政治权利，即马歇尔所强调的公民的要素和政治的要素，公民的要素由个人自由所必需的权利组成，如人身自由、言论自由、思想和信仰自由，拥有财产和订立有效契约的权利以及司法权利；政治的要素指的是公民作为政治权力实体的成员或这个实体的选举者，参与行使政治权力的权利，这包括投票权、担任公职的权利等。② 一般而言，公民与政治权利主要是指政治自由和选举权利。所谓经济与社会权利，即马歇尔所强调的社会的要素，指的是从某种程度的经济福利与安全到充分享有社会遗产并依据社会通行标准享受文明生活的权利，这包括：就业权、社会保障权利（福利津贴、失业津贴、保健津贴、退休金等）、享有一定水平的公共设施和公共服务的权利。③ 在马歇尔看来，经济和社会权利有一个最低限度和最高限度之分，最低限度是指每个公民都可以从国家获得基本的最低经济支持，即"获得适量经济福利和安全的权利"，最高限度是指"全面分享社会遗产和按照通行的标准过文明生活的权利"，通俗地讲，经济和社会权利的最低限度要保证人们"活着"，最高限度则要追求人们"尊严且文明地活着"。

如上所述，民众对于权利的需求具有多样性，如马歇尔所开列出来的公民权利、政治权利和社会权利三项，即使经过裴宜理的浓缩，依然包括公民与政治权利和经济与社会权利两项。一方面，这些权利是紧密相连的，是一种集体性质的"权利形式"，不可以只顾及一种而忽视其他，否则就会出乱子，所以，任何一个政府都必须兼顾各种权利；另一方面，我们又会清晰地发现，对于政府而言，在任何一个时期都会有一个中心的政策议程，会优先发展和解决某一种权利，所以，这种权利的安排和发展又会存有一个轻重缓急的先后次序。那么，国家和政府又该如何来安排这种权利发展上的先后次序呢？毋庸置疑，一个国家的权利观念，一个个体的权利话语深深地根植于这个国家的文化传统之中，不同的文化传统也就塑造了不同的权利观念。正如贝淡宁所指出的，"某个特定社群的成员可能

---

① 参见［美］裴宜理《中国人的"权利"概念——从孟子到毛泽东延至现在（上）》，余锎译，《国外理论动态》2008 年第 2 期；裴宜理：《中国人的"权利"概念——从孟子到毛泽东延至现在（下）》，余锎译，《国外理论动态》2008 年第 3 期。

② Marshall T. H and Bottonmore. T, *Citizenship and Social Class*, Pluto Press, p. 8.

③ Ibid.

会广泛地坚持传统价值，而且认为它们是可以为之辩护的，而这会影响对权利优先性的看法。不同的社会可能会对权利的优先性认识不同，当面对相似的恶劣环境之时，它们可能会对何种权利应受限制的看法不同”[①]。由于文化和传统的差异，东西方在对待权利上也呈现出一种截然不同的逻辑，在西方的观念中，公民和政治权利被置于了优先的位置。与之相反，在中国的观念中，经济和社会权利则被看得尤为重要。

二　公民与政治权利优先的西方逻辑

（一）基于文化传统的考察分析

正如有学者指出的，西方公民意识的形成是一个原生态的、内在的自发过程[②]。这一自发过程的重要背景就是，西方社会由封建主义向资本主义的过渡。所以，在公民意识萌发之时，遇到的最大挑战和敌人就是专制主义，为了反对专制，西方社会构建起了以自由主义为核心的政治学说和权利观念。自由主义是以自由作为主要政治价值的一系列思想流派的集合，基本主张为保护以个人自由为核心的公民与政治权利，正如裴多菲在《自由与爱情》的诗歌中所描述的那样：“生命诚可贵，爱情价更高。若为自由故，两者皆可抛。”在自由主义看来，公民与政治权利相较于其他权利具有天然的优先性，这一观念从洛克的“自然权利”概念开始一直延伸至罗尔斯的“正义”理论。这具体体现在以下四个方面：

第一，国家起源理论对于公民与政治权利的强调。

对于这一话题的探讨，我们需要回归至洛克。这是因为：（1）人权理论最早是在洛克的《政府论》下篇中得到了全面阐述[③]；（2）洛克从国家起源、国家治理原则及制度安排三环节对自由主义政治逻辑做出了完整表达[④]。洛克认为，在国家产生之前，存在一个自然状态，生命、自由、财产是自然法为人类规定的基本权利，是不可让与、不可剥夺的自然权利。然而，由于自然状态既没有一种明文规定的法律作为裁决人们之间纠纷的共同尺度，又缺少一个公共的裁判者和公共权力来保证裁决执行，所以，有些人由于利害关系而心存偏私，或者由于对自然法缺乏认识而不遵守自然法，常常用强力去剥夺他人的自由。为了保护个人自由和个人自

① ［加拿大］贝淡宁：《超越自由民主》，李万全译，上海三联书店2009年版，第60页。

② 傅慧芳：《中国公民意识的本土特质》，《东南学术》2012年第5期。

③ ［加拿大］贝淡宁：《超越自由民主》，李万全译，上海三联书店2009年版，第61页。

④ 潘小娟、张辰龙：《当代西方政治学新词典》，吉林人民出版社2011年版，第469页。

由的基础——私有财产，人们便通过订立契约的形式，自愿放弃自己惩罚他人的权利，把这一权利交给他们中间被指定的人，按照社会群体成员或他们授权的代表所一致同意的规定来行使。当人们这样做了之后，国家就产生了。“这就是立法和行政权力的原始权利和这两者之所以产生的缘由，政府和社会本身的起源也在于此。”① 由此可见，在自由主义者看来，国家的起源和目的旨在保护以自由为核心的公民与政治权利。正如洛克所指出的，国家即政府权力的性质“不是，并且也不是专断的”②，而是为了保护人民的自由。

第二，有限政府理论对于公民与政治权利的强调。

在自由主义者看来，要想更好地保护个人自由，就必须对国家权力进行有效的限制。这是因为，正如洛克所指出的那样：没有任何好的理由可以认为，统治者会主动地为公民自由地追求其利益提供一种适当的框架。③ 所以，必须对合法认可的政府权力加以限制。这一限制的实践成果也就是“有限政府”。这里的“有限政府”主要有两层含义：一方面是政府的责任有限，即政府的角色仅仅在于保证实现个人公民与政治权利所必需的社会秩序。另一方面是政府的权力有限，政府的权力受到了多方制约和限制，这包括：（1）人民主权的限权方式，具体做法就是实行竞争性选举，通过无记名投票、定期选举、政治代表候选人之间的竞争等，让统治者对人民负责。（2）宪政法治的限权方式，具体做法就是实行国家权力的非人格化，通过以宪政为核心的法治化建设，进而“限制国家权力”和“保护公民权利”。（3）分权制衡的限权方式，这包括横向分权和纵向分权两个方面，所谓横向分权也就是孟德斯鸠所倡导的立法、司法和行政的三权分立，其主旨在于通过“分权与制衡”，进而达致“以权力制约权力，以野心对抗野心”的效果。在麦迪逊看来，仅有横向分权是不足以限制政府权力的，还必须进行纵向的分权，即通过联邦制在中央和地方之间进行权力的划分，中央的归中央，地方的归地方。（4）公民社会的限权方式，即主张国家与社会的分离，在此基础上，对国家行动的范围进行严格的限制，在此之外的私人领域，个人则享有充分的自由，且不受国家

---

① ［英］约翰·洛克：《政府论》，商务印书馆 1981 年版，第 78 页。

② 同上书，第 83 页。

③ 转引自［英］戴维·赫尔德《民主的模式》，燕继荣等译，中央编译出版社 2008 年版，第 84 页。

暴力的干预和威胁。

在“有限政府”的理论和实践下，国家权力被维持在了“最低限度”，仅仅充当着“更夫”和“守夜人”的角色。从本质上来讲，“有限政府”理论的实质是对于公民与政治权利的强调。这是因为，不同的权利具有不同的属性，也对国家角色有着不同的要求。就公民与政治权利而言，为了保护个人自由，国家需要收缩自己的权力触角，扮演一个消极的角色。对于经济与社会权利而言，为了保障经济和社会公正，国家需要加强对经济和社会的干预，扮演一个积极的角色。在自由主义看来，过多的政府干预蕴含着专制的可能与风险。所以，有限政府的实践，也就意味着对于公民与政治权利的强调和彰显。正如裴宜理所指出的：“美国对于社会公民权利（即经济与社会权利）的承诺则弱得多。美国的政治哲学家谨慎考虑政府的主要功能，他们一贯强调对个人自由的保护，并赞赏对于国家干预实行严格的限制，这些观点已经深入美国大众的政治神经。”①

第三，社会革命理论对于公民与政治权利的强调。

洛克除了强调人们有参与和订立契约的权利和义务之外，还强调了人们有退出契约的权利和义务。在洛克看来，政府也是契约的参与者，因此，统治者不得超出契约规定的范围，侵犯人民所保留的自由和财产权利。一旦这种侵权行为发生，那么，人们就可以废弃契约，进行社会革命。这里需要指出的是，以洛克、杰斐逊为代表的西方自由主义者认为，社会革命的合理性仅仅在于反对专制统治和保障公民与政治权利，而非在于诸如社会福利、小康、平等方面的经济社会不正义。正如杰斐逊所指出的：“如果统治者不能不时地从人民有反抗的精神这一事实中得到警告，那么什么国家能保证其自由权利呢？让人民拿起武器……国家威权与专制的流血是天然的养料，自由之树在其中常青。”②

第四，社会正义理论对于公民与政治权利的强调。

面对 20 世纪五六十年代，平权运动和越南战争对西方自由主义的挑战，特别是如何在公民与政治权利和经济与社会权利之间进行取舍和平衡，是自由主义亟须解决的难题。为了回答这一难题，自由主义开始发展至新自由主义，罗尔斯就是这方面的代表。为了解决正义问题，罗尔斯提

---

① ［美］裴宜理：《中国人的“权利”概念——从孟子到毛泽东延至现在（上）》，余锎译，《国外理论动态》2008 年第 3 期。

② Thomas Jefferson, *Letter to William S. Smith*. Paris, November, 13, 1787.

出了“平等自由原则”和“差别原则”。其中“平等自由原则”要优先于“差别原则”。换言之，所有人都应先拥有一定的基本权利，然后再考虑社会整体的高福利。由此可见，即使自由主义在对待不同权利的态度上有所调整，但是这种调整并没有改变自由主义的核心价值，在权利的排序上，以自由为核心的公民与政治权利依然具有优先性。

由上述讨论可知，在西方自由主义的语境中，公民与政治权利具有天然的优先性。这种优先性表现为：国家的首要功能在于保护公民与政治权利，有限政府设计同样在保护公民与政治权利，而社会革命的理由在于专制而非贫穷，即使是旨在关注社会福利的正义理论，依然将公民与政治权利放在了优先考虑的位置。

（二）基于社会实践的考察分析

上述的讨论主要侧重于文化和逻辑方面，虽然这种讨论有点抽象和枯燥，但是这对于我们了解西方的权利逻辑至关重要。为了让这种讨论更为丰富，也更能形象地展示西方社会对于公民与政治权利优先性的强调，接下来的讨论将转向社会实践方面，本书将借助一些历史事实和新近案例来进一步揭示西方社会对于公民与政治权利的青睐。

第一个案例，英国社会的权利演进。

正如马歇尔所指出的：“历史的分析要比逻辑的分析更清晰。”① 为此，他以英国为例，考察了英国社会的权利演进过程。他指出，尽管这些权利之间有所重叠，但是依然可以勾画出每种权利的大致发展时期：公民权利发展于17—18 世纪，政治权利发展于18—19 世纪，社会权利发展于19—20 世纪。（见表3－4）马歇尔进一步指出，这三种权利存在一种累积性的效应，其中，公民权利和政治权利是社会权利实现的必要条件和前提保障。

表3－4　　　　英国社会的权利演进

时间	权利	制度
17—18 世纪	公民权利	法治建设
18—19 世纪	政治权利	普选制度
19—20 世纪	社会权利	福利国家

① ［英］T. H. 马歇尔、安东尼·吉登斯等：《公民身份与社会阶级》，郭忠华、刘训练编，江苏人民出版社2007 年版，第3 页。

公民权利主要是指个人自由，它包括人身自由、言论自由、思想和信仰自由、身体的不可侵犯性和对诸如金钱、土地和房屋等财产的排他性占有等，这在法律上体现为一系列的实体性权利，比如生命权、自由权、住宅不受侵犯、迁移权、契约自由、自由选择职业权等，要想对这些权利予以有效的保护，必须有健全的法律体系。英国公民权利的发展最早可以追溯到1215年的《大宪章》，《大宪章》明确地提出了要保障人的宗教、生命、人身和财产的权利，其最重要的意义在于确立了“王权有限、法律至上”的宪政原则，这为公民权利在17—18世纪的兴起提供了重要的制度资源。17—18世纪可谓是英国公民权利发展的兴盛时期，在这一时期出现了一系列的有关公民权利的法律文件：1628年的《权利请愿书》，重申了《大宪章》中有关保护公民自由和权利的内容；1659年废除了《书报检查法案》，出版事业获得了相对的自由；1679年的《人身保护法》要求国王不得任意处置反政府人士；1689年的《宽容法》又确立了宗教宽容原则；1763—1769年的威尔克斯事件①进一步扩大了公民的新闻出版自由权；1829年的《天主教解放法》又取消了对天主教徒的政治歧视。

在经历了17—18世纪的公民权利发展之后，英国又迎来了18—19世纪的政治权利发展。政治权利主要表现为政治自由、投票权、担任公职的权利等。英国政治权利的发展主要表现为普选权的确立。所谓普选权即指所有的成年人都有权参与选举和被选举，不论性别、肤色、家庭出生、宗教信仰、财产状况和受教育程度。在18—19世纪之前，英国虽然也存在选举，但那只不过是富人的游戏，1429年的法律曾规定，只有年收入超过40先令的居民才具备选举资格，到了1679年，这一资格更是被提高到了年收入200镑。进入19世纪之后，英国开始进行了一系列的选举改革。1832年第一次选举改革降低了选民的财产资格；1867年的第二次选举改革使一部分熟练工人获得了选举权；1884年的第三次选举改革使部分农业工人也拥有了选举权。可以说，经过整个19世纪的努力，英国在男性普选权方面获取了巨大成功，这也为英国普选权的最终确立奠定了基础。

① 威尔克斯事件：约翰·威尔克斯（John Wilkes，1727—1797），英国记者、政治家，他于1757年进入议会，1763年他在《北不列颠人报》上撰文反对比特勋爵的政府，攻击国王和内阁，由此被下院除名。1768年、1769年他又两次当选下院议员，但又分别被下院除名。由于他主张维护新闻自由和保护公民权利，这引起了民众的同情和支持，英国许多地方爆发了支持威尔克斯的集会，经过威尔克斯本人及其支持者的争取，最终扩大了英国的新闻出版自由。

在此之后，英国于1918年首次将选举权赋予了30岁以上的女性，十年之后，又取消了对妇女选龄的限制，使妇女获得了同男性一样的投票权。1969年的《人民代表法》又将选民年龄由21岁降低至18岁，从而使普选制度在英国最终确立。

18世纪兴起的公民权利以及19世纪兴起的政治权利，使英国在保护个人自由上获得了空前的成功。与此同时，英国也面临着诸如贫富差距以及社会运动等一系列难题。受以下两个因素的影响，有关社会权利的问题开始被提上政府议程：（1）随着普选权的确立，绝大多数弱势群体被赋予了合法参与、影响政府决策的权利，为了竞争选票，各大政党不得不认真对待弱势群体对于教育、健康、最大生活保障等方面的要求；（2）受1929—1933年经济“大萧条”的影响，英国政府开始反思奉行良久的不干预政策，并最终接受了凯恩斯主义，逐渐走向对市场的干预和调节。在此基础上，英国于1941年成立了社会保险和相关服务部际协调委员会，着手制订社会保障计划，经济学家贝弗里奇出任该委员会主席。第二年，贝弗里奇提交了《社会保险和相关服务》的报告，学界称之为“贝弗里奇报告”，该报告在对英国社会保障现状进行分析和反思的基础上，系统勾画了英国战后社会保障计划的宏伟蓝图。紧接着，英国于1944年9月发布的关于社会保险的白皮书指出：政府有责任采取措施防止民众由于自己不能控制的原因而陷入贫困，改革后的国民保险制度将是一种综合性的社会保障制度，它将覆盖所有民众以及所有风险。经过英国政府的努力，1948年英国首相艾德礼正式宣布，英国建成了世界上第一个福利国家。

第二个案例，美国社会的持枪自由。

政治理论家路易斯·哈慈（Louis Hartz）曾这样评价美国社会：“一种对洛克的民族主义式表达，却对洛克牵涉其中一无所知。”① 在他看来，美国人有着浓烈的洛克情节，他们对于自由主义传统的热爱和恪守已经深入到了骨子里。美国社会多年来有关“持枪自由”的讨论就是这一方面的体现。

2012年12月14日，美国康涅狄格州发生校园枪击案，这次枪击案共造成28人丧生，其中包括20名儿童，这也成为自2008年以来最血腥、死亡人数最多的一次校园枪击案。这次事件再次将“持枪自由”这一古

① Louis Hartz, *The Liberal Tradition in America: An Interpretation of American Political Thought since the Revolution*, New York: Harcourt Brace and World, 1955, p. 11.

老话题推向前台。在美国，持枪自由向来被认为是公民的一项重要权利，根据2009年的统计，美国约有3.1亿把非军用枪械，这相当于几乎每人有一把。[①] 与高持枪率相伴的则是，美国的高枪击案及与之相关的高死亡率。据统计，在1982—2009年期间，美国共发生过60多起重大枪击案，每年约有3万多人死于枪击，20多万人因枪支暴力受伤，同其他发达国家相比，美国人死于枪击的概率高出了20倍。[②] 事实上，在美国枪击案每年都在发生，而有关“枪支管控”的辩论也年年在进行，但是每次都是无果而终。这让很多东方人难以理解，一向标榜重视人权和珍视生命的美国政府，面对节节攀升的枪击案例和死亡人数，为何会无动于衷，美国政府为何不下禁枪令？

其实，美国政府一直在尝试限制“持枪自由”，比如，在康涅狄格州的校园枪击案发生之后，美国总统奥巴马就提出了枪械管制措施的建议，但是这种建议刚一提出，全美就爆发了反对枪械管制的示威游行。据《华盛顿邮报》和美国广播公司于2012年12月17日进行的联合调查显示，尽管民众对于“持枪自由”的态度不再那么坚决，但是仍有近3/4的美国人反对全面禁枪。为何会如此？对于这一问题的探讨，我们需要回归至美国宪法的第二条修正案——“纪律严明的民兵是保障自由州的安全所必需的，人民持有和携带武器的权利不可侵犯”，这条宪法修正案明确赋予了美国公民持枪的自由。之所以增加这么一条，这是因为，根据自由主义的原则和精神，政府的目的在于保护个人自由，为了保护个人自由必须对政府权力加以限制，而“持枪自由”有助于限制政府权力、防止政府专制，这表现为：（1）持枪自由有助于保证联邦制，抵抗联邦政府对州权力的侵犯，维护“自由州”；（2）持枪自由有助于保护公民权利，抵抗政府对公民权利的践踏，保护个人自由。美国联邦法院大法官斯卡利亚对此解释道：一旦取消公民持枪权利，政府就可以压制公民的权利，逐渐建立暴政。从这个意义上说，持枪权也是公民权的重要组成部分，或者说是美国宪政的重要一环。[③]

由上述讨论可知，有关“持枪自由”和“枪械管制”的争论，隐含

① 《奥巴马说要控枪，美国人赶紧买枪》，源自网络。

② 《美国人权纪录：美国枪支暴力和枪击致死率在发达国家中最高》，源自网络。

③ 孙兴杰：《奥巴马为何只流泪不敢说“禁枪”?》，http：//viewpoint. inewsweek. cn/ columns/ columns -2792 - p -2. html，中国新闻周刊网，2013 -1 -22。

着美国人强烈的权利逻辑。在信奉自由主义传统的美国人看来，个人自由最大的威胁来自于政府的专制，虽然禁枪令有助于保护个人生命，但是这会造成一个侵犯个人自由的专制政府，以及面对这种专制政府时的无力。正如张星久教授所指出的，“公民的恶都是小恶，但是一旦政府纵容、滥用公权力，那就是大恶。”这也就是裴宜理所说的，美国人“一贯强调对个人自由的保护，并赞赏对于国家干预实行严格的限制，这些观点已经深入美国大众的政治神经”①。

三　经济与社会权利优先的中国观念

与西方将公民与政治权利放在优先的位置不同，中国则对经济与社会权利给予了足够关注，一个鲜明的例子就是中美有关人权的相互批评和指责。几乎每一年，美国政府都会发布一份《中国人权报告》，对中国的人权事业进行批评，认为中国的人权事业“朝着错误的方向前进”。这些批评涉及言论自由、互联网自由、宗教信仰、少数民族权利以及劳工权益等诸多方面。而作为回应，中国政府也会相应发布《美国的人权纪录》，表示对美国的人权事业不敢恭维，指责美国实行种族歧视、漠视穷人和无家可归者，以及对暴力缺乏有效的控制和由此造成的公民的生命、财产和人身安全得不到应有的保障。由上述可知，在有关人权的争论和交锋中，中美双方实际上奉行了两套不同的权利逻辑，即美国的关注点在于以人身自由为主的公民与政治权利，而中国则更看重以社会保障为主的经济和社会权利，正如《2004 年中国人权事业的进展》白皮书所指出的那样：“中国政府继续将保障和推进人民的生存权和发展权放在首位。”

就中国而言，尽管人权事业一再被美国批评和谴责，但是中国政府并没有因此遭遇道德的真空，依然在大众那里获得了较高的支持和认同。这又是为何？在裴宜理看来，尽管当前中国官方和大众的话语中频繁使用着“权利”这一词汇，但是他们对于“权利”的运用大多框定在孟子、毛泽东而非洛克、杰斐逊的话语中。而以往的众多讨论和研究都忽视了这一点，以至于我们陷入了一种被英美的权利话语深深影响的规范性腔调。②这也正如贝淡宁所质疑和批评的那样：“人权：自由主义是唯一的道德基

---

① ［美］裴宜理：《中国人的“权利”概念——从孟子到毛泽东延至现在（上）》，余钢译，《国外理论动态》2008 年第 3 期。

② ［美］裴宜理：《中国人的“权利”概念——从孟子到毛泽东延至现在（下）》，余钢译，《国外理论动态》2008 年第 4 期。

础吗?"① 答案显然是否定。在西方社会之外，中国人对权利有着独特的理解。所以，要想更好地理解中国人的权利观念，需要回归至孟子等中国思想家的传统，而非继承洛克等西方自由主义的衣钵。

中国传统思想对于权利观念的探讨主要体现在以下三个方面：

第一，政权的合法性在于满足民众对于经济与社会权利的要求。当然，孟子并没有在他的理论中使用"权利"这一概念，但是他确实强调了经济与社会福利同政权合法性之间的关系。孟子从"天命"这一概念出发，指出统治的权力来自于"天命"。而"天"与"人"之间存有关联，"天听自我民听"、"天视自我民视"。在此基础上，孟子进一步指出，政权的来源在于"天与之，民与之"，"民为贵，社稷次之，君为轻，是故得乎丘民者而为天子"。经过这一内在转换，孟子将政权的合法性与民意人心建立了联系，从某种程度上来讲，在孟子那里已经隐含了一种"大众主权"（popular sovereignty）的思想雏形，即"天下非一人之天下，乃天下人之天下"，所以统治者的统治需要被统治者的认同和支持。接着，孟子又指出"天命靡常"，政权的合法性并非是连续性的，它需要通过大众支持而不断更新。具体做法就是行仁政，提供百姓生计所需，也就是孟子所说的"保民而王"。在梁惠王问计孟子"何以为王?"时，孟子详细地阐述了"保民而王"的思想。孟子说道："是故明君制民之产，必使仰足以事父母，俯足以畜妻子；乐岁终身饱，凶年免于死亡。然后驱而之善，故民之从之也轻。"② 由此可见，在以孟子为代表的中国传统思想中，政权的合法性在于"保民"，而"保民"的要义在于满足"民生"，即维系百姓的生存和发展，使之"乐岁终身饱，凶年免于死亡"。由此可见，与西方试图在"权利"与"自由"之间建立联系不同，中国则努力将"权利"与"生计"等同起来，把经济与社会权利放在了优先考虑的位置。正如"亚洲价值"（即以儒家文化为代表的东亚价值）的倡导者李光耀所指出的那样，发展中国家的领导人应当将消除贫困放在最重要的地位，"我的首要任务就是让我的国家摆脱贫困、无知与疾病的泥潭。既然是可怕的贫困让人的生命变得如此低贱，那么与贫困相比其他的事情都是

① ［加拿大］贝淡宁：《超越自由民主》，李万全译，上海三联书店2009年版，第61页。
② 《孟子·梁惠王上》。

第二位的了"[1]。

第二，革命的合理性在于政权对民众的经济与社会权利的忽视。与西方自由主义所倡导的"反专制"革命逻辑不同，中国传统文化的革命逻辑则是"反贫穷"。孟子曾带有警告性的指出："……饥者弗食……民乃作慝。"[2] 在孟子看来，如果统治者忽视对民生的关注，使百姓处于"食不果腹，衣不蔽体"的饥饿状态和死亡边缘，那么百姓就会起义。中国历代的农民起义都继承了孟子的这一逻辑，如果仔细观察一下中国历史上的历次农民起义，我们不难发现，起义跟生计有着紧密的关联。从陈胜吴广所使用的"王侯将相宁有种乎"，到东晋末年的"富者有弥望之田，穷者无立锥之地"的民不聊生，再到宋朝王小波、李顺起义时所使用的"吾疾贫富不均，今为汝等均之"，以及之后李自成的"均田免粮"和太平天国的"有田同耕，有饭同食，有衣同穿，有钱同使，无处不均匀，无人不饱暖"等，即使到了新民主主义革命时期，革命的主要口号"打土豪，分田地"也是以强调"百姓生计"为主。因此，我们可以从中国古代的历史经验中得出"国家之忧在民贫"这么一个结论。正如裴宜理所指出的，"毛泽东和孟子一样强调农民是政治的决定性力量，且二人都相信农民的贫穷是革命的根本原因"[3]。从这个角度来看，马克思主义之所以能够为中国所接受，是因为马克思主义所强调的"经济决定论"和中国传统文化对于"百姓生计"这一经济与社会权利的强调有着密切的联系。

第三，只有满足了经济与社会权利才能够达致一个良好的政治秩序。孟子对此就曾论证到："无恒产而有恒心者，惟士为能。若民，则无恒产，因无恒心。苟无恒心，放辟邪侈，无不为己。及陷于罪，然后从而刑之，是罔民也。焉有仁人在位，罔民而可为也。"[4] 在孟子看来，对于一般百姓而言，如果缺乏相应的生计物资，便会失去道德标准和行为准则，就会放荡无耻，无恶不作。如果说，孟子的论证是一种反向论证，那么管子则从正面论证了经济与社会条件对于百姓德行的影响。正如《管子·

① 转引自［加拿大］贝淡宁《超越自由民主》，李万全译，上海三联书店 2009 年版，第 54 页。

② 《孟子·梁惠王上》。

③ ［美］裴宜理：《中国人的"权利"概念——从孟子到毛泽东延至现在（上）》，余钢译，《国外理论动态》2008 年第 3 期。

④ 《孟子·梁惠王上》。

牧民》中所指出的“国多财则远者来，地辟举则民留处，仓廪实而知礼节，衣食足而知荣辱”①。对此，美国学者本杰明·史华慈（Benjam Schwatrtz）总结道：“在不同的书经中，特别是在《孟子》中，大众的德行是由他们的经济福利状况所决定的——这一观点已表现得相当明显。”②在现代社会中，这一观念又变形为，经济与社会权利是公民与政治权利的前提，只有实现前者才能达致后者，正如国务院新闻办公室发布的《中国的人权状况》所指出的那样：“中国认为，生存权和发展权是首要人权，没有生存权、发展权，其他一切人权均无从谈起。”③

我们可以从上述的讨论得出这么一个简单的结论：在中国传统文化和思想看来，良政栖于对百姓生计的保障，这包括两个方面：一个是保障民众的生存，另一个是关注社会的公正。前者指向所有人，而后者指向那些弱者。由此可见，生存与发展这对概念并不是中国哲学家与政治家提出的简单而抽象的符咒，它们是中国普通人政治思维与行动方式的核心。也因此，与西方政权的合法性建立在对个人自由和政治自由的保护上不同，中国的政治合法性首先是清晰而不可动摇地建立在了保障民生和关注经济与社会权利的基础之上。

第三节　需求转向的社会基础

一　我们是一个公民社会吗？

为何说当前中国主流的社会需求和核心议题是“社会公正”而非“自由民主”？一方面，这跟中国传统文化的影响有关，即经济与社会权利相较于公民与政治权利的优先性，所以，在“社会公正”与“自由民主”的两相比较之下，中国人对于“社会公正”更为青睐。另一方面，这也跟当前中国的社会现状有关，从社会现实来看，当前中国还缺乏一个能够承载民主价值的多元、自主、自治和具有公共精神的公民社会。

公民社会作为西方的舶来品，它被当作是民主制度的基础和保障。一

① 《管子·牧民》。

② Benjam Schwatrtz, In Search of Wealth and Power: Yan Fu and the West, Cambridge: Harvard University Press, 1964, p. 11.

③ 中华人民共和国国务院新闻办公室：《中国的人权状况》，1991 年 11 月。

方面，从公民社会的基本内容来看，公民社会蕴含着浓厚的自由主义思想，无论洛克所强调的“社会先于国家”和“国家受制于其对社会的承诺”的观点，还是孟德斯鸠以及之后的托克维尔所强调的社会相对于国家的分立自治及相互制衡的观点，都是这方面的体现；另一方面，从公民社会的近代复兴来看，公民社会在近代复兴的一个主要原因就是，19 世纪末期以来，“国家主义”的扩张及对公民社会的侵吞和渗透，为了抵抗猖獗的“国家主义”，西方政治理论家们希望通过对于“公民社会”的复兴来重塑“国家与社会关系”。因此，从社会基础决定上层建筑的角度来看，一个民主政体的社会基础应该是公民社会。

中国对于公民社会的提倡和研究兴起于 20 世纪 90 年代，随着改革开放的深入和市场经济的发展，国家对于社会的管制逐渐放松，社会也逐渐从国家领域分离。在此背景下，20 世纪 90 年代政治学界最为流行的就是国家与社会的二元分析框架，旨在发现公民社会在中国的萌发，公民社会理论也逐渐成为中国的一种主流解释模式。然而，随着研究的深入，学者们越来越发现理论和现实之间的断裂和张力，那就是，从公民社会的应然标准来判断，我们还不是一个公民社会。对此，徐勇教授以自身的研究经历感慨道：“笔者早在 20 世纪 90 年代初开始‘发现社会’，提出了国家政治和社会政治的二分法，并一直从社会的角度研究农村村民自治和城市社区自治。10 年后，笔者开始‘回归国家’，……因为，没有一个现代国家，现代公民社会也难以构建起来。”①

公民社会之所以还没在中国成长起来的一个重要原因就是，由于中国的现代化是一种“后发外生型”现代化，它是在市场经济不发达、臣民文化根深蒂固、国内国际局势内忧外患的背景下发生的②，本身具有先天不足的劣势。尽管中国进行了努力赶超，但是，时至今日，仍存在众多制约因素，制约着中国公民社会的成长和发育。对比公民社会的标准来看，当前中国社会的制约因素和相关差距主要表现在如下几个方面：

第一，在社会结构方面，公民社会强调“同质性”，而当前中国的社会呈现出一定的“异质性”。公民社会理论指出，一个能够对抗国家、保持稳定和实行自治的社会应该是一个以中产阶级为主的“橄榄型社会”，

① 徐勇：《“回归国家”与现代国家的建构》，《东南学术》2006 年第 4 期。

② 傅慧芳：《中国公民意识的本土特质》，《东南学术》2012 年第 5 期。

在这一社会中，社会的同质性较高，富者和贫者都比较少，占社会大多数的是中产阶级。一方面，所谓“有恒产者有恒心”，中产阶级的存在有利于整个社会的稳定；另一方面，中产阶级的受教育程度相对较高，有利于自我管理，实行社会自主和自治。从中国的现状来看，由于地区之间、城乡之间发展的不均衡性，中国社会的异质化程度较高，正如邓正来所指出的，中国社会并非“铁板一块”，由于“城乡二元格局”的存在，根本无法把农村这个庞大的社会领域纳入到公民社会的范畴中来。① 学界的多项研究表明，由于整个中国社会有着明显的贫富差距和分割，中国并不存在一个支撑公民社会的庞大的中产阶级，中产阶级仅占人口总数的15%左右。对此，孙立平用“断裂社会”来描述20世纪90年代以来的中国社会。断裂社会是指在社会等级与分层结构上一部分被甩到社会结构之外，而且在不同的阶层和群体之间缺乏有效的整合机制。在现实意义上这是指明显的两极化，由于严重的两极分化，人们几乎是生活在两个完全不同的社会之中，而且这两个社会在很大程度上是互相封闭的。② 在李强看来，中国社会结构不仅没有达到公民社会所强调的“橄榄形”状态，甚至连“哑铃形”都不算，只能算是“倒丁字形社会结构”，占人口绝大多数的农村社会约有97.6%处于底层，即倒丁字的那一横。③

第二，在政治文化方面，公民社会强调“参与型”的政治文化，而当前的中国社会仍属于“臣民型”的政治文化。在阿尔蒙德和维巴看来，按照民众与政治系统的关系，大致有三种类型的政治文化：（1）村民型，民众与政治系统保持疏离状态，“中央政府的专业机构几乎不可能接触到市民、村民和部落成员的意识”④，公民既不关注政治系统的“输出”也不关注政治系统的“输入”。（2）臣民型，民众与政治系统的关系主要在输出而非输入阶段，这表现为：一方面，民众开始受到国家相关政策的影响；另一方面，民众参与热情不高，尚无法对政治系统的输入形成影响。（3）参与型，民众与政治系统的联系既在“输出”阶段也在“输入”阶

① 邓正来：《“生存性智慧模式”——对中国市民社会研究既有理论模式的检视》，《吉林大学社会科学学报》2011年第2期。

② 孙立平：《失衡：断裂社会的运作逻辑》，社会科学文献出版社2004年版，第5页。

③ 李强：《“丁字型”社会结构与“结构紧张”》，《社会学研究》2005年第2期。

④ ［美］加布里埃尔·A. 阿尔蒙德、西德尼·维巴：《公民文化——五个国家的政治态度和民主制》，徐湘林译，东方出版社2008年版，第17页。

段，民众在受到国家影响的同时也开始积极影响国家。就当前中国而言，民众与政治系统仍然保持着一种疏离状态，政治参与热情不高，公共精神缺乏。大多数人都将“各扫自家门前雪，莫管他人瓦上霜”作为自己的处世哲学，将更多的精力放在了“经济领域”而非“政治领域”、“私人领域”而非“公共领域”，“宅男”、“宅女”、“政治冷漠”等当前流行词汇就是这一方面的反映。

第三，在参与方式方面，公民社会强调的是一种“主动性参与”，而当前中国社会则表现为一种“被动性参与”。之所以存有这两种差别，这是因为人们对于政治的理解不同。公民社会强调的是一种“权力政治学”，即政治的核心是权力，人们只有积极参与政治，才能彰显其公民身份，正如安培德克尔所指出的那样，“代表权和担任国家公职权，乃是构成公民身份的两个最重要的权利”[①]，因此，在公民社会中，人们通过竞选和投票来参与政治，参与的内容是一种权力之争，参与的目的在于控制国家权力，体现大众主权。与之不同，当前中国社会主要是一种“利益政治学”，即公民参与的目标旨在维护个人利益，是一种被动性的参与，又被查特杰称之为“基于非政治目标的政治参与”，这一点可以从近年来不断增加的维权事件上反映出来。维权事件主要是利益之争，而不是权力之争，经济性大于政治性。与之相关，一方面，民众的参政议政热情并不高，而只是期望时势能够缔造一个英明的领导者；另一方面，民众并不习惯于通过代议机关来进行利益表达，而是总是以请愿、上访等形式通过行政机关来解决日常难题。

第四，在组织程度方面，公民社会强调高度的组织化，而当前中国社会还主要是以“个体化”为主。公民社会主要表现为一系列的独立于国家的社会自组织，因此，公民社会又被称之为第三部门、非政府组织、非营利组织或中间组织等。在帕特南看来，社会自组织程度的高低、数量的多少是衡量一个国家社会资本的重要指标。然而，正如康晓光所指出的，“市（公）民社会概念强调的是独立于国家的社会领域，而当代中国大陆并不存在这种东西”[②]。之所以如此，这是因为社会的“‘公域’至今仍

---

① 转引自［印度］帕萨·查特杰《被治理者的政治：思索大部分世界的大众政治》，田立年译，广西师范大学出版社 2007 年版，第 16 页。

② 康晓光、韩恒：《分类控制：当前中国大陆国家与社会关系研究》，《开放时代》2008 年第 2 期。

然控制在政府手中，公民的出版自由、结社自由、集会自由还有待得到充分的制度化的保障，所以政治领域、经济领域和社会领域的‘对称性’的相互影响还不存在”①。这使得当前中国公民社会的组织化程度具有如下两方面特点：一是公民的结社自由受到了一定程度的限制，整个社会的组织化程度不高；二是现有的社团组织受到了国家的控制，以至于并不存在独立于国家之外的社团。基于此，用严格的“公民社会”概念来观察中国的社团难以避免“削足适履”的风险。②

总结上述的讨论，中国社会的实际现状与公民社会的理想状态之间的差距可以归纳为表 3－5 的内容，这种差距表现在社会结构、政治文化、参与方式和组织程度四个方面，正是基于这些判断，我们还不能把当前的中国称之为一个公民社会。查特杰在论述公民社会与民主政体之间的关系时，曾这样评价：“没有公民社会的制度和实践的转变——就不可能创造或维持政治领域的自由和平等。要拥有现代的和自由的共同体，首先必须拥有作为公民而不是臣民的人民。”③ 也因此，当前中国还缺乏培育和生长民主的社会基础。

表 3－5　　公民社会的理想标准与中国现状的比较

	社会结构	政治文化	参与方式	组织程度
公民社会	同质社会	参与型	主动性	组织化
中国现状	异质社会	臣民型	被动性	个体化

二　中国政治发展的社会基础

由于文化根基不同，中国将会呈现出一种不同于马歇尔所描述的“先公民权利，再政治权利，最后社会权利”的权利发展次序。那么，中国又会呈现出一种什么样的权利发展次序呢？

---

① 康晓光：《权力的转移：转型时期中国权力格局的变迁》，浙江人民出版社 1999 年版，第 62 页。

② 王绍光、何建宇：《中国的社团革命——中国人的结社版图》，《浙江学刊》2004 年第 6 期。

③ ［印度］帕萨·查特杰：《被治理者的政治：思索大部分世界的大众政治》，田立年译，广西师范大学出版社 2007 年版，第 21 页。

在本章的第一节中，我们探讨了当前社会需求的转向，即从“经济发展”转向了“社会公正”。通过经济发展，国家基本解决了贫穷和饥饿的难题，保障了人民的“生命权”，据2011年《人权蓝皮书》指出，经过30多年的努力，中国的农村贫困状况得到了很大缓解，有2.5亿农村贫困人口成功脱贫，贫困发生率从30.7%下降到了2.8%，对此，印度媒体《印度斯坦时报》评价，“只有3%的中国人是农村穷人，过去10年来中国农村人口的脱贫数，相当于整个法国人口”①。长期以来，中国政府一直通过经济发展解决社会矛盾，重视做大蛋糕而忽略了分配蛋糕，这使得30多年的经济发展成果并没有最大限度地为全体人民所共享，贫富差距由此也不断扩大。在经济取得发展的同时，我们又面临着就业、就医、上学、住房、养老等一系列有关社会公平正义的难题，而当前的社会抗争也主要集中在这一方面。多方面的证据和研究都表明，公民的诉求主要集中在福利保障和社会公正方面，而非选举、政治自由等政治权利方面，这也体现在“东亚晴雨表”（East Asta Barometer，EAB）的相关调查数据上。

EAB调查是对东亚的政治、治理、民主与公民的政治行为所进行的一个有关态度和价值观的系统性比较调查，这一调查于2001—2003年进行，涵盖了中国大陆、中国台湾、中国香港、韩国、日本、蒙古国、菲律宾、泰国。有关中国大陆的调查于2002年进行，调查对象涵盖了除西藏以外的所有大陆省份。在整个调查中，其中有一项是“与1979年前相比，当前中国在民主表现和政策表现方面是变好了，还是变坏了”，这种比较涉及言论自由、结社自由、平等待遇、公众影响、司法独立、反腐败、法律与秩序、经济发展、经济平等九个方面，得分区间为-2至+2，负值意味着负向评价，即相较于1979年之前，情况变坏了；正值意味着正向评价，即相较于1979年之前，情况变好了。从大众的评价来看，各项得分分别为言论自由1.00、结社自由0.79、平等待遇0.50、公众影响0.26、司法独立0.49、反贪腐-1.21、法律与秩序-0.19、经济发展1.53、经济平等-1.01。②

---

① 《外媒：中国农村人口10年大幅脱贫》，http：//www.china.com.cn/economic/txt/2011-11/20/content_23963143.htm，2013-2-28。

② 参见［美］黎安友《从极权统治到任性威权：中国政治变迁之路》，何大明译，（台北）巨流图书股份有限公司2007年版，第31页。

这里面有三个方面值得我们观察。第一，在所有的评价指标中，民众对于经济发展指标最为满意，平均分值达到了1.53。这并不奇怪，也不难理解，自改革开放以来，中国的年均增长率高达9%，国内生产值更是相继超过英法德日，成为仅次于美国的全球第二大经济体。经济发展也带来了巨大的“溢出效应”，减贫就是中国经济增长的一个重要副产品。第二，在民主表现方面，民众对于言论自由、结社自由、平等待遇、公众影响和司法独立五项指标都给予了正向评价。这一结果让西方学者难以理解，在他们看来，中国的民主建设并不算好。以自由之家提供的测量数据为例，中国在民主方面的得分要远低于泰国、菲律宾等国。为何会如此？合理的解释可能是：一方面这是一项比较议题，相较于1979年之前，中国在民主法治建设方面取得了长足的发展；另一方面这与中国的权利观念有关，正如上述所讨论的，受传统文化的影响，政治权利并非是民众关注的核心议题和优先选择，民众的相应期待值也不会太高，在评价方面就会显得相对宽容，不太苛刻。第三，民众对于反腐败、经济平等、法律与秩序等社会方面的评价较低，其中，反腐败的得分最低，为-1.21；其次是经济平等，得分为-1.01；再次是法律与秩序，得分为-0.19。这一评价与当前中国的现状密切相关，民众对于反腐败和经济平等的负向评价主要源于当前的社会不公，政府所采取的暴力和刚性维稳政策则是导致“法律与秩序”方面得分较低的原因。由此可知，在解决了经济发展之后，当前的民众需求主要集中在“社会公正”而非“民主政治”方面。这一判断也得到了相关学者的支持，如欧博文（Kevin O'Brien）和李连江就指出：“现在农民还只是要求政策的执行，而不是更广泛的公民政治权利。他们认为自己对于权利的践行是有前提条件的，那就是以服从中央和高层为前提，并不像自由知识分子所宣扬的权利话语。”① 裴宜理也有类似的观点，在她看来，当前中国人民在争取权利时的反抗无论多么激烈，都仍最大限度地表现出对中央政策和领导的忠诚，他们根据政府法令规章提出诉求，要的是政府保障其权益，而非是要求民主，挑战党的领导。②

① Kevin O'Brien and Li Lianjiang, *Rightful Resistance in Rural China*, Cambridge University Press, 2006, p. 122.

② ［美］裴宜理：《“告别革命”与中国政治研究》，刘平译，《思与言》2006年第3期。

表 3－6　　中国人的权利观念

发展次序	公民权利	基本内容	核心理念	制度设计
最先	经济权利	生命权	生存	发展经济
其次	社会权利	社会保障	公正	福利国家（经济正义）
最后	政治权利	政治自由和选举	民主	选举民主

上述的讨论为我们勾画出了中国社会需求的发展框架，即先是对于经济发展的诉求，再次是对于社会公正的诉求，最后才是对于民主政治的诉求。这一发展顺序（见表 3－6）基本上符合中国传统文化所强调的“经济与社会权利相较于公民与政治权利的优先性”。具体而言，在权利观念上，国人的优先选择是经济权利，其旨在保证人的生命权，核心理念为生存，基本做法就是通过发展经济来帮助民众脱贫。再次是社会权利，这主要体现在社会保障上，核心理念为公正，基本做法就是通过建立福利国家，进而对社会上的弱势群体进行保护。最后是政治权利，这主要体现在政治自由和选举上，核心理念为民主，具体做法就是实行民主政治，人民可以通过定期、自由、公正和有意义的选举来选择和更换领导人①。本章分别从逻辑演绎（即关于中国人的权利逻辑的探讨）和社会事实（即关于中国政治发展的社会基础的探讨）两个方面揭示了中国政治发展的内在逻辑，那就是“经济权利优先，社会权利其次，政治权利最后”的发展次序和发展步骤。

① ［美］拉里·戴蒙德：《今日之民主第三波》，倪春纳、钟茜韵译，《天津行政学院学报》2012 年第 5 期。

第四章　政府何为：从发展型政府到服务型政府

我们的人民热爱生活，期盼有更好的教育、更稳定的工作、更满意的收入、更可靠的社会保障、更高水平的医疗卫生服务、更舒适的居住条件、更优美的环境，期盼着孩子们能成长得更好、工作得更好、生活得更好。人民对美好生活的向往，就是我们的奋斗目标。

——习近平

如果说政府也是民生政府的话，就要重点保障基本民生，来编织一张覆盖全民的保障基本民生的安全网。其中包括义务教育、医疗、养老保险、住房等，要努力逐步把短板补上。……政府要尽力，并且调动社会的力量，保障人们的基本生存权利和人格尊严。

——李克强

第一节　回应社会公正的转型

一　何谓服务型政府：从舶来词到本土化

发展型政府“重经济发展，轻公共服务”的职能履行带来了正反两方面的结果：正向是中国的经济获得了高速增长，反向是中国的财富分配严重不均。这也被称为“中国怪象”，一方面中国改革取得了举世公认的成就（人们的生活水平提高了，自由度扩大了）；另一方面从上到下都感到中国面临着重重危机（政府的正当性危机、社会危机、道德危机、环境危机）。[①] 因此，为了缩小社会贫富差距、回应社会的公正诉求，党和政府开始调整执政理念，转变政府职能，强调公共服务，致力于服务型政府的建设。

（一）作为舶来词的服务型政府

服务型政府是源自西方的一个舶来词，是有关政府在提供公共服务和保持社会公正方面一系列的价值选择、制度安排和行政模式，其"主张管理就是服务，政府的存在是为了满足社会的需求，政府应该尽可能地为社会提供满意的公共物品"[②]。第二次世界大战之后，受凯恩斯主义和"福利国家"观念的主导和影响，西方国家加大了对市场和社会经济生活的干预，政府管的事情逐渐增多，使得政府的职能和规模不断扩张，政府角色急剧膨胀。同时，公共服务、社会福利的投入越来越大，对国家财政形成了巨大的压力并出现了持续的财政赤字，国家已缺乏充足的财力资源保证公共物品的正常供给。而20世纪70年代末和80年代初的"滞胀"危机更是激化了原有的体制弊端和社会矛盾，西方国家在提供公共服务方面所面临的质量差、效率低、福利病、财政负担重等难题进一步显性化。为了提高公共服务的质量和效率，西方学者试图"重塑政府"、"再造政府"，这也就形成了服务型政府的两大理论支柱：新公共管理理论和新公共服务理论。

新公共管理[③]理论试图通过企业精神来改造政府，强调借鉴私营部门的管理方式来提升政府绩效。按照波利特（C. Pollitt）的说法，"新公共管理"主要强调商业管理的理论、方法、技术及模式在公共管理中的运用。[④] 作为新公共管理运动的代表人物，戴维·奥斯本和特德·盖布勒在《改革政府：企业精神如何改革着公营部门》一书中详细描述了新公共管理理论的基本构想，这包括以下十个方面：（1）起催化作

---

① 胡鞍钢、王绍光、周建明：《第二次转型：国家制度建设》，清华大学出版社2003年版，第376页。

② 郁建兴、徐越倩：《从发展型政府到公共服务型政府——以浙江省为个案》，《马克思主义与现实》2004年第5期。

③ "新公共管理"作为公共行政领域的一种新的研究范式，有着不同的称谓，如"新公共管理"（Hood等，1991年）、"管理主义"（Pollitt，1993年）、"以市场为基础的公共行政学"（Lan，Zhiyon and Rosenbloom，1992年）、"后官僚制模式"（Barzelay，1992年）、"企业化政府"理论（Osborne and Gaebler，1992年）等。

④ 参见Christopher Pollitt，*Managerialism and Public Service*：*The Anglo - American Experience*，Basic Blackwell，1990。

用的政府：掌舵而不是划桨；（2）社区拥有的政府：授权而不是服务；（3）竞争性政府：把竞争机制注入提供服务中去；（4）有使命感的政府：改变照章办事的组织；（5）讲究效果的政府：按结果而不是按投入拨款；（6）受顾客驱使的政府：满足顾客的需要，而不是官僚政治的需要；（7）有事业心的政府：有收益而不浪费；（8）有预见的政府：预防而不是治疗；（9）分权的政府：从等级制到参与和协作；（10）以市场为导向的政府：通过市场力量进行变革。

在笔者看来，新公共管理的要义可以概括为如下四点：第一，在指导理念方面，新公共管理奉行管理主义，管理主义一方面强调行政与政治的二分，认为公共行政不是民主政治体系的一部分；另一方面强调公共行政与企业管理的联系，主张公共行政的经济和效率取向。第二，在服务对象方面，新公共管理认为政府服务的对象主要是作为“顾客”的公民，新公共管理的基本做法就是将市场力量引入到公共服务的提供中来，把政府当作企业，把公民当作顾客，强调政府服务中的顾客意识，既然社会公众为政府交纳了税收，那么政府应该对这些“顾客”有求必应，为“顾客”提供优质高效的物品和服务。第三，在政府职能定位方面，新公共管理主张政府的基本职能为“掌舵而非划桨”，具体做法就是，政府要减少直接管制，将公共服务的生产和提供以签约外包的形式交由市场和社会来做，尽量利用自由市场机制来解决问题，政府只要把好关、掌好舵，保证公共服务提供者的行为始终符合公共利益即可。第四，在价值追求方面，新公共管理追求效益原则，强调结果导向和公众满意，主张公共服务的“3E 标准”，即以经济（Economy）、效率（Efficiency）和效果（Effectiveness）为标准来对公共服务进行系统、全面的评估，以此来提高公共服务的质量和效率，增强顾客满意度。

新公共管理理论对于“效益”原则的追求，一方面降低了行政成本，提高了行政效率，特别是政府在提供公共服务方面的质量；但另一方面也隐含着显著的弊端，这就是，过度强调行政与政治的二分，忽视了公共行政的“公共性”，混淆了公共部门和私营部门之间的区别，无力彰显公平、正义、参与和公共利益表达等民主价值。基于此，从 20 世纪末期开始，西方学者开始在对新公共管理运动进行反思和批判的基础上提出了新公共服务理论。新公共服务理论最主要的目的是将公共管理从对民主价值的背离中重新拉回到民主行政的轨道上来。为此，新公共服务理论从正反两个方面进行了构建：一方面对新公共管理理论进行了批判，指出新公共管理理论的最大弊端在于，由于缺乏民主价值的指导，政府在“掌舵”的时候，却不知道国家这条“船”的主人是谁；另一方面又指出，政府是人民的政府，因此政府在为国家这条船掌舵的时候，必须听从人民的意见。作为新公共服务理论的代表人物，罗伯特·B. 登哈特和珍妮特·V. 登哈特夫妇在《新公共服务——服务，而不是掌舵》一书中详细描述了新公共服务理论的七项原则：（1）服务公民，而不是服务于顾客；（2）追求公共利益；（3）重视公民权胜过重视企业家精神；（4）思考要具有战略性，行动要具有民主性；（5）承认责任并不简单；（6）服务，而不是掌舵；（7）重视人，而不只是重视生产率。①

在笔者看来，新公共服务理论的要义可以概括为如下四点：第一，在管理理念方面，新公共服务奉行宪政主义，宪政主义一方面强调公共行政的不可中立性，认为公共行政合法性的基础是民主政治体系的一个组成部分；另一方面强调公共行政与企业管理有着本质的不同，公共行政所追求的目标并非是企业管理的经济和效率，而是公共利益、社会正义和平等公正等民主价值。第二，在服务对象方面，新公共服务认为政府所服务的对象是作为“主权者”的公民。由于新公共服务理论重新将民主价值引入到公共行政之中，强调公民既是国家的主权者，又是公共服务的参与者和监督者，这就要求“那些政府中的人也必须愿意去倾听，以及愿意把公民的需要和价值放在决策和行动的首要位置上；他们必须以新的和革新的方式主动出击，去理解公民在关心什么；他们必须对市民的需要和利益作出回应”②。第三，在政府职能定位方面，新公共服务强调“服务而非掌舵”，在新公共服务看来，公民是主权者，政府的权力来自公民的授予，所以，对于政府及其公务人员而言，其主要职能不是掌控社会的发展方向，而是要树立为公共利益服务的意识，尊重公民权并向公民授权，“为多方主体参与管理提供平台”和“为民众表达意志、参与管理搭建舞

---

① ［美］罗伯特·B. 登哈特、珍妮特·V. 登哈特：《新公共服务——服务，而不是掌舵》，丁煌译，中国人民大学出版社 2004 年版，第 17 页。

② ［美］罗伯特·B. 登哈特：《公共组织理论》，扶松茂译，中国人民大学出版社 2003 年版，第 204 页。

台”。[①] 第四，在价值追求上，新公共管理追求公正原则，正如登哈特夫妇在《新公共服务——服务，而不是掌舵》一书中所提及的，政府应遵循的原则在于“重视人，而不只是重视生产率”。由此可见，在价值追求上，新公共服务理论开始“从传统的强调对效率、技术和工具理性的追求转向强调追求人民主权、公民权利、人性尊严、社会公正、公共利益、社会责任等多元价值”[②]。

表 4-1　　西方服务型政府的两大支持理论比较

	新公共管理理论	新公共服务理论
指导理念	管理主义	宪政主义
服务对象	作为“顾客”的公民	作为“主权者”的公民
政府职能定位	掌舵而非划桨	服务而非掌舵
价值追求	效益	民主

回顾来看，在西方社会，服务型政府随着“新公共管理”运动的蔚然成风而兴起，又随着新公共服务理论的提出而发展。因此，服务型政府在理论上既受到了新公共管理理论的影响，也受到了新公共服务理论的导向，是对“效益原则”和“民主原则”的综合（见表 4-1）。概括而言，服务型政府包含了如下的核心观点：（1）服务型政府是以公民为中心的政府，强调公民在治理体系中的中心地位，公共服务的目标在于满足公民需求而非政府效益；（2）服务型政府是职能有限的政府，自新公共管理运动开始，就强调通过民营化和市场检验等方式减少政府职能，发挥市场和社会在管理中的功能；（3）服务型政府是行政行为有效的政府，正如新公共管理运动所主张的那样，一方面要减少政府职能，但另一方面要遵循“效益”原则，一个良好的服务型政府应该是一个“有限”但却“有效”的政府；（4）服务型政府是法治政府，随着新公共服务理论的崛起，民主价值成为服务型政府的基本目标，而民主与法治是不可分离的，因此，法治政府也就成为服务型政府的内在要求；（5）服务型政府是责任

① 丁煌：《服务型政府的理论澄清》，《中国行政管理》2004 年第 11 期。

② 王焕祥：《中国地方政府创新与竞争的行为、制度及其演化研究》，人民出版社 2009 年版，第 82 页。

政府，正如新公共服务理论所强调的，公民是国家的主权者，政府的权力来自人民，所以，政府要对人民负责；（6）服务型政府是民主参与的政府，新公共服务理论非常重视其服务对象——公民——的参与，认为，只有通过将公民纳入到公共服务与决策的过程当中，公民的主张和意愿才得以在政府的决策中表达出来，公民也因此会获得更有效率、更符合其需要的公共服务。

（二）服务型政府的本土化改造

就中国而言，党和政府对于服务型政府的探索始于20世纪末期，国务院在1998年的机构改革方案中明确提出要把政府职能切实转变到“宏观调控、社会管理和公共服务”上来。其后，2002年十六大正式将我国的政府职能定位为“经济调节、市场监管、社会管理、公共服务”。

如果说最初对于服务型政府的探索还停留在概念、口号方面，那么，从2004年开始，党和政府对于服务型政府的探索开始有了具体的内涵和指向。温家宝在2004年2月省部级主要领导干部树立和落实科学发展观高级研究班结业式上的讲话中首次对“服务型政府”的内涵进行了阐述。温家宝指出，服务型政府“就是提供公共产品和服务，包括加强城乡公共设施建设，发展社会就业、社会保障服务和教育、科技、文化、卫生、体育等公共事业，发布公共信息等，为社会公众生活和参与社会经济、政治、文化活动提供保障和创造条件”。[①] 2007年十七大报告提出了“加快推进行政管理体制改革，建设服务型政府”的战略任务。2008年2月23日胡锦涛在主持中共中央政治局第四次集体学习时指出，“建设服务型政府，是坚持党的全心全意为人民服务宗旨的根本要求”，“要在经济发展的基础上，不断扩大公共服务体系，切实提高为经济社会发展服务、为人民服务的能力和水平，更好地推动科学发展、促进社会和谐，更好地实现发展为了人民、发展依靠人民、发展成果由人民共享”，具体做法就是“按照全体人民学有所教、老有所得、病有所医、老有所养、住有所居的要求，围绕逐步实现基本公共服务均等化的目标，创新公共服务体系，改进公共服务方式、加强公共服务设施建设，逐步形成惠及全民的基本公共

---

① 温家宝：《提高认识，统一思想，牢固树立和认真落实科学发展观——在省部级主要领导干部“树立和落实科学发展观”专题研究班结业式上的讲话》，《中华人民共和国国务院公报》2004年第12期。

服务体系”。[①] 2008 年 3 月 18 日温家宝在十一届全国人大一次会议闭幕后与中外记者的见面会上又进一步指出：“我们所说的公共服务，就是要为人民的根本利益服务，我们要在继续加强经济调节、市场监管的同时，更加重视社会管理和公共服务。”[②] 2012 年 11 月十八大报告明确提出，要建设职能科学、结构优化、廉洁高效、人民满意的服务型政府，具体要求就是“深化行政审批制度改革，继续简政放权，推动政府职能向创造良好发展环境、提供优质公共服务、维护社会公平正义转变”。

通过以上论述，我们不难发现，十六大以来党和国家领导人对“服务型政府”进行了符合中国特色的理论探索和论述，为我们勾勒出了一幅具有中国特色的服务型政府内涵和要求。具体而言，中国对于服务型政府的本土化改造主要突出了以下两点：

第一，当前中国服务型政府建设的首要任务是提供基本公共服务。就现状而言，中国正处于经济、社会全面转型时期，由于政府提供的基本公共服务不足和不平衡，社会矛盾凸显，诸如公共教育、社会保障、环境保护等问题不断恶化且亟待解决。对此，温家宝总理指出：“我们确实也管了一些不该管的事情，一些该管的事情却没管好，特别是公共产品和服务提供不足、社会管理比较薄弱。”[③] 针对此，党和国家领导人在有关服务型政府的建设中，特别强调政府的公共服务职能，这主要包括教育、医疗卫生、社会保障、就业、公共事业、公共安全、环境保护、基础设施建设等方面的内容。政府的公共服务职能更是被当作维系社会公正的重要制度规则和内容。对此，十八大报告提出：“加紧建设对保障社会公平正义具有重大作用的制度，逐步建立以权利公平、机会公平、规则公平为主要内容的社会公平保障体系，努力营造公平的社会环境。”正如上述曾提及的，在西方语境中，服务型政府表现为一系列的价值预设和制度安排，除了强调政府的公共服务职能以外，还强调公民中心、有限政府、有效政府、法治政府、责任政府和民主参与。对此，郁建兴等指出，在中国语境中，服务型政府“所指称的范围比西方新公共管理运动中提出的公共服

---

① 胡锦涛：《扎扎实实推进服务型政府建设，全面提高为人民服务能力和水平》，《中国行政管理》2008 年第 3 期。

② 温家宝：《公共服务就是要为人民的根本利益服务》，http：//www. china. com. cn/2008lianghui/2008 -03/18/content_ 12949146. htm，2013 -2 -2。

③ 温家宝：《努力建设人民满意的政府》，《求是》2013 年第 3 期。

务型政府要小得多，主要指公共产品，如交通、商业服务、基础教育、环境保护等”。①

第二，当前中国服务型政府建设的具体做法是行政体制改革。从具体的操作来看，中国主要是通过行政体制改革来推进服务型政府建设。十七大报告提出要“加快行政管理体制改革，建设服务型政府”，具体要求就是“着力转变职能、理顺关系、优化结构、提高效能，形成权责一致、分工合理、决策科学、执行顺畅、监督有力的管理体制”；十八大报告又进一步提出“深化行政体制改革”，具体做法就是“深入推进政企分开、政资分开、政事分开、政社分开，建设职能科学、结构优化、廉洁高效、人民满意的服务型政府”。对比来看，受新公共服务理论的主导，西方开始强调“公共行政”与“民主政治”的不可分性，并将一系列民主价值引入到服务型政府中来，因此，西方“新公共服务”是以公民为中心的治理体系为支撑，强调公民自治是主体，政府只是为公民治理提供平台和创造条件，所以，西方的服务型政府建设是与民主政治改革紧密联系在一起的。对比中西来看，不同于西方“新公共服务”所提倡的政府是服务而不是掌舵，中国的服务型政府既要掌舵又要服务。

总结上述，服务型政府作为一个舶来词，在进入中国之后，受到了一定程度的本土化改造。这表现为：（1）作为舶来词的服务型政府，在一般内涵上包含了公民中心、法治政府、有效政府、有限政府、责任政府、民主参与、公共服务等多重内涵，而经过本土化改造的服务型政府，在一般内涵上主要聚焦于公共服务方面，强调政府在提供教育、医疗卫生、社会保障、就业、公共事业、公共安全、环境保护、基础设施建设等方面的职能；（2）作为舶来词的服务型政府，在具体建设上强调民主政治体制建设，诸如以公民自治为中心、强调公民参与等，而经过本土化改造的服务型政府，在具体建设上主要为行政体制改革，如行政审批制度改革、政企分开、政社分开等。基于中国的本土实践，服务型政府可以被定义为：以“管理就是服务”为根本理念，以提供私人或者社会不愿提供，或者没有能力提供的公共产品为主要职能的政府。②

---

① 郁建兴、徐越倩：《从发展型政府到公共服务型政府——以浙江省为个案》，《马克思主义与现实》2004 年第 5 期。

② 同上。

二 迈向服务型政府：从必要性到可行性

对于决策者而言，一个政策的出台往往要考虑两个方面的因素：第一，政策的必要性，即从百姓的角度来看，大多数百姓最希望解决什么问题；第二，政策的可行性，也就是从决策者自身来看，是否具备解决这一问题的条件。如果百姓期待的又是决策者能够解决的，那么，相关政策就会提上日程并付诸实践。

那么，对于大多数中国百姓而言，最迫切需要解决的问题是什么？根据中国青年报社社会调查中心于2012年10月底与11月初所做的调查显示，在公众看来，最有可能阻碍中国未来10年发展的问题依次为：第一是贫富分化严重，所占比例为75.4%；第二是权力不受制约，所占比例为59.4%；第三是利益集团坐大，所占比例为52.8%；第四是生态环境恶化，所占比例为52.6%；第五是弱势群体利益受到侵害，所占比例为50.3%。与此同时，在被问及未来10年中公众最期待能够得到显著改善的领域是什么时，排在首位的是医疗，所占比例为68.8%；其次是教育，所占比例为62.8%；再次是食品安全，所占比例为60.3%；第四是收入分配，所占比例为56.7%；第五是住房，所占比例为52.5%；第六是反腐败，所占比例为53.4%；第七是养老，所占比例为52.1%；第八是社会保障，所占比例为50.4%；第九是环境保护，所占比例是46.3%；第十是就业，所占比例为43.5%。① 以上数据从正反两个方面论证了，包括医疗、卫生、保险、分配、住房等在内的社会公正需求已经成为大多数中国百姓的迫切需求。

要想破解社会不公这一难题，国家需要通过提供公共服务，构筑完善的社会保障。而完善公共服务有赖于雄厚的财政支撑，一如王绍光所言，一个有效的国家必须具有良好的财政汲取机制，只有提高动员和汲取社会资源的财政能力，国家才能有效地为全社会提供基本公共物品和公共服务。② 那么，中国是否具备了提供完善的公共物品和公共服务的财政能力？相关答案是十分肯定的。1994年的分税制改革为国家的汲取能力提供了制度基础，在此之后，我国的财政收入保持了强劲的增长势头，这为

---

① 参见《万人民调：未来十年公众最焦虑贫富分化阻碍国家发展》，《中国青年报》2012年11月6日第7版。

② 王绍光：《祛魅与超越：反思民主、自由、平等、公民社会》，中信出版社2010年版，第130页。

我国解决社会不公、提供社会保障、迈向服务型政府提供了可能。这主要表现为以下两个方面：第一，从财政收入状况来看，我国的财政收入保持了强劲的增长势头。这可以从以下两组指标中观察出来，一组为单纯的财政收入增幅，我国的国家财政收入在2000年为1.3395万亿元，而到2010年则达到了8万亿元，如果加上费，则超过了10万亿元，增幅高达6倍；另一组为财政收入增幅与GDP收入增幅的比较，从图4－1可以看出，我国的财政收入增幅要远高于GDP增幅，在2007年，两者的增幅相差更是高达18.2个百分点，当年，GDP增幅为14.2%，财政收入增幅为32.4%。第二，从财政支出结构来看，财政支出结构是指在财政支出总额中各类支出所占的比重，它不仅反映了政府活动的范围和方向以及政府职能及公共政策的重点，更是国家调节经济与社会发展、优化经济结构、促进社会公平正义的重要政策工具。[①] 就目前来看，我国的财政支出结构严重不规范。一方面财政支出严重越位，即支出范围过宽，包揽了许多既管不了又管不好的事务，如经营性投资支出过大、各种补贴过滥、各类事业费庞杂、财政供养人员过多、负担过重等；另一方面，财政支出又严重缺位，即财力过于分散，支出重点不明确，使得在应由财政供给的市场失灵的领域出现保障不足和无力保障的情况。以2002年为例，在当年的财政支出结构中，经济建设费达到了30.3%，行政管理费为18.6%，两项相加占据了将近一半，而相关的社会文教费（亦即公共服务支出）仅占26.9%。因此，国家完全可以通过调整财政支出结构来加大对公共服务的投入。

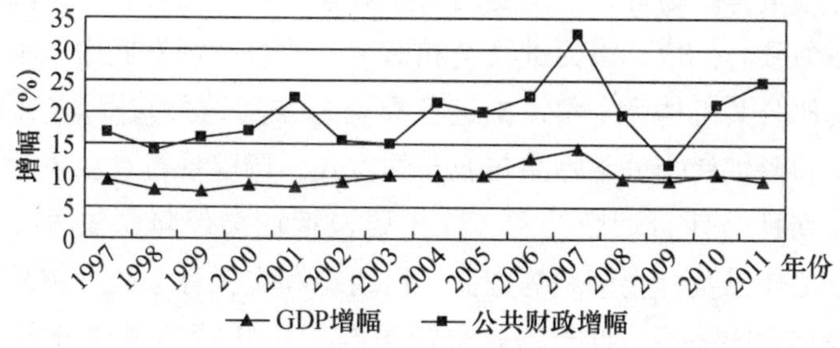

图4－1　1997—2011年我国GDP与财政增幅比较

资料来源：根据国家统计局1997—2011年国民经济和社会发展统计公报及相应年份统计年鉴整理所得。

① 马珺：《“十二五”时期的财政支出结构》，《经济研究参考》2011年第3期。

以上的讨论表明，我国在建设服务型政府的道路上，不仅具备了必要性，即社会公正和公共服务已经成为百姓的第一需求和优先选择；而且具备了可行性，即国家保持了较强的汲取能力，强劲的财政增长势头和可调的财政支出结构，使得国家在公共服务的提供上大有可为。因此，进入21世纪之后，中国政治的主题由单纯的发展、发展才是硬道理，转变为以人为本的科学发展，执政党由关注物质财富的生产本身转向关注、解决民生问题，民生政治实际上成为当今中国最为基本的意识形态。① 为此，十六大提出了“全面建设小康社会”的目标，十七大又提出了“和谐社会”、“科学发展观”的目标，十八大进而提出了“全面建成小康社会”的目标。从全面建设小康社会到全面建成小康社会，虽然只有一字之差，但是蕴含了中国共产党执政理念的转型，这就是，在具体操作中，党的奋斗目标从“部分人先富起来”转向了“全面富起来”。这表明，保障和改善民生已经成为当前中国重要的政治共识；这也表明，党和政府在今后的政治发展中将以社会公正为重点，加强公共服务职能，优先解决以社会保障为核心的社会权利问题。

第二节 服务型政府的中国实践

一 社会政策导向的治理

社会政策是指处理社会问题的国家政策。具体而言，是指现代社会以社会公正为核心价值，以促进社会和谐与人的可持续发展为基本目的，以政府和其他公共机构为主角，推进各类资源尤其是公共资源的合理配置，通过组织和提供社会公共物品与服务的方式，调整现行社会生产与分配关系的一系列社会性行动的总和，这主要包括社会保障、住房、卫生、教育、社会工作以及社会福利等方面。以组织和提供社会公共物品与服务为手段来调整生产关系，此点是社会政策与经济政策的重要分野。② 然而，社会政策在发展型政府时代（1978—2002年）并不多见，为了发展经济，

① 赵丽江、马广博、刘三：《民生政治：当代中国最重要的意识形态》，《武汉大学学报》（哲学社会科学版）2012年第3期。

② 杨团：《社会政策》，俞可平主编：《中国治理变迁30年：1978—2008》，社会科学文献出版社2008年版，第111页。

包括公平、就业、医疗、卫生、环境等都要让步和牺牲，有经济政策而无社会政策成了整个社会的基本态势和格局①，这也成为发展型政府的“短板”，并使其陷入治理危机。进入20世纪90年代以来，一些社会问题更是变得触目惊心，如环境危机、贫富悬殊（地区差距、城乡差距、居民收入差距）、缺乏经济与社会安全（大规模下岗失业、就学难、就医难、各类事故频发）等。

正如历史经验所告诫我们的那样，实践是检验真理的唯一标准，1978年以来的实践证明，发展型政府所承诺的有关社会问题的总体性解决方案，即只要经济能够发展，政治发展和社会进步都会一应解决，最终也只是“水中月，镜中花”。市场无法代替社会，经济增长也无法等同于社会进步，反倒是对于市场的过度推崇和青睐是十分危险的，这在波兰尼那里早有证明，波兰尼指出：“要想创造一个完全自发调解的市场经济，就必须把人类与自然环境转变成纯粹的商品，而这必然会造成社会和自然环境的毁灭。”② 邓小平的告诫也再次回响：“社会主义的目的就是要全国人民共同富裕，不是两极分化。如果我们的政策导致两极分化，我们就失败了。”③

进入新世纪以来，从学界到官方开始对发展型政府的基本定位和制度实践进行系统的反思，并最终促成了从发展型政府到服务型政府的转型。那么，从发展型政府到服务型政府，中国发生了哪些改变？正如本章上一节所提到的，当前中国的服务型政府建设具有两个特点：（1）首要任务是提供公共服务；（2）具体操作是行政体制改革。这就表明：相关的改变主要发生在行政体制而非政治体制层面。所以，一方面我们依然延续了原有的政治体制，这表现为政绩合法性的合法性类型、对上级负责的问责机制、压力科层制的权威实施方式和分权化威权④的政治结构；另一方面

① 参见王绍光《从经济政策到社会政策》，岳经纶、郭巍青主编：《中国公共政策评论》（第一卷），上海世纪出版集团2007年版。

② ［英］卡尔·波兰尼：《大转型：我们时代的政治与经济起源》，冯纲、刘阳译，浙江人民出版社2007年版，导言，第16页。

③ 中共中央文献研究室编：《邓小平思想年谱》，中央文献出版社1998年版，第311页。

④ “分权化威权主义”是用于描述央地关系的一个概念，它虽然承认在“放权让利”、“分灶吃饭”、“分税制”等改革战略格局下，地方政府开始有了自我利益和自主性逻辑；但是更强调分权背景下中央对地方的控制，强调地方政府面临来自高层政府的纵向问责，这是因为：（1）“党管干部”的原则没有改变，中央政府依然掌握着地方干部的任免权；（2）分税制改革提高了中央财政占国家财政的比重，增强了中央政府的调控能力。

我们在行政体制层面进行了调整，如果说发展型政府在公共政策的制定上主要遵循了“效率优先”的逻辑，那么服务型政府在公共政策的制定上则侧重于“兼顾公平”的逻辑，国家在公共政策的制定上开始改变“有经济政策无社会政策”的态势和格局，实现从经济政策到社会政策的转变（见表4－2）。

表4－2　　发展型政府与服务型政府治理模式的比较分析

<table>
<tr><th colspan="2">比较内容</th><th>发展型政府
（1978—2002）</th><th>服务型政府
（2003—　）</th></tr>
<tr><td rowspan="4">政治
体制</td><td>合法性类型</td><td colspan="2">政绩合法性</td></tr>
<tr><td>问责机制</td><td colspan="2">对上级负责</td></tr>
<tr><td>权威实施方式</td><td colspan="2">压力科层制</td></tr>
<tr><td>政治结构</td><td colspan="2">分权化威权</td></tr>
<tr><td rowspan="4">行政
体制</td><td>治理倾向</td><td>亲市场</td><td>亲社会</td></tr>
<tr><td>治理政策</td><td>经济政策</td><td>社会政策</td></tr>
<tr><td>治理理念</td><td>经济增长</td><td>社会公正</td></tr>
<tr><td>意识形态</td><td>增长主义政绩观</td><td>民生政治政绩观</td></tr>
</table>

如果说1978年之前，国家的公共政策主要表现为“亲国家”；1978年至20世纪末期主要表现为“亲市场”；那么，进入21世纪后，特别是十六大以来，国家的公共政策则表现为“亲社会”，具体做法就是开始在“兼顾公平”上下力气和做文章。2002年十六大尝试对“效率优先，兼顾公平”的提法进行了重新解释，使用了“初次分配效率优先，再次分配兼顾公平”的新提法。2003年召开的十六届三中全会，虽然照旧沿用了“效率优先，兼顾公平”的提法，但是这一提法已被统摄于“以人为本”、“和谐社会”和“科学发展观”的指导思想之下。2004年的十六届四中全会没有出现“效率优先，兼顾公平”的提法，此后，在党和政府的报告中，也不再简单使用“效率优先，兼顾公平”，而是有了新的提法和表述。2005年十六届五中全会通过的《关于制定国民经济和社会发展第十一个五年规划的建议》改用了“更加注重社会公平，使全体人民共享改革发展成果”。2007年举行的十七大，“公平”不再处于“兼顾”的地位，而是提出要“把提高效率同促进社会公平结合起来”。而到了2012

年十八大，无论是从使用频率还是从语气表达来看，“公平”都几乎成了关键词，十八大报告中共20多次提及“公平”，并对“公平”有了一系列新提法和新论述，如“初次分配和再次分配都要兼顾效率和公平，再分配更加注重公平”、“着力保障和改善民生，促进社会公平正义”、“必须坚持维护社会公平正义”、“必须坚持走共同富裕道路”。

从十六大到十八大，有关“公平”的论述，经历了从以往的“忽视”，到重提“兼顾”，再到最后“凸显”的变化。在“更加注重”、“必须坚持”等修饰词下，公平更是被放置到了史无前例的重要地位。这表明，党和政府的指导思想最终实现了从“经济增长”到“社会公平”的转变，而指导思想的调整最终带动了公共政策的转向，“发展才是硬道理”、“先富论”、盲目追求GDP增长不再是公共政策的核心词汇和重要议题，取而代之的是“以人为本”、“共同富裕”、“构建社会主义和谐社会”、“科学发展”等指导思想。与之相关，一大批社会政策开始在中国大地上兴起，如2002年的城市低保；2003年的支持“三农”、农村税费改革、筹建新型农村合作医疗体系、振兴东北老工业基地；2004年的降低农业税、农村“三项补贴”、中部崛起；2005年的部分取消农业税；2006年的全面取消农业税、推出农业综合补贴、免除西部地区农村义务教育学杂费、试行城市廉租房；2007年的全国农村义务教育免费、全面推进新型农村合作医疗、全面推进农村低保和开始推行城市全民医保；2008年的加强农业基础设施建设和促进农民增收；2009年的结构性减税和推进税费改革；2010年的继续提高粮食最低收购价、完善农业补贴制度、改善农村金融服务、完善农业保险补贴政策、实施家电下乡。诸如此类的政策不胜枚举。为了分析方便起见，我们将这些社会政策归为两大类：一类属于政府积极职能的范畴，其目的在于改变政府积极职能缺位的状况，这主要表现为政府在提供公共产品和服务上所做的努力；另一类属于政府消极职能的范畴，其目的在于改变政府消极职能越位的状况，这主要表现为政府在构筑制度正义和机会公平上所做的努力。

二　政府积极职能的回归

直观地看，造成中国社会不公的首要因素就是政府积极职能的缺位，即政府对于公共服务的漠视。在发展型政府的定位下，受经济增长主义绩效观的影响，经济增长的理念弥漫在了政府的各个层级和不同部门，与之相关，政府在财政资金的分配上，大多数投入到了经济领域，而只有少部分用于公共服务领域，这使得公共服务领域存有严重的资金缺口。为了弥补这一缺口，政府开始将市场力量引入到公共服务领域，进而造成了公共产品的商品化，诸如医疗、卫生、社保等维系人类生存的领域都变成了“待价而沽”的商品市场。市场规则本身是冷酷的，它只会为那些有经济能力的人服务，而对于边缘和弱势群体不闻不问。于是，边缘和弱势群体也就成为市场和政府两不管的人口地带，这进一步加剧了中国的社会不公。因此，要想解决社会不公，最重要的方面就是改变政府积极职能的缺位，加大对公共服务领域的投入，以此来对弱势群体进行补偿和帮扶。为了提供充足而优质的公共服务，促进公共服务的均等化，党和政府开始围绕国家财政进行了一系列改革，以此来缩小地区之间、城乡之间和居民之间的收入差距。

（一）加大财政转移支付

地区差距是我国分配不公的一个重要表现，这也是影响我国整体收入差距的一个重要原因。从地缘学的角度来讲，经济发展与地理气候紧密相关，随着地缘格局从“大陆时代”向“海洋时代”的转变，沿海地区也在经济发展方面具有了先天的优势。事实也是如此，中国的改革开放就是率先在东部沿海地区启动的，一批在政策上享有优惠的经济特区、开放城市、综合试验区、保税区和开发区也都是最先出现在东部地区。天然的地理优势加上国家的政策倾斜，东部地区迅速成为我国的“先富”地区。

“先富”起来的东部地区逐渐与“落后”的中西部地区拉开了差距，以下这组数据为我们直观而细致地展示了东部、中部和西部三者之间的差距。在 2000 年，东部人均 GDP 为 11678. 88 元，中部人均 GDP 为 5895. 36 元，而西部人均 GDP 为 4510. 23 元，三者相比，东部人均 GDP 是中部的 1. 98 倍，是西部的 2. 59 倍；与全国人均 GDP 比较来看，东部地区高出平均值 3850. 87 元，中部则低出平均值 1932. 7 元，西部更是低出平均值 3317. 8 元。这种东部、中部和西部的差距在 2005 年又有了新高，在这一年，东部人均 GDP 为 23302. 87 元，中部人均 GDP 为 11290. 09 元，西部人均 GDP 为 8811. 48 元，其中，东部人均 GDP 是中部的 2. 05 倍，是西部的 2. 65 倍；与全国人均 GDP 比较来看，东部地区高出平均值 7868. 46 元，中部地区则低出平均值 4034. 92 元，西部地区更是低出平均值6622.93元。①

然而，这种地区的差异不仅反映在人均GDP这一笼统的数据上，更反映在基本公共服务的提供上。经济的快速发展为东部地区带来了充足的财税收入，进而使得东部富裕省份在提供公共服务、构筑社会保障方面更有优势和力度。正因如此，东部地区的公共服务也走在了全国前列。以最低生活保障为例，上海市在1993年率先建立了城市居民的最低生活保障制度，而农村最低生活保障制度也同样最先出现在东部地区，广东、浙江等经济发达省市从1997年开始相继出台实施《农村最低生活保障办法》，以法律形式将农民纳入社会保障范围。以上的案例深刻表明，地区的差距不仅表现在经济收入方面，也表现在公共服务方面，对于中西部等财政资源不足的省份来说，当地的居民很难像东部沿海省份的居民那样享有高质量的公共服务。

一般而言，财政转移支付被认为是调节地区差距的一个重要杠杆，有着“损有余而补不足”的功能。进入21世纪以来，党和政府加大了对财政转移支付这一杠杆的运用。自2003年以来，中央对各省财政转移支付的总量保持了快速增长的趋势，2003年实现财政转移支付4836.14亿元，而到2007年达到了13991.18亿元，短短5年间，增长了近3倍（见图4－2）。中西部地区也成为中央大幅度实施财政转移支付的受惠者。自2003年以来，中央财政的各项转移支付资金分配均对中西部地区实行了倾斜，这种倾斜主要体现在三方面：（1）加大一般性转移支付力度，弥补中西部地区财政收支缺口，以2007年为例，中西部地区所分享的一般性转移支付约占总额的97%；（2）在分配其他财力性转移支付时给予倾斜，诸如在确定农村税费改革转移支付、农村义务教育转移支付、调整工资转移支付等方面，均提高了对中西部地区资助比例；（3）设立多项专项支持政策，除了西部大开发、中部崛起等宏观政策外，国家还制定了多项专项性支持政策，如为了推动实现西部地区基本普及九年义务教育、基本扫除青壮年文盲的目标，中央特地设立了“西部地区‘两基’攻坚计划专项资金”。② 据统计，2003—2007年，中央财政对地方的转移支付累

① 参见《中国统计年鉴（2010）》；高云：《我国地区收入差距的现状与对策》，《对外经贸》2012年第2期。

② 参见发改委《中央财政转移支付体现了对中西部的倾斜》，http：//www.chinanews.com/cj/hgjj/news/2008/03－03/1179939.shtml，2013－2－20。

计4.25万亿元，其中，87%用于支持中西部地区。①

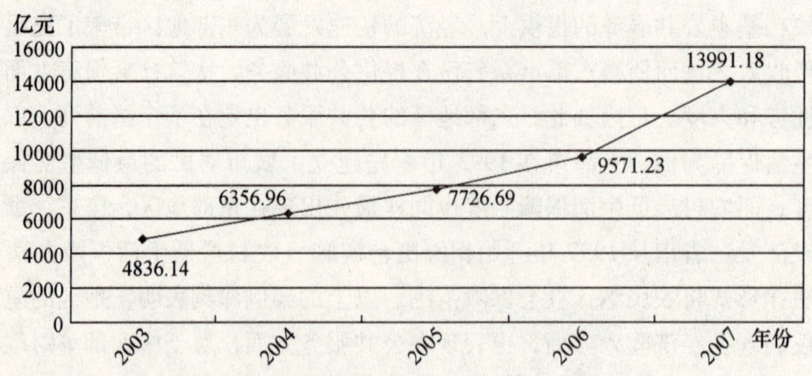

图4-2 2003—2007年中央财政转移支付情况

资料来源：中华人民共和国财政部，http://www.mof.gov.cn/mofhome/mof/zhuantihuigu/ys2008/ys2008_sz/200807/t20080729_59323.html，2013-2-20。

中央大规模的财政转移支付以及对中西部地区的财政倾斜，有效地缓解了地区之间的差距，遏制了地区收入的扩大。这可以从经济发展水平、人均一般预算支出、人均GDP水平三组数据体现出来。先来看经济发展水平，以2005年的数据为例，东、中、西和东北地区的经济增长速度分别为13.13%、12.54%、12.81%和12.01%，经济发展差距进一步缩小；再来看人均一般预算支出，以2007年的数据为例，在中央财政转移支付之前，东、中、西部的人均一般预算支出比例为1∶0.32∶0.34，而经过中央财政转移支付，三者之间的比例缩小到了1∶0.59∶0.69。② 最后再来看人均GDP水平，以2010年的数据为例，其中，东部人均GDP为45036.99元，中部人均GDP为25917.8元，西部人均GDP为20606.68元，其中东部人均GDP是中部的1.74倍，这要低于2000年的1.98倍和2005年的2.05倍；东部人均GDP是西部的2.54倍，这同样低于2000年的2.75倍和2005年的2.82倍。根据《中国统计年鉴》所提供的数据，

① 温家宝：《中央财政转移支付87%支持中西部》，http://news.sina.com.cn/c/2008-03-05/093815080012.shtml，2013-2-19。

② 参见发改委《中央财政转移支付体现了对中西部的倾斜》，http://www.chinanews.com/cj/hgjj/news/2008/03-03/1179939.shtml，2013-2-20。

在2001年至2007年7年间，我国地区人均GDP的基尼系数，从2001年的0.3132回落至了2007年的0.3059，使地区间的基尼系数维持在了0.3的稳定线附近。[①] 在这么短的时间里，中央财政转移支付带来了如此显著的变化，不能说不是一个奇迹。

（二）调整财政收入结构

除地区差距之外，城乡差距也是影响我国整体收入差距的一个重要方面。自改革开放以来，随着"以经济建设为中心"的确立，国家开始从"经营农村"转向"经营城市"，这是因为，在现代化的逻辑中，第二产业和第三产业是推动和衡量经济发展的重要动力和指标。为此，国家出台了一系列鼓励和支持城市发展的政策，在此过程中，城市尽得"天时、地利、人和"，反倒是农村却成为中国经济发展政策的牺牲品。在1995年至1997年这三年期间，城镇居民可支配收入与农村居民可支配收入之比分别为4.25、3.87和3.75。以至于有学者感慨："中国城乡收入差距如此之大，在世界上很难找到相应的国家。"[②]

进入21世纪后，为了缩小城乡差距，我国采取了"少取"和"多予"双管齐下的财政策略，所谓"少取"即减少对农民的税收负担；而所谓"多予"则是指加大对"三农"的补贴。本部分将着重描述"少取"的财政策略，而有关"多予"的讨论则留在下一部分。

"少取"的一个重要表现就是取消农业税。向农民征收农业税源自1958年的《中华人民共和国农业税条例》，其中第1条指出："对农民征收农业税是依据《中华人民共和国宪法》第102条'中华人民共和国公民有依照法律纳税的义务'的规定，为了保证国家社会主义建设，并有利于巩固农业合作化制度，促进农业生产发展而征收的。"然而，随着改革开放事业的深入和社会主义市场经济的确立，我国的产业结构发生了重要调整和变革，作为第一产业的农业不再是促进经济发展的重要动力和提升财政收入的重要来源。据统计，自改革开放以来，农业在国民经济中的份额和农业税在国家财政收入中的份额双双下跌。先来看农业在国民经济中的份额，这一份额在1979年为31%，2002年为18.4%，而到了2005

① 高云：《我国地区收入差距的现状与对策》，《对外经贸》2012年第2期。

② 李实、赵人伟：《中国居民收入分配再研究》，《经济研究》1999年第4期。

年则下滑到了12.6%。[①] 再来看农业税在国家财政收入中的份额，这一份额在1950年时高达39%，而到了1979年则降至5.5%，2004年更是进一步降至1%。[②] 虽然农业税占国家财政收入的比重逐年萎缩，甚至跌至历史新低的1%，但是对于收入有限的农民来说，这依然是一个不小的数额和沉重的负担。这是因为，我国的农业税是按土地的总产量（即总收入）而不是按土地的纯收益征收的，这就意味着农民为生产而进行的各种农业物质投入、支出也成了税负的计征对象，这无疑在实施上增加了农民的税收负担。[③] 对此，全国人大代表任玉琦指出："我在农村调研时，农民普遍反映，农民每种一亩地，除去种子、农药、化肥等成本后，要亏损20—40元，……有的农民明知种粮的成本高出收入，还得亏本种下去，结果农民欠缴农业税的现象严重。"[④] 这说明，农业税成为压在农民身上的沉重负担。

一方面是农业税在国家财政收入中所占份额的下降，另一方面是农业税成为制约农民收入的重要负担。这两个方面共同表明：取消农业税已经成为历史必然。据此，温家宝在2004年的政府工作报告中承诺："取消除烟叶以外的农业特产税，五年内取消农业税。"当年，就有8个省份全部取消农业税，12个省份降低3%征收，11个省份降低1%征收。到2005年初，31个省市自治区中，已有28个相继宣告免征农业税。全面取消农业税，这一原计划于2008年完成的目标提前至了2005年。在此基础上，2005年12月26日，十届全国人大常委会第十九次会议以"162票赞成，0票反对，1票弃权"高票通过决定，自2006年1月1日起废止《中华人民共和国农业税条例》。从此，中国农民告别了"皇粮国税"，进入了不交农业税的时代。

取消农业税只是中央"少取"财政政策的一个方面，除此之外，还包括：2009年以来所实施的结构性减税，其间，国家暂免征收储蓄存款

---

① 其中1979年和2005年的数据来自王绍光的《大转型：1980年代以来中国的双向运动》，而2002年的数据则源自新闻报道《财政部：财政收入猛增主要原因是收入结构变化》，其中指出2002年我国第二、三产业占GDP比重为81.4%。

② 参见《"后农业税时代"：财政已作相应安排》，http：//biz.cn.yahoo.com/051225/16/ev7j.html，2013-2-20。

③ 杨卫军、许军：《取消农业税刍议》，《安徽大学学报》（哲学社会科学版）2002年第2期。

④ 崔晓林：《2006年，取消农业税》，http：//finance.sina.com.cn/roll/20090928/03046799033.shtml，2013-2-20。

利息个人所得税，利息税减免直接使中低收入群体受惠；2011 年 6 月通过的《关于修改个人所得税的决定》指出，从 2011 年 9 月 1 日起，个人所得税薪酬的起征点从每月 2000 元提高至 3500 元。从取消农业税到提高个人所得税薪酬的起征点，这表明，国家开始通过调整财政收入结构，特别是通过减免农民的税赋负担，来缩小城乡差距。党和政府所做出的努力是巨大的，而相应的效果也是明显的，2011 年农村居民人均纯收入达到了 6194 元，同比增长 19.1%，超过了城镇 14.1% 的增幅。

（三）调整财政支出结构

一般而言，财政支出结构反映了一国政府配置社会资源的重点和方向，一国财政支出结构的现状及其变化也反映了该国政府正在履行的政府职能的重点。① 就 20 世纪整个 90 年代的财政支出结构来看，经济建设支出大概占到了 38.4%—44.4%，而社会文教支出则在 23.9%—27.6%。按照世界上许多国家的经验，公共财政直接用于民生和社会发展的支出一般要占到公共财政总支出的 60% 左右。② 比较起来，中国财政用于民生和社会发展的支出还远远不够。为此，有学者将我国的财政称为“经济建设型财政”。由于国家财政支出结构不合理，用于经济建设支出过多，而社会文教支出不足，致使广大社会成员公共需求的快速增长同公共服务缺位、公共产品严重短缺之间的矛盾日益突出。20 世纪 90 年代以来，居民在教育、医疗、社会保障等基本公共服务方面个人承担的费用迅速上涨，诸如住房、就医、上学等“三难三贵”也因此成为公共话题。要想维护社会公正、缩小收入差距，国家必须要在财政支出结构上做文章，即调整财政支出结构，将更多财政资金投向公共服务领域和社会发展领域，变“经济建设型财政”为“公共服务型财政”，真正体现国家财政的公共性。

十六大以来，一个重要举措就是调整财政支出结构，以前那些被国家财政覆盖不到或者覆盖不足的公共服务领域，开始成为国家财政支出的重点，这包括：最低生活保障制度、医疗保障制度、养老保险制度、住房保障制度等。这里着重举两个例子来说明，一个是最低生活保障制度，另一个是医疗保障制度。

最低生活保障制度具体又可以区分为城市最低生活保障制度和农村最

---

① 吴爱明、沈荣华、王立平：《服务型政府职能体系》，人民出版社 2009 年版，第 172 页。

② 汝信、陆学艺、李培林主编：《2012 年中国社会形势分析与预测（蓝皮书）》，社会科学文献出版社 2012 年版，第 13 页。

低生活保障制度。城市最低生活保障制度始于20世纪90年代，为了应对下岗工人、失业人员、残障人士和“三无”对象（无工作能力、无收入和无人收养人员）等庞大的城市弱势群体，国务院于1997年颁布了《关于在全国建立城市居民最低生活保障制度的通知》，其后又于1999年颁布了《城市居民最低生活保障条例》。在城市最低生活保障建立的头几年里，虽然覆盖面不断在扩大，但是相应的资金投入却跟不上。如在1996年，低保领取人员有84.9万，低保资金投入为3亿元，平均每人每年可领取353元，然而到2001年，低保领取人员增至1170.7万，低保资金投入也增至4.16亿元，但是平均到每人身上只有355元，相较于1996年，平均每人每年增加了2元。① 自十六大以来，国家开始加大对低保的财政支持力度，人均低保到2006年达到了千元左右，比2001年增加了一倍多。相较于城市，农村的生活保障问题更为严重。从一些正式公布的数字来看，截至2002年底，中国农村中的贫困人口依然高达2800多万人。② 随着中央一号文件对“三农”的关注，农村贫困人口开始进入党和政府的视野。2004年的中央一号文件指出，要在有条件的地方探索建立农民最低生活保障制度。2007年的《关于积极发展现代农业扎实推进社会主义新农村建设的若干意见》更是明确提出，要于年内在全国范围建立农村最低生活保障，重点保障病残、年老体弱、丧失劳动能力等生活苦难的农村居民。这样，农村最困难的群体第一次被纳入了国家财政的保障范围。

除了最低生活保障，医疗保障也同样是国家财政关注和支持的重点领域。病有所医是现代福利国家不可或缺的重要部分。然而，在很长一段时间里，国家对医疗领域缺乏关注和投入，个人负担过重和政府投入不足也就成为中国医疗保险体制的两大缺陷。《2005年中国卫生统计提要》的数据显示，2005年中国的卫生总费用开支高达6632多亿元，其中政府支出只占17.2%，社会支出为27%，个人支出则高达55.5%。17.2%的政府支出远低于发达国家的73%和发展中国家的57%—59.3%。由于政府投入不足，中国人民恐怕成为世界上医疗负担最重的群体，无怪乎老百姓抱怨“看病难，看病贵”。针对此，国家出台了一系列政策来解决“看病

① ［德］托马斯·海贝勒、君特·舒耕德：《从群体中到公民——中国的政治参与》，张文红译，中央编译出版社2009年版，第83页。

② 《中国有多少贫困人口?》，http：//news.qq.com/a/20040312/000436.htm，2013－2－20。

难，看病贵”的问题。2006年国务院颁布了《关于解决农民工问题的若干意见》，强调“抓紧解决农民工大病医疗保障问题”；2007年国务院决定选一两个城市，进行建立以大病统筹为主的城镇居民基本医疗保险制度的试点改革；2007年国务院又原则通过了《卫生事业发展“十一五”规划纲要》，提出要在“十一五”时期初步建立覆盖全体城乡居民的基本卫生保健制度框架；2009年中共中央和国务院发布了《关于深化医疗卫生体制改革的意见》，明确提出“逐步实现人人享有基本医疗卫生服务的目标”，“到2011年，基本医疗保障制度全面覆盖城乡居民”。[①] 至此，我国在医疗保障方面可谓是四管齐下，这包括：城镇职工基本医疗保险、城镇居民基本医疗保险、农民工基本医疗保险和新型农村合作医疗保险。这也表明，我国的医疗保障网不仅在快速扩大，而且越来越密。不容忽视的是，国家在医疗保障领域的四管齐下是以国家财政对医疗领域的大力扶持为后盾。从2006—2011年的全国财政医疗卫生支出情况来看，这一数据从2006年的1320亿元猛增至了2011年的6430亿元，涨幅接近5倍，平均每年以1倍的速度增长（见图4-3）。

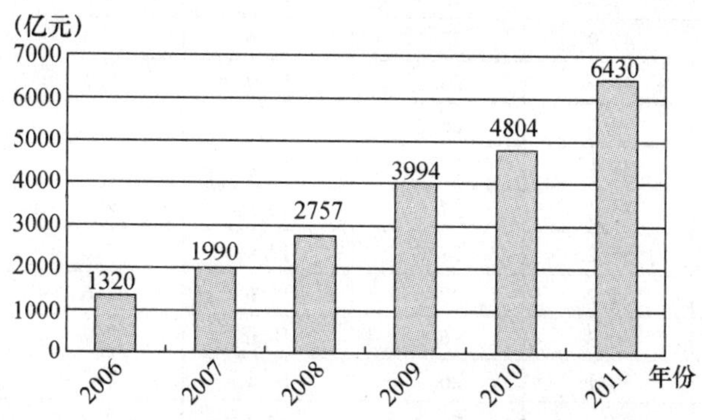

图4-3　2006—2011年全国财政医疗卫生支出情况

资料来源：《中国财政基本情况（2011）：财政支持医疗卫生事业发展情况》，http://www.mof.gov.cn/zhuantihuigu/czjbqk2011/czzc2011/201208/t20120831_679907.html，2013-2-20。

以上的案例表明，国家财政从“经济建设型财政”向“公共服务型

---

① 转引自汝信、陆学艺、李培林主编《2012年中国社会形势分析与预测（蓝皮书）》，社会科学文献出版社2012年版，第59页。

财政”的转变不只是说说而已，而是有了具体的行动和做法。通过表4－3，我们可以看出，在财政支出结构方面，经济建设费所占比例已经由1990年的44.4%降至2009年的30.0%，而社会文教费所占比例则从1990年的23.9%升至2005年的25.6%，两者的差距不断缩小，甚至趋同，如在2006年时，经济建设费为26.8%，社会文教费为26.6%。我们可以说，通过调整财政支出结构，加大对公共服务领域的支出比重，已经成为我国财政改革的发展方向和既定目标。对此，十八大报告指出：“加快改革财税体制……完善促进基本公共服务均等化和主体功能区建设的公共财政体系……形成有利于结构优化、社会公平的税收制度。”

表4－3　　我国按职能进行分类的政府支出结构①　　单位:%

年度	经济建设费	社会文教费	行政管理费	国防费	其他支出
1990年	44.4	23.9	13.4	9.4	8.9
1991年	42.2	25.1	12.2	9.7	10.8
1992年	43.1	25.9	12.4	10.1	8.5
1993年	39.5	25.4	13.6	9.2	12.3
1994年	41.3	25.9	14.7	9.5	8.6
1995年	41.9	25.7	14.6	9.3	8.5
1996年	40.7	26.2	14.9	9.1	9.1
1997年	39.5	26.7	14.7	8.8	10.3
1998年	38.7	27.1	14.8	8.7	10.7
1999年	38.4	27.6	15.3	8.2	10.5
2000年	36.2	27.6	17.4	7.6	11.2
2001年	34.2	27.6	18.6	7.6	12.0
2002年	30.3	26.9	18.6	7.7	16.5
2003年	30.1	26.2	19.1	7.7	16.9
2004年	27.8	26.3	19.4	7.7	16.8
2005年	27.4	26.4	19.2	7.3	19.7
2006年	26.6	26.8	18.7	7.4	20.5
2007年	27.8	23.7	17.1	7.1	24.3
2008年	30.0	23.9	15.7	6.7	23.7
2009年	30.0	25.6	16.2	8.0	20.2

资料来源：根据2010年《中国财政年鉴》相关数据计算整理。

① 吴爱明、沈荣华、王立平：《服务型政府职能体系》，人民出版社2009年版，第172—173页。

总结上述来看，为了维系社会公正，党和政府围绕财政杠杆进行了一系列改革。这表现为：在宏观目标上，实现从“经济建设型财政”向“公共服务型财政”的转型；在具体操作上，主要从加大财政转移支付、调整财政收入结构、调整财政支出结构三方面入手。通过以上一系列努力，政府的积极职能正逐步实现回归。

三　政府消极职能的回归

在发展型政府的定位下，为了追求效率和 GDP 增长，国家加大了对经济和社会领域的干预与指导，使整个社会领域为市场领域服务，又使市场领域为 GDP 增长服务。换言之，为了发展经济，政府一方面加大了对经济领域的干预，另一方面加大了对社会领域的控制，这两个方面共同构成了政府消极职能的越位。对此，温家宝坦言，政府“确实也管了一些不该管的事情”。[①] 在此过程中，公民权利遭到了来自国家权力的限制和侵害。因此，要想维护社会公正，改变政府消极职能越位的状况，制度重建也就成为必然。随着我国政府定位从“发展型政府”向“服务型政府”的转变，根据服务型政府的基本要求，政府的基本职能在于“服务”而非“掌舵”和“划桨”，国家开始进行了一系列的制度重建，以此来收缩政府权力触角、约束政府行动范围，这具体包括“破”与“立”两个层面。

（一）以“破”来推动政府消极职能的回归

就制度重建而言，所谓“破”主要是指针对现有的、不适宜社会发展的制度进行废止或修改。从制度绩效来看，诸如户籍制度、劳教制度、行政审批制度、征地拆迁条例等法律法规确实发挥了推动经济发展、维护社会稳定的功能，然而，随着时间的推移，这些制度的负向功能也越来越明显。一个重要的方面就是，这些制度赋予了政府过多的权力，致使政府对社会的管理过死，在很大程度上超出了国家管理的应然范围，跌破了权力运行的契约底线，造成了国家权力与公民权利的紧张和对立。吴忠民的相关研究就显示，由于政府消极职能的越位，国家权力干涉范围过广，致使“官民矛盾”成为我国的首要矛盾，而且，其他诸如劳资矛盾问题、贫富矛盾问题、国企民企矛盾问题等重要的社会矛盾问题在很大程度上都

① 温家宝：《努力建设人民满意的政府》，《求是》2013 年第 3 期。

受此影响。[①] 因此，废止或者修改那些造成政府消极职能越位的现有制度也就成为必然，这主要体现为以下几个方面：

第一，废止农业税。废止农业税的根本原因在于农业税所带来的“胡乱摊派”和对农民财产权的侵害。农业税俗称“公粮”，在历史上曾是我国财政收入的重要来源，然而，随着改革开放以来我国产业结构的调整，农业税所占国家财政收入的比重开始下降，从 1950 年的 39% 跌至 2004 年的不足 1%。与此同时，农业税在实践中也逐渐发生了异化。1994 年分税制改革以来，由于国家实行了“切块包干、分灶吃饭”的财政体制，致使多数乡镇陷入财政危机，行政费用入不敷出，无力供养庞大的行政人员，这被形象地描述为“中央财政蒸蒸日上，省级财政喜气洋洋，市级财政稳稳当当，县级财政哭爹喊娘，乡镇财政精精光光”。由于县乡政府的财政收入主要源自农村的赋税、摊派，因此，当乡镇政府的财政收支平衡处于巨大压力的时候，加重农民负担，向农民摊派转嫁财政危机就成为必然的选择。[②] 为了追求“财政收入最大化”，许多乡镇府巧设名目、胡乱摊派，最大化地从农民身上榨取资源，进一步堕落为“掠夺型经纪人”。对此，有学者评价到，农业税已经成为对农民强行征收不合理费用的行为依据，只有取消农业税才可以使所有对农民强行征收不合理费用的行为无便车可搭。[③] 对此，2004 年的政府工作报告中提出了“五年内取消农业税”的承诺和构想。不到一年，2005 年初已有 28 个省份相继宣告免征农业税。2005 年底，十届全国人大常委会第十九次会议通过了“自 2006 年 1 月 1 日起废止农业税条例”的决定。

第二，改革户籍制度。改革户籍制度的根本原因在于户籍制度所带来的“限制人口流动”和对公民身份平等和人身自由权的侵害。户籍制主要源自 1958 年的《中华人民共和国户口登记条例》，该条例的颁布标志着我国户籍制度开始由自由迁徙转向迁移流动控制。该条例把全部人口划分为城镇人口和农村人口两部分，通过将户口登记、人口迁移同粮食供应、就业机会、社会保障等资源的分配捆绑在一起，并置于严格的计划控

---

① 参见吴忠民《当代中国社会“官民矛盾”问题特征分析》，《教学与研究》2012 年第 3 期。

② 金太军：《乡村关系与村民自治》，广东人民出版社 2002 年版，第 148 页。

③ 杨卫军、许军：《取消农业税刍议》，《安徽大学学报》（哲学社会科学版）2002 年第 2 期。

制之下，而将城、乡社会截然分隔开来。① 从初衷来看，户籍制度的主要功能在于“限制人口流动”和“减轻城市负担”，这是因为，人口由乡村向城市的流动，无疑会加重城市的治安管理、社会保障和财政负担。在设立之初，户籍制度确实起到了减轻城市负担和推动城市发展的作用。然而，随着社会主义市场经济的确立，户籍制度的负向功能开始凸显。在价值上，户籍制度所内含的“限制人口流动”与市场经济所主张的“人口自由流动”形成了内在张力；在现实中，随着人口流动的频繁，大规模的人户分离带来了诸如异地办证、异地高考、异地就学等难题。对此，学界围绕户籍制度进行了一系列的批判，这包括：（1）对人身自由迁徙权构成了侵犯；（2）造成了城乡二元分隔和差距；（3）阻碍了城市化进程和遏制了消费市场发展；（4）加剧了社会分化和居民之间的身份差别。对此，2006 年公安部出台了《公安部关于进一步改革户籍制度的意见》，2012 年国务院办公厅又发布了《积极稳妥推进户籍制度改革的通知》，2013 年全国政法工作会议再次提出推进户籍制度改革。经过一系列改革，国家层面上的户籍制度已经不再是刚性制度，各级地方政府、城市政府可以自主取消或改变城乡二元的户籍制度。②

第三，废止收容遣送制度。收容遣送制度被废止的根本原因在于收容遣送制度所带来的政府强制收容和遣送对公民人身权的侵害。收容遣送制度的法律依据是 1982 年国务院颁布的《城市流浪乞讨人员收容遣送办法》，该办法的第一条规定：“为了救济、教育和安置城市流浪乞讨人员，以维护城市社会秩序和安定团结，特制定本办法。”一般认为，这一条款前半句中的“救济、教育和安置”表明了该法的福利性质，但后半句中的“维护城市社会秩序”，却意在实施控制。然而，《城市流浪乞讨人员收容遣送办法》所蕴含的“社会救济”和“社会控制”的两个目标并没有均衡发展，在实际操作中，“社会控制”被放在了重点，“社会救济”遭到了弱化。为了实施社会控制，避免大规模的流浪乞讨人员对城市社会秩序构成威胁，该办法第五条要求对被收容者及时“遣送回原户口所在地”。在此基础上，第六条又规定被收容者必须“服从收容、遣送”，这

① 梁治平：《被收容者之死——当代中国身份政治的困境与出路》，梁治平主编《转型期的社会公正：问题与前景》，生活·读书·新知三联书店 2010 年版，第 187 页。

② 陈映芳：《城市开发与住房排斥：城市准入制的表象及实质》，梁治平主编：《转型期的社会公正：问题与前景》，生活·读书·新知三联书店 2010 年版，第 213 页。

无疑增加了收容、遣送的强制性。2003 年的孙志刚事件将收容遣送制度推到了风口浪尖。孙志刚事件所暴露出来的是司法机关工作人员对于权力的滥用，随意抓人、打人、非法拘禁、刑讯逼供、报复陷害等。从“救济收容”到“毒打致死”，这两相悖论，无疑是对收容遣送制度最大的讽刺。正如三位法学博士在给全国人大常委会的公开信中所指出的那样：“《城市流浪人员收容遣送办法》作为国务院制定的行政法规中有关限制人身自由的内容与我国现行宪法以及有关法律相抵触。”对此，2003 年 6 月 20 日，国务院总理温家宝签署国务院令，公布《城市生活无着的流浪乞讨人员救助管理办法》，与此同时，废止已经实施 21 年的《城市流浪乞讨人员收容遣送办法》。这被认为是中国社会救助制度的重大改革、民主建设的一件大事，标志着中国开始以自愿接受救助制度来取代强制性的收容遣送制度。

第四，改革拆迁条例。拆迁条例被改革的根本原因在于行政强拆对公民财产权的侵害。拆迁制度最早可以追溯到 1991 年国务院出台的《城市房屋拆迁管理条例》，其后，国务院于 2001 年对《城市房屋拆迁管理条例》（以下简称《拆迁管理条例》）进行了修改。该条例第一条规定：“为了加强对城市房屋拆迁的管理，维护拆迁当事人的合法权益，保障建设项目顺利进行，制定本条例。”由此可知，《拆迁管理条例》的目的有二：一是维护拆迁当事人的合法权益；二是保障建设项目顺利进行。除此之外，《拆迁管理条例》的基本运作模式为：建设单位向政府申请拆迁许可，获批后实施拆迁，发生纠纷由政府裁决；被拆迁人拒绝拆迁的，实行强制拆迁。然而，从事实来看，《拆迁管理条例》带来更多的是“保障建设项目顺利进行”而非“维护拆迁当事人的合法权益”。这是因为，根据《拆迁管理条例》，地方政府是拆迁的仲裁人，然而，当地方政府的仲裁人角色遭遇到“土地财政”的现实需求时，地方政府根本无法保证拆迁的公正性。于是乎官商联手、钱权联姻的现象不断上演，地方政府介入、主导、支持强拆更是屡屡发生。行政强拆于是成为当前拆迁矛盾的根源。行政强拆带来的结果就是对公民财产权的侵害，这表现为：（1）政府对于拆迁的介入以及由此带来的行政强拆，致使个体拥有的私人房屋财产和土地所有权的法律地位得不到保障；（2）有的地方政府和部门在拆迁过程中没有依法行政，态度粗暴，甚至动用黑社会势力，采用恐吓手段，停水、停电，强迫居民搬迁；（3）在拆迁过程中，政府充当开发商的保护伞，致使交易双方地位不均等，公民无法得到公正补偿；[①]（4）“先拆迁，后补偿”[②] 的拆迁原则致使公民缺乏诉讼渠道，即使付诸司法，结果也往往是“官司打赢了，房子也早已被拆了”。于建嵘的相关研究表明，市民的维权抗争以及相关的群体性事件主要集中在房屋拆迁方面。[③] 而震惊全国的唐福珍事件、宜黄事件等均与行政强拆有关。由此可见，地方政府对拆迁的介入，以及所主导的行政强拆，最终使政府丧失了公正的仲裁者角色。在此基础上，2011 年 1 月 21 日，温家宝总理签署国务院令颁布《国有土地上房屋征收与补偿条例》。与此同时，废止了 2001 年 6 月 13 日国务院颁布的《城市房屋拆迁管理条例》。

第五，废止劳教制度。劳教制度被废止的根本原因在于劳教权在实践中的随意扩大及对公民权利构成的伤害。我国的劳教制度最早可以追溯到 1957 年 8 月国务院颁布的《关于劳动教养问题的决定》，当时的劳教对象主要是“反革命分子”和“坏分子”两种人，其基本性质为政治斗争工具。1979 年 11 月 29 日，国务院出台了《国务院关于劳动教养的补充规定》，并将 1957 年颁布的《国务院关于劳动教养问题的决定》重新发布实施。因应时代的发展，劳教制度的性质也由原来的“政治斗争工具”变为“社会管治手段”。[④] 根据 1982 年国务院转发的公安部《劳动教养试行办法》，劳动教养的对象主要是那些“有轻微违法犯罪行为、尚不够刑事处罚”的人。其功能也在于弥补我国刑罚体系和行政处罚体系在衔接上存在的空白。然而，随着改革的深入和矛盾的激化，在“刚性维稳”的指导思想下，劳教制度越来越成为地方政府打击、报复上访群体、维权群体的手段和工具。在于建嵘看来，当前中国的劳教制度存有处罚依据随意、权力缺乏制衡、违背正义原则等制度缺陷。劳教制度的本质是一种社会控制手段，“被掌握行政权力的政府用来在司法程序之外剥夺公民人身自由和政治权利，追求的是一种‘高效率’，是最大限度地保证公权力侵

---

① 郑贤君：《自由的保障——公民基本权利保障的进展》，http：//www. chinalawedu. com/news/16900/171/2005/6/ma1626104419265002701 44_ 170151. htm，2013－2－22。

② 《城市房屋拆迁管理条例》规定：政府收回土地后，把补偿问题留到拆迁阶段，由拆迁人和被拆迁人来解决。

③ 于建嵘：《当前我国群体性事件的主要类型及其基本特征》，《中国政法大学学报》2009 年第 6 期。

④ 于建嵘：《中国劳动教养制度改革路向——基于 100 个上访劳教案例的分析》，《战略与管理》2009 年第 6 期。

犯公民权利的能力”。[①] 湖南上访妈妈唐慧事件[②]和重庆大学生村官任建宇事件[③]再次将劳动教养制度的弊端披露在公众面前。对此，2013 年 11 月十八届三中全会《中共中央关于全面深化改革若干重大问题的决定》提出，“废止劳动教养制度，完善对违法犯罪行为的惩治和矫正法律，健全社区矫正制度”。同年 12 月 28 日闭幕的全国人大常委会通过了关于废止有关劳动教养法律规定的决定，这意味着已实施 50 多年的劳教制度被依法废止。

由上述的讨论可以看出，农业税制度、户籍制度、收容遣送制度、行政强拆制度和劳动教养制度，在实践过程中都发生了不同程度的异化，它们成为政府机关滥用权力，对公民权利构成威胁和侵害的制度基础。在此基础上，党和政府从现实出发，对这些制度或者进行了废止，或者进行了修改。

（二）以“立”来推动政府消极职能的回归

所谓“不破不立，不立不破，破立相济”，对于制度重建来说亦是如此，要想改变政府消极职能越位的状况，废止或修改不合时宜的旧制度是一方面，而根据社会发展需要建立新的制度则是另一方面。正如孟德斯鸠、阿克顿、杰斐逊等曾论述的那样，权力本身具有自我扩张和膨胀的本能，一切有权力的人都容易滥用权力，这是万古不易的道理。然而，对任何一个共同体来说，需要的都不是一个权力无限扩张的政府，而是“一个弱势的、柔性的、能够预知变化的政府”。[④] 要想使一个“可控而有限”的政府变为可能，其基本方式就是把权力关进制度的笼子，给赤裸的权力披上制度的外衣。

2003 年以来，在“科学发展观”、“和谐社会”、“更加注重社会公

① 于建嵘：《中国劳动教养制度改革路向——基于 100 个上访劳教案例的分析》，《战略与管理》2009 年第 6 期。

② 2006 年 10 月，唐慧 11 岁女儿被逼卖淫，事件发生后，唐慧多年持续上访，强烈要求法院对犯罪嫌疑人判处死刑，对渎职民警严肃处理。唐慧也因此被称为“上访妈妈”。就在唐慧的持续上访终于有结果时，2012 年 8 月 2 日湖南省永州市劳动教养管理委员会却以“扰乱社会秩序”为由强行对唐慧实行劳动教养。唐慧对此不服，向湖南省劳动教养管理委员会提出书面复议申请。2012 年 8 月 10 日，湖南省劳动教养管理委员会决定撤销永州市劳动教养管理委员会对唐慧的劳教决定。

③ 任建宇系重庆市彭水县郁山镇大学生村干部。2011 年 8 月 17 日，任建宇被彭水县警方传唤到了公安局，指他从 2011 年 4 月至 8 月多次发表“负面言论和信息”。次日，重庆市彭水县公安局以“煽动颠覆国家政权”为由，对任建宇处以两年劳动教养。2012 年 11 月 19 日，劳教委撤销了劳教决定，任建宇重获自由。

④ John Dunning, *Government*, *Globalization and international Business*, New York: Oxford University Press, 1999, p. 13.

平”等执政理念的指导下，政府职能开始向公共服务型转变。而政府职能转变最重要、最根本的是实行依法行政。① 为了解决政府在治理过程中与发展社会主义市场经济要求不相适应的状况，改变长期以来政府消极职能越位的现象，2004 年国务院颁布了《全面推进依法行政实施纲要》，明确提出了“全面推进依法行政，建设法治政府”的目标，并对我国依法行政提出了六项要求：（1）严格依法的合法行政；（2）遵循公平、公正原则的合理行政；（3）程序正当，并体现公开性；（4）高效便民；（5）诚实守信；（6）权责统一，行政机关违法或者不当行使职权，应当依法承担法律责任，做到有权必有责、用权受监督、违法要追究、侵权要赔偿。② 2005 年国务院办公厅颁发了《关于推行行政执法责任制的若干意见》，对加强政府行政责任进行了部署和规范，并提出，要按照“谁决策，谁负责”的原则，对超越权限、违反程序决策造成重大损失的，严肃追究决策者的责任。2007 年十七大明确提出要全面落实依法治国基本方略，加快建设社会主义法治国家。具体要求就是要坚持科学立法、民主立法，完善中国特色社会主义法律体系，维护法治尊严、推进依法行政、深化司法改革。2014 年十八届四中全会颁布了《中共中央关于全面推进依法治国若干重大问题的决定》，提出了“深入推进依法行政，加快建设法治政府”等一系列重大议题。根据以上这些文件精神和战略部署，我国展开了立法工作，出台了众多新的法律法规，以此来规范政府行为，推动由全能政府向有限政府的转型。根据这些新行法律法规的功能，主要有以下两大类：

第一类为对行政征用行为的规范。在中国市场经济的发展过程中，一个重要的现象就是政府对公民财产权的随意征用和征收，这集中体现在“征地拆迁”上。征地拆迁又被称为中国版本的“圈地运动”，这是因为中国的征地拆迁具有过程的暴力性和补偿的廉价性两个特征，也因此，征地拆迁成为近年来民众上访和抗争的主要内容。随着《宪法修正案》、《物权法》和《国有土地上房屋征收与补偿条例》的出台，政府对民众财产的随意征用、征收行为正在得到有效遏制和改变。2004 年的宪法修正案提出“公民的合法的私有财产不受侵犯”、“国家为了公共利益的需要，

① 蔡定剑：《依法治理》，俞可平主编：《中国治理变迁 30 年：1978—2008》，社会科学文献出版社 2008 年版，第 50 页。

② 国务院：《全面推进依法行政实施纲要》，国发［2004］10 号。

可以依照法律规定对土地实行征收或者征用并给予补偿”。这从根本大法的角度对政府的征收、征用行为提出了三重约束，即“为了公共利益”、“依照法律规定”和“给予补偿”。2007年的《物权法》更是确立了有形财产（动产、不动产）归属关系的基本规则，该法律在对民众的财产权利给予明确规定和保护的同时，还特别对政府征收和征用民众财产的条件、程序以及补偿做出了相应的规定。对此，有学者指出：“物权法的意义首先就在于教育国家公务人员确立物权观念，使他们知道物权具有排除他人干涉的效力，不能动用公权力去拆老百姓的房子。”① 根据《物权法》和《全国人民代表大会常务委员会关于修改〈中华人民共和国城市房地产管理法〉的决定》，国务院于2011年通过了《国有土地上房屋征收与补偿条例》。该条例又被称为新的拆迁条例，这里的“新”主要表现为：(1)明确规定所有的国有土地上房屋征收行为都变为政府行为，政府对此负责；(2)确立了“先补偿，后征用”的征收原则，并且提高了补偿价格，要求对被征收房屋价值的补偿不得低于类似房地产的市场价格；(3)取消了行政强拆，被征收人超过规定期限不搬迁的，由政府依法申请人民法院强制执行。简言之，这种“新”可以概括为：对政府拆迁行为的约束和对公民财产权利的保护。

第二类为对行政审批行为的规范。行政审批制度是一种授权政府的制度，其实质是把对市场机会的把握、资源的配置——一种本属于个人的权利转移给了政府。② 我国行政审批制度随着计划经济体制的建立而诞生，成为调解经济与社会发展、保障指令性计划顺利实施的重要职能手段。改革开放后，为了能够对市场经济进行干预和指导，行政审批制度依然被保留下来。然而，随着改革开放的深入、市场经济的深化，特别是政府职能的转变，行政审批制度所蕴含的“划桨”价值与服务型政府所追求的“服务”功能显得格格不入，行政审批制度的一系列弊端也开始暴露出来，这包括：行政审批主体混乱、审批范围失控、审批程序不规范、审批动机不纯、寻租腐败现象层出不穷。③ 为了切实推动政府职能由“划桨”向“服务”的转变，减少政府对市场和社会的不合理干预，改变政府消

---

① 梁慧星：《如何理解物权法》，《河南社会科学》2006年第4期。

② 吴爱明、沈荣华、王立平：《服务型政府职能体系》，人民出版社2009年版，第190页。

③ 吕普生：《中国行政审批制度的结构和历史变迁——基于历史制度主义的分析范式》，《公共管理学报》2007年第1期。

极职能越位的状况，国务院颁布了《行政许可法》，并于2004年7月1日正式生效。根据《行政许可法》的相关规定，针对以下四种情况，国家不再设行政许可行为：（1）凡是公民、法人或者其他组织能够自主决定的；（2）市场竞争机制能够有效调节的；（3）行业组织或者中介机构能够自律管理的；（4）行政机关采用事后监督等其他行政管理方式能够解决的。《行政许可法》的颁布标志着打破了政府的全能管制，使公民和社会组织依法享有了充分的经济和社会活动自由。对此，蔡定剑评价道："由于行政机关的许可权力针对的是公民自由，尤其是对市场经济活动的自由，因此，《行政许可法》限制行政机关的管制权限并将'获得许可'的权利置于公民手中，在某种程度上可以视为保护公民经济、社会活动的自由宪政。"① 根据《行政许可法》的规定和要求，我国对各类法规分批次进行了清理，根据官方公布的数据，截至2012年，中央层面共取消和调整了2497项行政审批项目，占原有总数的69.3%。② 十八大以来，新一届政府继续推动行政审批改革，先后五批取消和下放行政审批事项，加快了简政放权的步伐。

2003年以后，中国政府的依法治理获得了深入发展，政府采取了一系列措施来全面推进依法治理，政府的法治观念和制度改革也发生了重大变化，从法制规范市场走向法制规范政府自身的行为，以限制政府权力为目标，中国政府依法治理向制度化、程序化和国际化方向迈进。③

第三节　服务型政府的制度绩效

一　国家能力的重构

如前所述，国家能力包括强制能力、规范能力、汲取能力和再分配能力四种。一个有效的国家离不开这四种能力的均衡发展。自改革开放以

---

① 蔡定剑：《依法治理》，俞可平主编：《中国治理变迁30年：1978—2008》，社会科学文献出版社2008年版，第152页。

② 《国务院第6次改革行政审批项目，权力被指仍过大》，http：//finance.ifeng.com/news/macro/20120910/7010723.shtml，2012-2-23。

③ 蔡定剑：《依法治理》，俞可平主编：《中国治理变迁30年：1978—2008》，社会科学文献出版社2008年版，第151页。

来，在发展型政府的定位下，国家由“专断性权力”迈向“基础性权力”，为了能够为经济发展提供一个稳定的政治环境，一方面国家通过综合治理着重发展了强制能力，另一方面国家通过分税制改革着重发展了汲取能力。然而，在强制能力与汲取能力取得发展的同时，再分配能力和规范能力却没有得到充分的发展，这进而导致了国家能力的畸形发展，即高强制能力、低规范能力；高汲取能力、低再分配能力。高强制能力与低规范能力所导致的结果就是利益表达困境，民众缺乏合理的政治参与和利益表达渠道，合理的权利和利益得不到有效保障；高汲取能力与低分配能力所导致的结果就是社会分配不公，这种分配不公表现在地区之间、城乡之间以及居民之间。国家能力畸形发展的结果就是社会抗争的高发，遍地开花的社会抗争不仅造成了国家的维稳困境，更是削弱了国家的合法性资源。

为了摆脱危机，平息社会抗争，进入21世纪以来，中国政府开始重构国家能力，着重发展再分配能力和规范能力。第一，通过财政改革发展了国家的再分配能力。这表现为：通过西部大开发、中部崛起、振兴东北老工业区等方式，将财政支出向中西部地区倾斜，有效地遏制了地区之间收入差距；通过取消农业税、加大农业投入等一系列“三农”政策，在财政方面对农村地区“多予”、“少取”，有效地遏制了城乡之间收入差距；通过养老保险、医疗保险、失业保险等基本公共服务建设，将财政支出向弱势群体倾斜，有效地遏制了居民之间收入差距。第二，通过法制改革发展了国家的规范能力。这表现为：一方面废止、修改了一大批侵犯公民权利和不合适宜的法律法规。这包括：（1）取消农业税，进而破除了农业税制度所带来的“胡乱摊派”对公民财产权的侵害；（2）改革户籍制度，进而破除了户籍制度所带来的“限制人口流动”对公民身份平等和人身自由权的侵害；（3）废除收容遣送制度，进而破除了收容遣送制度所带来的强制收容和谴送对公民人身权的侵害；（4）废除行政强制拆迁，进而破除了行政强拆对公民财产权的侵害；（5）废除了劳教制度，进而破除劳教制度所带来的劳教权随意扩大对公民权利构成的侵害。另一方面新建了一大批旨在保护公民权利的法律法规。颁布和出台了《宪法修正案》、《物权法》、《国有土地上房屋征收与补偿条例》、《国家赔偿法》等，以此来保障公民人身和财产权利，规范政府征用行为；通过了《行政许可法》，减少政府对市场和社会的不合理干预，规范政府的行政审批行为。政府在立法方面的一“破”一“立”，为规范政府权力和保障公民权利提供了制度基础。

针对上述改革，在默尔·戈德曼（Merle Goldman）看来，无论是再分配能力的提升，还是规范能力的提升，都是一种“平民主义”价值取向的变革，都旨在保护平民和弱者的权利。[①] 改革开放以来对于强制能力和汲取能力的优先发展，以及21世纪以来对于规范能力和再分配能力的积极提升，经过这两个阶段的发展，党和政府改变了改革开放以来的那种国家能力畸形发展的格局，构建起了一个相对完整的国家能力结构，进一步促进了我国全面、协调、可持续的发展。2013年全国两会前夕，媒体为过去五年开出了一份执政成绩单，这包括：（1）“危中求机”：助推经济总量五年翻番；（2）“强农惠农”：粮食“九连增”，农民增收“九连快”；（3）“上天入海”：以创新锻造发展新引擎；（4）“老有所养”：织就世界最大养老保障网；（5）“病有所医”：破解13亿人医保的世界级难题；（6）“住有所居”：启动最大规模保障房建设；（7）“学有所教”：首次实现财政教育投入占GDP 4%的目标；（8）“救灾恤患”：有效应对灾害科学重建家园；（9）“政务公开”：让权力在阳光下运行；（10）“改革攻坚”：释放发展转型新动力。[②] 可以说，这些成绩的取得，离不开国家执政理念的调整和国家能力的全面发展。如果没有较强的强制能力和汲取能力，就无法提供一个稳定的环境，更无法实现经济快速增长；如果没有较强的再分配能力，就无法解决农民增收、养老保障、医疗保障、住房保障、教育投入占GDP 4%这些目标；同样，如果没有较强的规范能力，根本无法让权力在阳光下运行。

二　行政民主的兴起

行政民主是相对于选举民主而言的，选举民主关注于“权力的来源”，强调民众对于选举投票的参与；行政民主关注于“权力的运行”，强调民众对于公共决策的参与（见表4－4）。在行政民主的支持者看来，“公民参与的思想基础在于这样一个理念：在技术性的公共政策事务方面，公民没有必要成为专家，他们也能对公共政策提供有价值的意见。作

① Merle Goldman, Authoritarian Populists: for Now, *Current History*, 2007 (9).

② 迎接全国两会：盘点本届政府五年工作十件大事，http://news.china.com.cn/2013lianghui/2013－02/27/content_28074655.htm，2013－3－22。

为‘政策消费者’，普通公民是公共政策问题和利益的最好法官”。[①] 那么，行政民主在中国又是如何兴起的？它又有哪些表现形式？

表 4－4　　学者们对于民主的重新定义

	选举民主（民众对于选举投票的参与）	行政民主（民众对于公共决策的参与）
徐斯勤	内在价值层次	外在工具层次
景跃进	权力来源	权力行使
马骏	谁来使用权力	如何使用权力
林尚立	体系特征合法性	体系作为有效性
任剑涛	政道民主	治道民主

资料来源：余逊达、徐斯勤主编：《民主、民主化与治理绩效》，浙江大学出版社 2011 年版；景跃进：《关于民主发展的多元维度与民主化序列问题——民主化理论的中国阐释之二》，《新视野》2011 年第 2 期；马骏：《实现政治问责的三条道路》，《中国社会科学》2010 年第 5 期；林尚立：《在有效性中累积合法性：中国政治发展的路径选择》，《复旦学报》（社会科学版）2009 年第 2 期；任剑涛：《政道民主与治道民主：中国民主政治模式的战略抉择》，《学海》2008 年第 2 期。

先来看行政民主在中国出现的背景。不同于西方的“选举合法性”，学界通常以“政绩合法性”来概括中国共产党长期执政的原因，正如马克·沃伦所总结的：“中国政治体制之所以如此，是由于推行了一种‘由政绩来获得合法性’的体制设计：只要能履行诺言，中国共产党的执政地位就不会动摇。”[②] 在这种政绩合法性的背景下，党和政府对社会需求保持了较强的敏感性和回应性。针对 21 世纪以来，由社会分配不公和利益表达困境所引发的社会抗争危机，党和政府为了维持政治稳定和保证统治合法性，对社会抗争进行了有效回应，这表现为：针对发展理念异化所导致的社会分配不公，国家在具体政策上开始强调“保障民生”、“促进公平”；针对稳定理念异化所导致的利益表达困境，国家先是于2007 年十七大报告中提出了“扩大公民有序政治参与”，又于 2011 年的《关于加

① ［美］罗森布鲁姆：《公共行政学：管理、政治和法律的途径》，张成福译，中国人民大学出版社 2002 年版，第 213 页。

② ［加拿大］马克·沃伦：《中国式“治理驱动型民主”》，《瞭望东方周刊》2010 年第 33 期。

强和创新社会管理的意见》中提出了“党委领导、政府负责、社会协同、公众参与的社会管理新格局”，积极拓展公民利益表达渠道。正如王绍光所指出的，在今日中国，在公共议程设置过程中，人民大众发挥的影响力越来越大。与之相关的“外压模式”更是频繁出现，议程设置已变得日益“科学化”和“民主化”。或用国务院总理温家宝的话来说，议程设置“突出了着力解决经济社会发展中涉及全局和人民群众关注的重点问题”。[①] 因此，我们可以说，社会抗争的高发以及党和政府为了维系合法性的积极回应，共同促成了行政民主在中国的兴起。

再来看行政民主在中国的表现形式。行政民主主要表现为公众对于公共决策的参与。公众参与决策机制是公众与政府间的互动过程，公众“输入”，政府“输出”。要想更好地实现公众“输入”与政府“输出”之间的对接，需要做好四个关键环节[②]：第一个环节为“信息公开”，也就是政府就其事务向民众公布有关信息，信息公开既是保障公民知情权的体现，也是保证决策正确的前提，正如唐斯所论证的那样“无知”是导致民主失灵和决策失误的重要原因[③]；第二个环节为“听取民意”，也就是政府在制定政策的过程中充分考虑民众的价值、偏好、需求、关切等等，只有如此，政府的制度供给才能够准确地反映和体现民众的需求；第三个环节为“吸取民智”，相较于“听取民意”，“吸取民智”对于公众参与决策机制来说无论在力度上还是广度上影响更深入，形象地讲，“听取民意”阶段的民众尚属于政策的消费者，而“吸取民智”阶段的民众则变成了政策的设计者；第四个环节为“实行民决”，即将政策的最终比较和决定权交与民众选择，一般而言，民决体现为由民众以公民投票的方式决定是否采纳或撤除某项法律或政策。

从中国的实践来看，除“实行民决”外，“信息公开”、“听取民意”、“吸取民智”三个方面已经有了长足进展。(1) 信息公开，这方面的主要成果就是政府信息公开的法律化，2002 年 11 月《广州市政府信息

---

① 王绍光：《中国公共政策议程设置的模式》，《中国社会科学》2006 年第 5 期。

② 这四个环节出自王绍光《公众决策参与机制：一个分析框架》一文，详细参见王绍光《祛魅与超越：反思民主、自由、平等、公民社会》，中信出版社 2010 年版，第 191—210 页。

③ 参见［美］安东尼·唐斯《民主的经济理论》，姚洋、邢予青、赖平耀译，上海人民出版社 2010 年版；闫帅：《民主失灵的逻辑：从理性的无知到理性的胡闹》，《上海行政学院学报》2012 年第 5 期。

公开规定》出台，这是我国第一部全面规范政府信息公开行为的政府规章，这也标志着我国迈出了政府信息公开法律化的第一步；2003 年《上海市政府信息公开规定》出台，在政府信息方面改过去的“以保密为原则，公开为例外”为“以公开为原则，不公开为例外”；2007 年《中华人民共和国政府信息公开条例》的出台更是标志着中国政府全面迈入“信息公开时代”。至此，我国已经形成了包括互联网、公共查阅点、政府公报、新闻发布会、热线电话等在内的五大类信息公开渠道。[①]（2）“听取民意”与“吸取民智”方面，由于“听取民意”所蕴含的尊重民众的政策偏好和“吸取民智”所蕴含的民众对于政策方案的建言具有较高的同质性，所以，本书将两者放在一起来考察。在长期实践中，中国形成了一种“集思广益型”的决策模式，这一模式在价值上强调“大智兴邦”，在操作上实行“开门决策”，体制内的内参、高校里的学者、社会上的民众都有机会参与到决策的讨论中来。可以说，“各方面的互动，已经不再局限于体制内，而是发展至更广泛的体制内外”。[②] 为了能够更好地“听取民意”、“吸取民智”，中国实行了多种创建，开辟了多条公众参与决策机制的渠道，这包括：执政党内实行的党内民主、民主党派实行的参政民主、立法机构实行的听证民主、国家财政实行的预算民主、基层农村实行的村治民主、网络领域实行的网络民主、城市居民实行的维权民主、政府决策实行的协商民主、绩效评估实行的评议民主、干群互动实行的恳谈民主等。[③] 途径和渠道不可谓不丰富多彩。这些渠道和途径不仅扩大了公民参与公共决策的广度，更是提升了公民影响公共决策的力度。公众对于政府决策的参与广度、影响力度不容小觑。甚至毫不夸张地说，公民参与这一西方舶来词，经过中国本土化的创造转换后，已不再是一个理论假设，而是一个真实的故事。

---

① 参见林尚立《政治透明》，俞可平主编：《中国治理变迁 30 年：1978—2008》，社会科学文献出版社 2008 年版，第 238—263 页。

② 王绍光、樊鹏：《“集思广益型”决策：比较视野下的中国智库》，《中国图书评论》2012 年第 8 期。

③ 任剑涛：《政道民主与治道民主：中国民主政治模式的战略抉择》，《学海》2008 年第 2 期。

第五章　政治发展：政府转型的逻辑与效果分析

在任何社会，改革可以分解为政治、经济和社会三方面。俄罗斯和东欧是综合式的改革，中国则是分解式的改革。采取哪一种模式当然不仅仅是改革者的主观选择问题，而是受各国客观条件的制约。……从分解式观点看，中国的改革是先经济改革，再社会改革，再政治改革这样一个过程。

——郑永年

改革开放以来，中国和西方国家一样，首先应解决的是经济权利问题，事实上三十多年的改革主要围绕经济领域和经济建设。接下来，中国的次序和西方国家产生了分叉，目前正在建设的是公民的社会权利问题，最后才可能是政治权利。

——杨光斌

第一节　政府转型的内在逻辑：回应性政治发展

一　政府转型的实践特点：从抗争到回应

经过前四章的讨论可知，在中国语境中，服务型政府是相对于“以经济建设为中心”的发展型政府而言的，两者的核心区别在于是否强调社会政策。同样以“是否强调社会政策”为标准，我们可以将中国从发展型政府向服务型政府的转型过程删繁就简为两个阶段：第一个阶段为以社会抗争为主的危机期，第二个阶段为以国家回应为主的转机期。进入21世纪以来，以科学发展观、和谐社会等执政理念的提出为标志，我国开始走向社会政策时代。[1] 在此之前的第一个阶段，面对社会抗争，政府被认为是有“反应”无“回应”，依然延续了以经济政策为主的基本政策格局；在此之后的第二个阶段，随着社会矛盾的加剧和社会抗争的高发，政府开始思考社会抗争的体制性问题，从而调整政策格局，从经济政策迈向社会政策。这两个阶段的划分，也同时表明，推动我国从发展型政府向服务型政府转型的动力主要有两个，一个是社会抗争，另一个是国家回应，两者的合力助推了我国的政府转型。

（一）推动政府转型的社会因素：以抗争为主

就第一个阶段而言，中国的社会抗争实际上经历了一个从无到有、从弱到强的发展过程，我们大致可以将其划分为三个时期。

第一个时期为前社会抗争时期，时间为 1978 年至 20 世纪 90 年代初期。改革开放以来，中国开始实行面向市场化的改革，推行发展型政府，强调“效率优先，兼顾公平”。在这一段时期，经济发展带来了巨大的“下溢效应”，所有的人都从改革中受益，差别只是有些人多一点，有些人少一点。但是这种差别并没有引起人们的注意，这是因为：一方面这种差别不是太大，相对比较合理；另一方面人们更专注于纵向的收入比较，而不太关注横向的收入比较。所以，直到 20 世纪 90 年代初期，中国的改革都算得上是一场“全赢游戏”（win－win game）。

第二个时期为社会抗争凸显期，时间为 20 世纪 90 年代中期至 20 世纪末期。进入 20 世纪 90 年代中期，社会问题开始凸显，改革也开始由“全赢游戏”变为“零和游戏”，不再是所有的人都从改革中受益，而是一部分人受益，另一部分人受损。在此背景下，社会抗争开始凸显。在这一时期，社会抗争规模小、数量少，且以“非暴力”为主，对社会构成的冲击程度不高。面对来自社会的抗争，政府可以说是有“反应”无“回应”。这表现为：在性质上，政府将群体性事件界定为“敌我矛盾”，更有甚者认为群体性事件是“一个犯罪学应该关注的前沿问题”[2]；在法律上，政府将群体性事件归类为“治安事件”，强调其聚众性、非法性和危害性，如 1994 年中共中央办公厅和国务院办公厅联合颁布的《关于处

① 郁建兴、何子英：《走向社会政策时代：从发展主义到发展型社会政策体系建设》，《社会科学》2010 年第 7 期。

② 参见康均心、马力《群体性事件：一个犯罪学应该关注的前沿问题》，《法学评论》2002 年第 2 期。

置紧急治安事件有关事项的通知》将群体性事件界定为“紧急治安事件”，2000年公安部颁布的《公安机关处置群体性治安事件规定》将群体性事件界定为“群体性治安事件”；在操作上，政府对社会抗争的处置，多以控制、镇压为主，这表现为通过“挤脓包”、“拔钉子”等多种治理技术的应用以达至“摆平理顺”的效果①，如面对农民的抗缴农业税，很多基层政府的处置方式就是，一方面强调纳税的天然正当性，宣传“皇粮国税，抗缴有罪”，另一方面就是通过强行收缴、抄家罚款、捆绑殴打等粗暴方式强行征收。可以说，政府的这种应对行为，进一步刺激了民众，为21世纪以来社会抗争的高发埋下了伏笔。

第三个时期为社会抗争高发期，时间为21世纪以来。一方面，在“效率优先，兼顾公平”的发展理念下，“效率”与“公平”的关系逐渐被扭曲，在实践中，“效率”被无限扩大化，而所谓的“兼顾公平”在很大程度上就是不顾；另一方面，政府对民众的社会抗争行为没有正确的认知，过度突出其“危害性”和“非法性”，进而采取了压制式的“刚性维稳”。这两方面因素的叠加进一步激化了官民矛盾和民众的抗争行为，2004年更是形成了信访“洪峰”。这一时期的社会抗争也具有了一些新的特点和趋势：第一，发生起数、参与人数、事件规模不断扩大。据统计，1994—2004年，我国群体性事件数量从1万起上升至7.4万起，参与人数从73万人次上升至376万人次。除此之外，群体性事件规模也是不断扩大，更是出现了诸如四川汉源事件、甘肃陇南事件等数万人参与的超大规模群体性事件。第二，事件类型、所涉领域、参与主体呈现多样化。进入21世纪以来，在既往维权事件的基础上，更是新增了泄愤事件和骚乱事件，相较于维权事件，泄愤事件和骚乱事件具有无明确的利益诉求、有暴力行为、参与人数多、理性程度较低、破坏性较大等特点。② 其中，影响巨大的2004年重庆万州事件、2005年安徽池州事件、2006年浙江瑞安事件、2007年四川大竹事件都属于这两种类型。社会抗争所涉及的领域，除了税费征缴、下岗失业等传统领域之外，还进一步扩充到了安全保障、环境保护、征地拆迁、劳动就业、村民选举、公共参与等领域。而所涉主

① 参见应星《大河移民上访的故事：从“讨个说法”到“摆平理顺”》，生活·读书·新知三联书店2001年版。

② 参见于建嵘《当前我国群体性事件的主要类型及其基本特征》，《中国政法大学学报》2009年第6期。

体更是涵盖了农民、工人、业主、农民工、移民、司机、环境污染受害者、退役军人等等。第三，行为方式激烈、对抗性强、破坏程度高。在20世纪末期，大多数群体性事件还以“非暴力不合作”为主，但是进入21世纪以来，受以下几方面因素的影响，社会抗争开始走向暴力化：（1）社会不公的显性化；（2）政府刚性维稳和高压控制所引发的反弹；（3）民众抗争心理的变化，认为“大闹大解决，小闹小解决，不闹不解决”。所以，诸如堵塞交通、冲击党政机关、打砸抢烧等行为已成为民众抗争的常备工具和有效手段，这也使得社会抗争具有了高破坏性和强危害性等特点。如在2008年甘肃陇南事件中，陇南市委两栋办公楼被焚，60多名警察受伤，20多台车辆被砸。① 第四，事件在根本属性上具有较强的同质性。尽管各类群体性事件表现为不同的类型、涉及不同的领域、有着不同的诉求，但是从本质属性上来看，这些事件具有较强的同质性，即民众抗争的基本议题指向为社会不公，正如刘超在其博士论文《群体性事件研究》中所概括的那样，滋生社会抗争的因素有：社会结构紧张——社会抗争生成的社会结构基础；社会不满——社会抗争生成的社会心理基础；利益表达机制不够健全完善——社会抗争生成的制度因素；社会整合和调控能力下降——社会抗争生成的政治机会因素。② 无论是社会结构紧张中的阶层分化，还是社会心理不满中的公正失衡，以至于政治机会结构中的官商勾结和腐败横生，这些因素共同指向了社会不公。

（二）推动政府转型的国家因素：以回应为主

社会抗争只是中国政治发展现状的一个面向，而国家回应则是中国政治发展现状的另一个面向。有些学者，特别是西方学者在对中国进行观察时，只见其一，不见其二，忽视了中国政府在面对危机时的应对、学习与调适能力，“中国崩溃论”就是其中的一种代表性观点。该理论以当前激化的社会矛盾和高发的社会抗争为依据，据此认为，“由于不能适应经济社会变迁带来的挑战，中国的政党国家将会在不远的将来崩溃”。③ 然而，事实证明，首先崩溃的并非是中国而是“中国崩溃论”自身。社会抗争诚然意味着危机，但也蕴含着转机，它“是事态转变及其系统变革的时

---

① 参见崔木杨《陇南冲突背后游离的政府搬迁》，《新京报》2008年11月27日。

② 参见刘超《群体性事件研究》（博士学位论文），中国政法大学，2009年，第73—106页。

③ Waldron A., After Deng the Deluge, *Foreign Affairs*, 1995（5）.

机和契机，其具有冲击和瓦解现存不合理的体制和制度功能，蕴含着创新和变革的需求和机会”。[①] 事实亦是如此，面对危机，中国政府进行了有效的调适，展现出了较强的韧性（resilience）和适应力（adaptive）。默尔·戈德曼（Merle Goldman）就认为，伴随着市场化进程，中国的贫富差距和不平等日益加剧，并且引发了重大的社会群体性事件，但是，面对这些，政府进行了有效的调适，使得当前的政策开始倾向于那些从经济改革中受益较少的弱势群体。[②]

那么，这种调整是如何发生的，从经济政策到社会政策、从发展型政府到服务型政府，这种转变又是如何进入政府政策议程的？借用王绍光的话来说就是：“社会矛盾的凸显是出现社会政策的背景，它只能说明，社会政策迟早会出现，但不能解释为什么社会政策出现在新世纪之初。”[③] 从制度经济学的角度来看，从某种现行制度安排转变到另一种不同制度安排的过程，是一种费用昂贵的过程，所以，政府作为制度的供给者，只有在政府费用高过收益时，政府才会废弃旧制度。反之，只有在政府收益高过费用时，政府才会建立新制度。[④] 社会抗争由弱到强、由凸显到高发的过程，也是发展型政府体制实践成本高涨的过程，发展型政府所带来的经济增长光芒也逐渐被社会不公的危机所掩盖。正如何显明所指出的：“当一种社会现象在空间上呈现为不同区域普遍存在的共性问题，在时间上呈现为持续性、重复性出现的现象时，这种现象的发生一定存在某种必然性的逻辑，或者某种规律性的生成机制和强化机制。这时，如果我们再把现象的发生归咎于行动主体的认知缺陷或价值追求错位，已经没有多大意义。”[⑤] 同样的道理，面对社会抗争的遍地开花，再仅仅将原因和责任归咎于民众的不合理诉求、地方政府的不合理作为，而只去做表面的追问与调整，不去做深层次的制度反思，显然已经没有太多意义。因此，必须将体制原因带回分析的中心。基于此，学界对诱发社会抗争的体制性原

---

① 项继权、马光选：《回应性制度变迁：政府学习能力的理论解析》，《社会主义研究》2012年第2期。

② Merle Goldman, Authoritarian Populists: for Now, *Current History*, 2007 (9).

③ 王绍光：《从经济政策到社会政策的历史性转变》，《中国经济时报》2007年4月6日。

④ 林毅夫：《关于制度变迁的经济学理论：诱致性变迁与强制性变迁》，［美］R. 科斯、A. 阿尔钦、D. 诺斯等：《财产权利与制度变迁——产权学派与新制度学派译文集》，上海三联书店2002年版，第373—374页。

⑤ 何显明：《市场化进程中的地方政府行为逻辑》，人民出版社2008年版，第49页。

因——发展型政府体制进行了深刻反思，反思的结果引出了以下两点结论：第一，发展型政府体制是导致社会抗争高发的根本性原因；第二，发展型政府的体制性缺陷恰恰为政府的下一步转型指明了方向。前者改变了政府对于社会抗争的基本看法，后者促进了政府向服务型政府的体制转轨。

反思发展型政府所带来的第一个改变就是，政府对于社会抗争态度的变化。在以往，政府将社会抗争当作敌我矛盾，将其归类为治安事件，在处置上采用控制与镇压的方式。这种反思所带来的变化表现为：在属性上，政府不再把社会抗争当作“敌我矛盾”，而是当作“人民内部矛盾”，如2004年制定的《关于积极预防和妥善处置群体性事件的工作意见》就将群体性事件解释为“由人民内部矛盾引发、群众认为自身权益受到侵害，通过非法聚众、围堵等方式，向有关机关或单位表达意愿、提出要求等事件及其酝酿、形成过程中串联、聚众等活动”。这一解释就突出强调了群体性事件的“人民内部矛盾”属性。在法律上，政府不再单一强调社会抗争的“闹事”性质，而开始关注其“合理诉求”，相关的称谓也由之前的群体性治安事件、群体性闹事事件、群体性闹事统一改称为群体性事件，这一称谓的改变，表明政府对于群体性事件有了科学、合理的认知和判断，走出了原有的“闹事”之说转而强调民众对于权益的保障；① 在处置上，政府开始变“刚性稳定”为“韧性稳定”，面对社会抗争，政府不再简单地使用控制、镇压等手段，而开始采用妥协、包容、合作、疏导等方式，并通过建立公正的分配体制、加大财政投入、推进司法改革等方式来纾解社会矛盾。具体而言，政府在应对社会抗争上，开始变“外输模式”为“内嵌模式”，所谓外输模式，是指政府利用公安机关，从信息、工具等各方面采取压制模式来解决问题，其本质是一种压制模式，以对立、极化和压制为导向。② 所谓内嵌模式，是指政府以包容、合作、同化为取向，利用谈判、疏导、信息公开等方式来达到遣散抗争行动的方

---

① 参见肖唐镖《当代中国的“群体性事件”：概念、类型与性质辨析》，《人文杂志》2012年第4期。

② 李鹏：《从非暴力到暴力：中国社会抗争的冲突升级分析》，硕士学位论文，上海交通大学，2012年，第12页。

式，即尊重民意、吸纳诉求，在本质上是一种疏导模式。①

反思发展型政府所带来的第二个改变就是，公共服务型政府开始成为我国改革的目标和重点。发展型政府的根本问题在于，没有妥善处理好改革过程中的协调性问题，单纯地追求经济发展，造成了经济与社会的不协调发展。因此，要解决发展失衡问题，实现经济社会的协调发展，需要深化改革，加快政府转型，建设服务型政府，为全社会提供基本而有保障的公共产品，不断满足广大群众日益增长的公共服务需求。在此基础上，以科学发展观、和谐社会等执政理念的提出为标志，政府开始从经济政策迈向社会政策、从发展型政府迈向服务型政府，以此来解决社会抗争的体制性问题。服务型政府的提出，是党和政府对于政府职能全面、准确再认识的结果，它强调的是政府职能的全面履行，经济政策与社会政策的协调推进，正如十六大报告所指出的那样，政府职能包括“经济调节、市场监管、社会管理、公共服务”四个方面。因此，要想准确把握中国语境下服务型政府的科学内涵，必须充分认识到，它是指国家通过发展社会政策以协调经济和社会的均衡发展，进而保障政府职能的全面履行。正如温家宝所指出的，进入21世纪以来，“我们在发展经济的同时，更加重视发展社会事业和改善民生，经济发展与社会发展的协调性明显增强”。② 这表现为：在就业方面，政府通过《就业促进法》、《劳动合同法》等法规来创造公平的就业环境、提供充分的就业机会；在教育方面，政府积极推进义务教育基本公共服务的均等化，缩小城乡、地区之间的教育差距；在医疗保障方面，实行“新医改”，促进卫生公平，着手解决“看病难、看病贵”等问题；在养老保障方面，实行“新农保”，逐步建立以居家养老为基础、社区服务为依托、机构养老为补充的养老服务体系；在生活保障方面，相继建立城市和农村最低生活保障制度，针对贫困群体实行综合救助；在住房方面，实行以廉租房和经济适用房为主体的保障性住房体系。这一切都表明，面对社会抗争，政府进行了有效的回应。

综上可知，推动我国政府转型的力量主要有两种：一种是社会的需求表达，这集中表现为社会抗争；另一种是国家的积极调适，这集中表现为国家回应。因此，我们可以将我国这种从发展型政府向服务型政府的制度

① 李鹏：《从非暴力到暴力：中国社会抗争的冲突升级分析》，硕士学位论文，上海交通大学，2012年，第18页。

② 温家宝：《关于发展社会事业和改善民生的几个问题》，《求是》2010年第4期。

选择和变迁过程概括为“社会需求—国家供给”的双向互动过程。

二　政府转型的理论思考：回应性政治发展

作为学术研究，我们不仅要发现问题，更要解释问题。那么，面对我国从发展型政府向服务型政府的这一制度变迁过程，我们该如何解释？现有的理论资源能否解释这一现象？如果不能，是否存在一个新的解释框架？

（一）既有研究范式的困境

一般而言，社会自发的变革和政府驱动的变革被认为是推动制度变迁的两种基本类型和动力，在新制度主义学派看来，社会自发的变革又称为诱致性制度变迁，政府驱动的变革又称为强制性制度变迁。按照林毅夫的相关解释，所谓诱致性制度变迁，指的是现行制度安排的变更或替代，或者是新制度安排的创造，它由一群（个）人，在响应获利机会时自发倡导、组织和实行。与之相反，所谓强制性制度变迁，指的是由政府命令和法律引入和实行所引起的变迁。① 接下来，我们将对这两种制度变迁模式逐一进行分析和介绍。

先来看诱致性制度变迁，“家庭联产承包责任制”的出台就是诱致性制度变迁的一个典型案例，我们结合这一案例来对诱致性制度变迁的特征进行分析。（1）变迁主体为社会，诸如企业、团体、个体、群体等。值得指出的是，虽然自发性制度变迁通常也需要政府行动来加以促进，但是，从功能来看，社会始终是推动制度变迁的“第一集团”和主体力量，而政府则属于推动制度变迁的“第二集团”和辅助力量。具体到家庭联产承包责任制上，其变迁主体就是安徽凤阳县小岗村村民。（2）变迁目标比较明确，诱致性制度变迁旨在通过具体的制度变迁来引致获利机会。在家庭联产承包责任制中，小岗村村民签订包干制的目标就是通过包产到户来提高粮食产量，解决温饱问题。（3）变迁过程缓慢、渐进，这表现为新旧制度之间的交替并不明显，就如同自发秩序所强调的那样，由于每个人的理性都是有限的，这就注定了，推动新制度产生的过程一定是一个反复尝试、点滴渐进的过程。家庭联产承包责任制亦是如此，从1978年小岗村签订包干制，实施包产到户，到1982年中央一号文件予以肯定，

---

① 林毅夫：《关于制度变迁的经济学理论：诱致性变迁与强制性变迁》，［美］R. 科斯、A. 阿尔钦、D. 诺斯等：《财产权利与制度变迁——产权学派与新制度学派译文集》，上海三联书店2002年版，第384页。

历时3年之久。(4) 变迁路径自下而上，由于诱致性制度变迁的发起力量为社会，所以这就注定了其变迁是一个先由基层探索，再由政府确认，最终成为国家正式制度的过程。如家庭联产承包责任制就是经历了这样一个“先由小岗村村民探索，再由中央以一号文件的形式予以肯定，最后成为国家正式制度”的过程。(5) 变迁成本较低，诱致性制度变迁是一个增量变迁的过程，制度变迁成本分阶段分摊，成员对成本相对更容易承受①，而且整个变迁是由社会自发进行的，有利于调动社会的参与度和积极性。在家庭联产承包责任制中，从一开始，小岗村村民就表现出了较高的积极性，而且，在实施包产到户的第二年，小岗村就获得了粮食大丰收，据统计，当年粮食总产量达66吨，相当于全队1966年到1970年5年粮食产量总和，这也对全国产生了极大的示范效应，调动了更多的村民参与，“包产到户”也成为当时的热门词汇。

再来看强制性制度变迁，“计划生育政策”的出台就是强制性制度变迁的一个典型案例，我们将结合“计划生育政策”对强制性制度变迁的特征进行分析。(1) 变迁主体为国家、政府，计划生育政策出台的标志为1962年12月18日中共中央、国务院联合发布的《关于认真提倡计划生育的指示》，该文件明确提出：“在城市和人口稠密的农村提倡节制生育，适当控制人口自然增长率，使生育问题由毫无计划的状态逐渐走向有计划的状态，这是我国社会主义建设中既定的政策。”(2) 变迁目标的明确性，这是因为政府在法律和规定的制定上具有较强的指向性，如计划生育政策的目的就比较明确，那就是“控制人口数量，提高人口质量”。(3) 变迁过程突进、激变，正如制度主义所强调的那样，制度具有强制性，它能够强制推行由诱致性制度变迁过程所不能提供的、适当的制度安排。计划生育政策亦是如此，《关于认真提倡计划生育的指示》一经颁布，就产生了全国效应，相应的组织机构就开始建立，轰轰烈烈的计划生育运动也随之在全国展开。(4) 变迁路径自上而下，其一般表现为，先是政府进行制度选择和设计，然后，经过政治社会化，再向全社会推行。(5) 变迁成本相对较高，强制性制度变迁的突出特点就是“强制”，整个制度变迁并非出于民众的自愿，而是依靠国家暴力维系的强制推行。除了

① 项继权、马光选：《回应性制度变迁：政府学习能力的理论解析》，《社会主义研究》2012年第2期。

成本比较高之外，受以下几方面因素的影响，强制性制度变迁还面临着失败的风险，这包括：统治者的偏好和有界理性、意识形态刚性、官僚政治、集团利益冲突和社会科学知识的局限性等。① 计划生育政策在推行的过程中，其阻力是空前的，它同中国“多子多福”的传统生育观形成了极大的冲突，民众的抵抗程度也比较高，为此，国家实行了强制性的推行模式，这可以从当时的宣传口号中看出来，如“该扎不扎，见了就抓”、“宁添十座坟，不添一个人”、“能引就引出来，能流就流出来，坚决不能生下来”，这无疑激化了官民矛盾、增加了变迁成本。

就上述两种研究范式来看，在解释我国从发展型政府向服务型政府的转型上，都明显缺乏解释力。这是因为，诱致性制度变迁所强调的社会驱动型变革，只看到了社会抗争在推动我国政府转型中的作用，而忽视了政府面对社会抗争所实行的积极回应和有效变革。同理，强制性制度变迁所强调的政府驱动型变革，只看到了国家回应在推动我国政府转型中的作用，而忽视了社会抗争的作用。因此，我们需要有一个新的解释框架，在对政府转型做出解释时，同时能够关注到国家与社会这两个方面的力量和作用。

（二）一个新的解释框架

针对政府转型过程中所呈现出来的“社会抗争—国家回应”这一特点，本书提出了回应性政治发展这一新的解释框架。概括来看，回应性政治发展包括了以下三个关键论点：

第一，政治稳定是回应性政治发展的逻辑起点。

在现代政治分析中，政治稳定被赋予了重要的意义，正如亨廷顿所提醒到的：“对于发展中国家来说，首要问题不是自由，而是建立合法的公共秩序。人类可以无自由而有秩序，但不能无秩序而有自由。”② 一般认为，政治稳定旨在保障政府能够持续地对社会价值进行权威性分配，它具体表现为一国政治系统的有序性和连续性。所谓有序性是指政治体系相对来说不存在暴力、武力、高压政治和分裂，所谓连续性是指政治体系的关键成分相对来说不发生变化、政治发展不发生中断、社会中不存在希望政

---

① 林毅夫：《关于制度变迁的经济学理论：诱致性变迁与强制性变迁》，［美］R. 科斯、A. 阿尔钦、D. 诺斯等：《财产权利与制度变迁——产权学派与新制度学派译文集》，上海三联书店 2002 年版，第 395 页。

② ［美］塞缪尔·亨廷顿：《变化社会中的政治秩序》，华夏出版社 1988 年版，第 8 页。

治体系来个根本改变的重要社会力量和政治运动。[①] 对于中国而言，政治稳定更被当做是衡量统治合法性的重要指标。邓小平在不同场合多次强调，稳定是改革和发展的前提，没有稳定的环境，什么都搞不成，已经取得的成果也会失掉，在政治体制改革方面最大的目的是取得一个稳定的环境。因此，能否保持政治稳定成为领导人选择改革方案、步骤和时机的重要考虑因素，保持政治稳定一直也是中国领导人推进政治改革现实考虑的基础。[②] 如果仔细观察，不难发现，我国的历次转型与改革都有着浓烈的“政治稳定”逻辑，1978 年的改革开放就是为了消除“文革”造成的不稳定，2003 年以来的科学发展同样为了消除经济、社会不协调发展造成的不稳定。对此，郑永年曾评价：“中国永远属于危机驱动，没有危机不会进步。”[③] 虽然这一评价过于绝对，但也基本符合过去的经验。一言以蔽之，政治稳定是执政者进行政治改革的逻辑起点，政治改革的目标旨在解决所面临的政治社会危机，进而维持和巩固执政者（党）的政治合法性。

第二，国家与社会的互动是回应性政治发展的运作过程。

既然政治稳定是政治发展中的重大关切，那么，如何才能维持政治稳定呢？从历史经验来看，维系政治稳定的方式主要有三种：一为暴力镇压，即通过国家机器来强行压制社会的需求进而达致刚性的政治稳定。二为意识形态，即通过意识形态的说服功能，让社会大众主动降低自己的需求。三为满足社会需求，即强调国家供给与社会需求的一致，这包括：政治制度上的民主化，满足社会的政治参与需求；公共服务上的均等化，满足社会对于社会保障的需求；经济上的高速发展，满足人们对于物质文化的需求。值得指出的是，在不同的阶段、不同的环境中，社会的需求可能是不同的，这就要求国家要对社会需求保持高度的敏感，据此来给予不同的供给。对比这三者来看，前两种方式有着显著的缺陷。暴力镇压由于需要动用警察、监狱、法庭等国家机器，所以治理成本比较高，更为重要的是，暴力镇压所达至的只是一种刚性稳定，并没有从根本上解决社会矛盾，而且在现代社会，通过暴力镇压来维系政治稳定的方式更是受到了人权理论的持续批评和挑战，因此，国家强制能力在整体上应该体

① 刘学军：《政治发展与政治稳定问题研究》，《国家行政学院学报》2006 年第 6 期。

② 徐湘林：《以政治稳定为基础的中国渐进式改革》，《战略与管理》2000 年第 5 期。

③ 郑永年：《中国改革三步走》，东方出版社 2012 年版，第 123 页。

现为“备而不用”的威慑力量，是社会矛盾纠纷无法通过其他手段化解时的最终选择。意识形态的魅力在于，它通过对未来的构建和对美好的许诺来缓解和推延社会的需求，然而，这种“寄希望于未来”的方式受到了现代社会祛魅的挑战，斯科特就强调说：对权威进行象征性和意识形态的阐述，并不能使从属者相信他们处于这种地位的正当性——他们很容易看穿这一点——毋宁说制造一种坚固的、无法抵抗的权力的象征。[①] 所以，在现代社会，除了少数宗教国家和神权政治，大多数国家的意识形态都转向了世俗化，以满足社会需求作为维系自己政治稳定的出发点。

满足社会需求之所以会成为现代国家维系政治稳定的主要方式和手段，这背后的理论基础就在于：“现代国家的合法性清晰而不可动摇地建立在大众主权概念之上，这在今天已没有疑问。大众主权当然是现代民主政治的基础，但是，大众主权观念还具有一种超越民主畛域的更为普遍性的影响。即使不是民主的现代统治形式，也绝对不能根据神圣权利，或王朝继承，或征服权利，来宣布其合法性，而必须根据无论以什么方式表达的人民意志宣布其合法性。寡头政治，军事独裁，一党专政，无不代表人民或必须宣称代表人民，进行统治。”[②] 因此，我们将这种国家通过满足社会需求来维持稳定的方式称为国家与社会的互动，这也就是新制度主义所强调的“需求—供给”模型。基于“需求—供给”模型，社会需求也就成为了国家供给的标准和依据，据此，查特杰又将当前政府的统治称为“从社会观点出发的治理”（governemt from the social point of view）。[③] 那么，这种国家与社会的互动在我国的政治发展过程中是如何体现出来的？这集中表现为上述曾提到的“社会抗争—国家回应”。当然，这种从抗争到回应的过程存在一个时间差，根据制度经济学的解释，政府只有在原先的制度成本大于收益时才会做出回应，推动从旧制度到新制度的变革。所以，我们会看到，农民的抗税运动从 20 世纪 90 年代就开始，而农业税于 2005 年才被废止；因行政强拆而引起的社会抗争自进入 21 世纪以来就不

① 转引自［英］大卫·比瑟姆：《政治合法性》，［英］凯特·纳什、阿兰·斯科特主编：《布莱克维尔政治社会学指南》，李雪、吴玉鑫、赵蔚译，浙江人民出版社 2007 年版，第 110 页。

② ［印度］帕萨·查特杰：《被治理者的政治：思索大部分世界的大众政治》，田立年译，广西师范大学出版社 2007 年版，第 32 页。

③ 同上书，第 42 页。

断，而行政强拆于2011年才被废止。由此可见，国家回应具有一定的滞后性，社会抗争在前，国家回应在后，只有在社会抗争造成一定破坏力的基础上，政府才会做出回应，这也就是制度变迁理论所强调的制度成本高于制度收益。虽然国家回应具有一定的滞后性，但是这种滞后性并没有影响政府的调适和学习能力，所以，我们看到，经过1978年的改革开放，政府通过发展经济，满足了百姓对于温饱的需求，重构了"文化大革命"所破坏的秩序；同样，经过2003年以来对于科学发展观的强调，通过从发展型政府向服务型政府的转变，对于公共服务的关注、国家能力的重构，积极回应了社会对于公正的需求。

第三，政治发展是回应性政治发展的实际结果。

虽然每次政治改革的出发点都是为了维持政治稳定、回应社会需求，但是经过"社会需求—国家供给"的运作，实际带来了政治发展的结果，这鲜明地体现在了1978年和2003年这两次政府改革中。1978年以来，面对社会对于温饱的需求，我国开始从全能型政府转向发展型政府，以经济建设为中心，通过发展市场经济来满足人民日益增长的物质文化需求。发展型政府的建设又进一步推动了我国的政治发展，这表现为：（1）从专制性权力迈向基础性权力，在此期间，国家着重发展了汲取能力和强制能力，为政治发展提供了一个稳固的社会基础。（2）地方和社会的复兴，改变了过去那种"有国家，无社会"的格局，公共、私人和经济领域开始从国家领域漂移。社会复兴的结果就是社会的独立和成长，地方复兴的结果就是基层民主的兴起和地方能动性的发挥。2003年以来，面对社会的公平正义诉求，我国开始从发展型政府向服务型政府转型，通过为全社会提供基本而有保障的公共产品和服务，来不断满足广大群众日益增长的公共服务诉求。服务型政府的建设又进一步促进了我国的政治发展，这表现为：（1）重构了国家能力，针对之前"汲取能力与再分配能力"和"强制能力与规范能力"的畸形发展，党和政府一方面通过财政杠杆增强了国家的再分配能力，另一方面通过制度建设增强了国家的规范能力，促进了我国国家能力的均衡发展。（2）行政民主的兴起，行政民主是相对于选举民主而言的，选举民主是一种关注权力来源的民主形式，而行政民主则是一种关注权力行使的民主形式，它旨在强调公民对于公共事务的参与。在"有序扩大公民参与"的指导下，各种引导和鼓励公民参与的行政民主开始兴起，这包括党内民主、参政民主、协商民主、听证民主、预算民主、评议民主、维权民主、网络民主、恳谈民主等。

基于上述讨论，我们可以将回应性政治发展做如下的定义：它是以政治稳定为目的，以“社会需求—国家供给”为过程，国家对社会需求保持了较高的敏感性，并通过不断的调适、学习、回应来满足社会需求，在国家与社会的互动过程中进而推动政治发展的一种制度变迁和政治转型模式（见图5-1）。

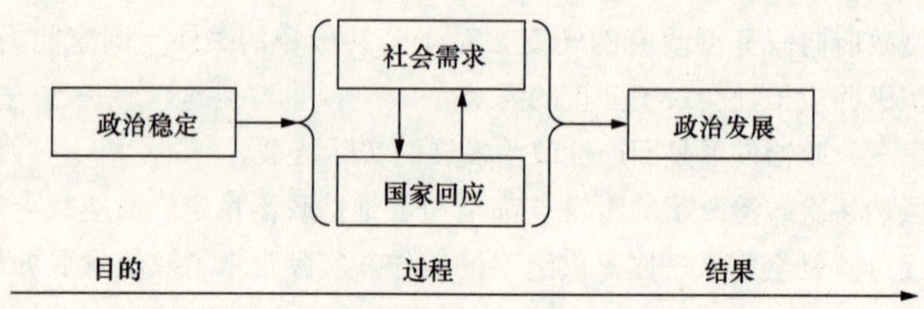

图5-1 回应性政治发展的生成逻辑

表5-1 回应性政治发展与其他类型的比较

	变迁主体	变迁目标	变迁进程	变迁路径	变迁成本
强制性变迁	国家	目标明确	突变、激进	自上而下	成本高
诱致性变迁	社会	目标明确	缓慢、渐进	自下而上	成本低
回应性变迁	国家与社会	无明确目标	缓慢、渐进	上下互动	成本高

相较于诱致性所推动的政治发展和强制性所推动的政治发展，回应性政治发展具有如下特点（见表5-1）：（1）在变迁主体上，既包括国家也包括社会；（2）在变迁目标上，国家无明确目标，主要是根据社会需求来进行调适和改变；（3）在变迁过程上，具有缓慢、渐进等特性，从社会危机到国家回应之间存在一个时间差，国家回应只有在社会危机所带来的制度成本高于收益时才会做出，因此，国家回应具有相对的滞后性。换言之，国家的回应有一个限度，危机是前提，动乱是底线；（4）在变迁路径上，回应性政治发展是一种上下互动的变迁过程；（5）在变迁成本上，由于国家回应是以社会危机为前提的，所以变迁成本相对较高。总结上述特点，我们还需指出两点：第一，回应性政治发展的有效性表现为

政府对社会需求保持了较高的敏感性和调适力，能够根据社会需求不断进行调适，关注到了国家治理的社会基础，通过国家与社会互动进而在动态中保持政治稳定。第二，回应性政治发展的有限性在于，一方面国家回应是以社会危机为前提，这就使得国家回应的成本比较高；另一方面国家回应是以社会需求为限度，并没有明确的政治发展规划，是一种倒逼型的改革，也因此，变革缺乏前瞻性，只会在不适应社会需求的地方做出调整，从而使得整个变革缺乏全盘规划，忽视了制度之间的相互联系。

第二节　政府转型的现实效果：非选举问责

一　非选举问责：基于一般理论的考察

建立一个对人民负责任的政府是现代国家治理的核心内容，而要保证政府负责任地履行其公共权力并及时回应公众诉求，就必须有一套责任控制机制。20世纪以来，学界在研究中逐步引入了政治问责这一概念，所谓政治问责是指促使政府官员就其政策行为对公众负责的责任控制机制。一般而言，特别是根据西方的经验，要想使政府对人民负责，必须建立选举民主，没有选举就没有责任。这是因为，选举解决了权力来源的问题，政府官员由人民产生、受人民监督、对人民负责，丧失权力的危机感和惩罚机制使在职者不得不认真而负责地行使权力。正如鲁宾（Edward Rubin）所评价到的，选举同时被赋予了权力交接、利益代表和政治问责三项功能。[①] 在选举民主的机制下，民众主要是通过"用手投票"的方式来约束政府行为、评估公共服务，以使政府对民众负责。所谓"用手投票"，狭义上是指民众通过选举地方领导人来表达自己的需求和意志，广义上则还包括民众通过参与地方政府决策过程使地方管理者或政治代表了解其意愿。[②] 因此，西方的服务型政府建设也正是以选举民主为基础的，正如学者们在对服务型政府进行界定时所强调的那样，服务型政府是指在社会民主秩序的框架内，在公民本位和社会本位的理念指导下，以为公民

---

① Edward Rubin, The Myth of Non - Bureaucratic Accountability and the Anti - Administrative Impulse, in Michael W. Dowdle, ed., *Public Accountability*, 2006, pp. 68 - 69.

② 唐丽萍：《中国地方政府竞争中的地方治理研究》，上海人民出版社2010年版，第114页。

服务为宗旨，通过灵活多样的服务方式提供给高质量和高效率的公共服务并承担责任的现代化政府。[①] 由这一定义不难看出，选举民主被认为是服务型政府产生的前提条件和制度基础，这表现为：（1）作为基本价值向度上的民主是服务型政府成立的价值前提；（2）作为权力运行准则向度上的民主塑造了服务型政府的行为方式；（3）服务型政府将从民主政治的建设中获得更多的合法性。[②]

与西方不同，中国的转型经验，特别是进入21世纪以来所出现的从发展型政府向服务型政府的转型，打破了西方“因选举而负责”的理论预设，在缺乏选举民主的压力机制下，中国政府依然对公共服务、社会公正、民生等议题给予了充分关注，如对于“共享改革发展成果”、“坚持社会主义公平正义”等理念的强调以及对于“民生财政”、“公共服务建设”等内容的实践。以至于西方学者不得不承认，在研究非西方世界的政治问责实践时，需要放弃演绎的方法，转而采用归纳的方法。针对中国所呈现出来的新情况，学界又是对此如何评价和解释的？

第一，学界关注到了中国与西方在政治发展上所呈现出来的不同。从问责理论来讲，政治问责的实现机制本身具有多元性，除选举问责之外，还有社会问责、平行问责和行政问责等实现机制，因此，不同的国家可以根据自身的政治生态来选择不同的问责机制。对比来看，中国呈现出一种不同于西方的政治生态环境，是一种经济与社会权利优先于公民与政治权利的逻辑，这里着重列举三位学者的观点：第一位为杨光斌，他将中国的这种改变和转型称为“社会权利优先的中国政治发展选择”，并指出，“改革开放以来，中国和西方国家一样，首先应解决的是经济权利问题，事实上三十多年的改革主要围绕经济领域和经济建设。接下来，中国的次序和西方国家产生了分叉，目前正在建设的是公民的社会权利问题，最后才可能是政治权利”；[③] 第二位为陈明明，他将中国的这种改变和转型称为“以民生政治为基本导向的政治发展战略”，在他看来，“关于中国政治发展战略的意见中，所谓‘大民主’或‘票决民主’的主张都是不可取的，民生政治应该是合理可行的战略选择。民生政治首先要解决的是中

① 刘星：《服务型政府：理论反思与制度创新》，中国政法大学出版社2006年版，第41页。

② 同上书，第45—47页。

③ 杨光斌：《社会权利优先的中国政治发展选择》，《行政论坛》2012年第3期。

国面临的基本问题，即人民的吃饭问题或反贫困问题；民生政治将引导公共政策和制度安排的合理构建，建立公平的利益分配机制，并从满足人民日益增长的社会需要出发，为发展经济和民生幸福创造适宜的政治和社会环境”；[①] 第三位为郑永年，他将中国的这种改变和转型称为“中国改革三步走”，在他看来，“在任何社会，改革都可以分解为政治、经济和社会三个方面。俄罗斯和东欧是综合式的改革，中国则是分解式的改革。……分解式的改革是说，在任何特定时期，只把一种改革定位为主体性改革……从分解式观点看，中国的改革是先经济改革，再社会改革，再政治改革这样一个过程”。[②] 从2003年以来的实践来看，随着“和谐社会”和“科学发展观”等改革目标的提出，社会改革已经成为主体性改革。

第二，学界对当前中国的政治发展模式进行了理论上的提升。概括而言，学者们将当前中国所呈现出来的政治发展模式，大致归纳为两点：第一点为国家建设（主要为国家能力建设）先于大众民主；第二点为对于权力运行的规范先于对于权力来源的规范。在郑永年看来，中国的政治发展模式遵循的是一种“国家制度建设在先，民主化在后”的发展次序，“国家制度很多，比如说基本的经济制度，更重要的就是社会制度。社会保障、医疗、教育、住房，这些都是社会领域非常基本的国家制度……无论中国实现什么形式的民主政治，都需要一个强有力的制度基础，需要一个强大的中产阶级……而社会改革的目标就是要为民主化确立社会制度，培育中产阶级”。[③] 景跃进将民主维度具体区分为权力来源和权力行使两个维度，前者主要表现为竞争选举，后者主要表现为公众参与，以此为基础，他认为，中国的政治发展是一种“先规范权力行使，再规范权力来源”的发展次序，所以，即使在缺乏竞争选举的情况下，通过扩大公众参与，同样也可以在民众需求与国家回应之间建立联系。[④] 任剑涛同样对权力来源和权力行使进行了区分，他将追究权力来源前提下实行的民主称为政道民主，将不问权力来源前提下实行的民主称为治道民主，并进一步

---

① 陈明明：《以民生政治为基本导向的政治发展战略》，《江苏社会科学》2012年第2期。

② 郑永年：《中国改革三步走》，东方出版社2012年版，第9、12、133页。

③ 同上书，第20页。

④ 参见景跃进《民主化理论的中国阐释——关于一种新的可能性之探索》，余逊达、徐斯勤主编：《民主、民主化与治理绩效》，浙江大学出版社2011年版，第69—91页。

指出，“今天中国关于民主的实践完全被治道民主所主导”。①

总结上述可知，当前中国的服务型政府建设呈现出了一种新的模式，这就是，在缺乏选举民主的压力机制下，中国政府越来越关心公共物品、社会公正、民生等议题，对社会需求也更具回应性，行为方式上也表现得更为负责。由于中国的经验突破了西方所预设的“没有选举就没有责任”的理论逻辑，因此，学界将当前中国在缺乏选举问责机制下所呈现出来的服务型政府建设称之为“非选举问责”。②

以上只是对于当前中国服务型政府建设的一种理论考察，接下来我们将从理论回归实践，进一步探讨“非选举问责”在中国何以可能？换言之，我们将考察服务型政府在中国的运作模式，如果不是选举机制，又是何种机制在驱动着中国的服务型政府建设和政府对于公共服务的关注？对于这一问题，笔者认为，新制度主义的相关解释框架能够给予我们很大的帮助。在新制度主义看来，对于一项制度（包括正式制度和非正式制度）的考察应该注意两点内容：（1）制度构建政治，即制度对人的行为具有规范作用，它影响着政治生活，因为它们给定了行为人的身份、权力和战略，所以，应该关注制度设计本身；（2）制度为历史所构建，即制度是有惰性和“韧性”的，任何制度都是在既定的环境下产生的，因此，我们应该关注制度成长的社会基础和社会环境。③ 这告诉我们，要想理解当前中国的服务型政府建设及其所带来的“非选举问责”，就需要考察支撑当前服务型政府运作的制度基础和社会基础。

二 非选举问责：基于一般实践的考察

承接上一个问题，在缺乏选举民主的压力机制下，中国的服务型政府是如何运作的？中国的服务型政府建设又有着什么样的社会基础和制度基础？图5－2具体展示了中国服务型政府的内在机理和运作模式，该图由三部分组成，即中间部分、输入部分和输出部分，我们逐一来分析。

---

① 任剑涛：《政道民主与治道民主：中国民主政治模式的战略抉择》，《学海》2008年第2期。

② 相关研究可以参见陈国权、谷志军的《非竞选政治中的决策问责：意义、困境与对策》和谷志军的《中西不同政治生态中的问责研究述评》。

③ 参见［美］罗伯特·D. 帕特南：《使民主运转起来》，王列、赖海榕译，江西人民出版社2001年版，第7页。

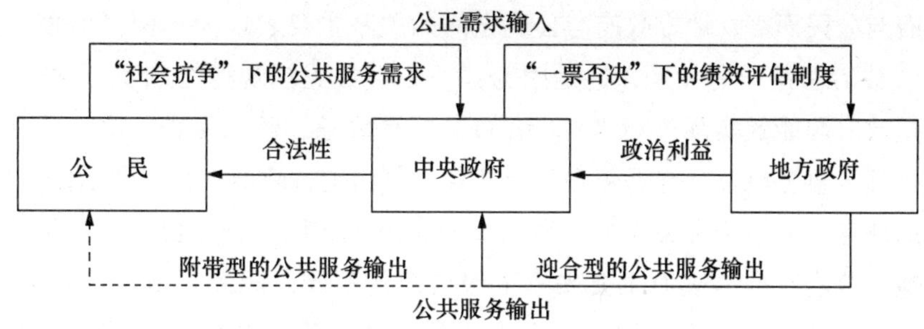

图5-2　中国服务型政府的运作模式

第一，中间部分。该部分由公民、中央政府和地方政府三个部分组成，这三者之间的关系分别表现为：中央政府通过合法性与公民构成联系，中央政府通过政治利益与地方政府构成联系，地方政府通过地区管辖权与公民构成联系。首先，就中央政府与公民之间的关系而言，中央政府的合法性有赖于人民的支持，正如作为执政党的中国共产党所强调的那样，其执政地位的取得是"历史和人民的选择"，而且党在十七届四中全会的《决定》中还特别指出，这种执政地位并非是一劳永逸、一成不变的[①]，所以，这就要求党和中央政府通过持续地回应人民需求以不断充实和巩固自己的执政地位。其次，就地方政府与中央政府而言，受单一制国家结构形式和党管干部原则的影响，我国的政府体制是由五级政府（中央—省—市—县—乡）构成的金字塔形结构，且实行以"干部委任制"为支柱的政治单一制[②]，在这一体制下，地方官员的任免主要来自中央政府，而地方官员作为公共选择理论中的经济人，基于晋升和保持职位的利益冲动，他们会努力完成上级下达的各项任务和指令。基于此，学界又将这一体制称为"压力型体制"[③]或"分权化威权主义"。[④]最后，就地方

① 这曾在2009年党的十七届四中全会审议通过的《中共中央关于加强和改进新形势下党的建设若干重大问题的决定》中有表述，《决定》指出："党的先进性和党的执政地位都不是一劳永逸、一成不变的，过去先进不等于现在先进，现在先进不等于永远先进；过去拥有不等于现在拥有，现在拥有不等于永远拥有。"

② 杨光斌：《转型时期中国中央—地方关系新论：理论、政策与实践》，《学海》2007年第1期。

③ 参见杨雪冬《市场发育、社会成长和公共权力构建》，河南人民出版社2002年版，第107页。

④ Pierre F. Landry, *Decentralized Authoritarianism in China: The Communist Party's Control of Local Elites in Post-Mao Era*, Cambridge University Press, 2008.

政府与公民而言，地方政府与公民之间的关系主要表现为一种“治理者”与“被治理者”的关系，这是因为：一方面在我国现行体制下，地方政府是政府职能的实际履行者[①]，诸如农林水事务、环境保护、医疗卫生、城乡社区事务以及社会保障和就业事务主要由地方政府来执行和承担，中央的任务主要在于宏观决策；另一方面，由于我国的选举民主并不发达，且地方政府官员的权力主要来自上级政府的授予。因此，结合这两个方面，地方政府与公民之间的关系主要是一种“治理者”与“被治理者”的关系而非“代理人”与“委托人”的关系。基于以上讨论，公民、中央政府与地方政府三者之间的关系链条可以概括为，中央政府对于公民有合法性诉求，地方政府对于中央政府有政治利益诉求，而公民对于地方政府又有公共服务的诉求，在这一关系链条下，公民主要是通过中央政府这一中介来将诉求传递给地方政府的，这也可以解释当今社会上所出现的诸如进京上访等现象。

第二，输入部分。输入主要包括两个部分：一部分为公民对于中央政府的要求或支持输入，另一部分为中央政府对于地方政府的要求或支持输入。前者反映的是当前中国服务型政府建设的社会基础，后者反映的是当前中国服务型政府建设的制度基础。

先来看公民对于中央政府的输入，自20世纪90年代中期开始，中国的社会矛盾开始凸显，围绕“社会不公”展开的社会抗争开始频发，这主要表现为乡村的抗税运动和城市的劳资冲突。进入21世纪以来，抗争内容和形式更是走向多样化，这包括围绕补偿问题的征地拆迁冲突、围绕环境问题的邻避冲突[②]、围绕贫富悬殊的泄愤事件等。正如本书第三章所述，当前中国的社会抗争可以归纳为“一个中心，两个特点”，所谓一个中心，即以争取“社会公正”为中心，而两个特点，主要是指对政府单纯追求“GDP增长”的不满和对政府一味忽视“社会保障”的不满。正如杨光斌[③]等学者所判断的那样，中国民众当前首要的权利需求是“经济

① 郁建兴、高翔：《地方发展型政府的行为逻辑及制度基础》，《中国社会科学》2012年第5期。

② 邻避冲突主要是围绕邻避设施展开的社会抗争运动，所谓邻避设施通常是指一些有污染威胁的设施，例如变电站、垃圾掩埋场、发电厂等，邻避设施具有明显的负外部效应，会产生诸如空气和水质污染、生态影响、景观影响、噪声污染等，以及由此引发的健康问题。参见何艳玲《“中国式”邻避冲突：基于事件的分析》，《开放时代》2009年第12期。

③ 参见杨光斌《社会权利优先的中国政治发展选择》，《行政论坛》2012年第3期。

与社会权利”，然后才是“公民与政治权利”，公民对于以“社会公正”为核心的经济与社会权利的需求也就构成了当前中国的社会基础。正如上文所提到的，公民与中央政府是一种委托—代理关系，中央政府对于民众有着合法性的需求，由于选举民主的缺乏，所以，社会稳定也就成为评判合法性程度高低的重要指标。社会抗争的频发无疑对中央政府的合法性统治构成了挑战，中央政府的执政成本也日益高涨，以维稳经费为例，自设立以来，维稳开支逐年增长，2011 年以来，更是连续三年超过了国防预算。为了维护社会稳定、重构社会秩序、巩固执政基础，中央政府开始强调稳定与公正的价值观，这可以从以下的官方口号中反映出来：体现“稳定”的口号有“稳定是第一责任”、“稳定是硬任务”、“稳定压倒一切”等；体现“公正”的口号有“全面协调可持续发展”、“以人为本”、“公平正义比阳光和空气更重要”、“共享改革发展成果”、“公共服务均等化”、“经济社会协调发展”、“着力保障和改善民生”、“包容性增长”等。这些表明，面对民众以社会抗争为形式的利益表达和以社会公正为核心的利益诉求，中央政府经过内在的转换，保障民生、建设服务型政府成为解决民众需求的主要方式和手段。正如胡锦涛同志在十八大报告中所点明的那样：“加强社会建设，是社会和谐稳定的重要保障。必须从维护最广大人民根本利益的高度，加快健全基本公共服务体系，加强和创新社会管理，推动社会主义和谐社会建设。”

再来看中央政府对于地方政府的输入，即中央政府通过何种方式将公民对于公共服务的需求传递给地方政府。正如上述所提及的，我国在人事制度上，实行的是以“干部委任”为支柱的政治单一制，中央主要通过绩效评估的方式来决定地方政府主要领导干部的任命。所以，从制度主义的视角来看，有什么样的绩效评估制度就会有什么样的地方政府行为，如地方政府所表现出来的发展经济冲动就与中央政府所确立的“GDP 式的绩效评估机制”有关，相关研究就一再表明，经济增长率和财政收入对地方官员晋升有着决定性作用。[①] 而进入新世纪以来，面对社会抗争的高发，中央政府开始调整绩效考核机制，不再单一强调经济增长，而增加了维稳的内容，并且在维稳中实行“一票否决”制，即对因维稳不力，而造成重大不稳定事件及严重后果的党政领导干部，予以降级、停职、罢

① 参见吴建南、马亮《政府绩效与官员晋升研究综述》，《公共行政评论》，2009 年第 2 期。

免、剥夺荣誉称号、扣发奖金等处罚。刘明兴和陶然在对9省21个县、乡和城市市辖区干部考核指标进行研究的基础上发现，一票否决指标中出现频率较多的有：计划生育（17次）、社会治安（14次）、廉政建设（6次）、农民上访（5次）、安全生产（4次）、财政收入（3次）、招商引资（2次）、环境保护（2次）①。其中，大多数指标与维稳相关。而2009年颁布的《关于实行党政领导干部问责的暂行规定》中，在七种问责情形中，有两种与群体性事件相关，一种是“因工作失职，致使本地区、本部门、本系统或者本单位发生特别重大事故、事件、案件，或者在较短时间内连续发生重大事故、事件、案件，造成重大损失或者恶劣影响”；另一种是“对群体性、突发性事件处置失当，导致事态恶化，造成恶劣影响”。《关于实行党政领导干部问责的暂行规定》也标志着维稳机制的制度化、明确化。随着中央政府将“维稳”引入绩效考核机制，这极大地改变了地方政府行为，地方政府开始由“促发展”转向“谋稳定”，这是因为对于地方政府官员而言，经济不发展所带来的结果至多是无法晋升，而社会不稳定所带来的结果将会是“乌纱不保”。所以，我们也看到，近年来的每次大规模群体性事件之后，都会有一批官员被问责，乃至被撤职。②

经过“公民→中央政府→地方政府”这一内在运作机理和逻辑过程的层层转换，“社会抗争下的公共服务需求”这一公民“要求输入”最终以“一票否决下的政府绩效评估”展现出来，其承担主体也由中央政府转换成为地方政府。

第三，输出部分。面对公民以社会抗争为表现形式的公共服务需求和中央政府以一票否决为主要手段的绩效考核机制，地方政府又会有何改变。总览近几年的相关文献，学者们主要聚焦于地方政府的“刚性维稳”，认为民众的社会抗争和中央的一票否决使地方政府绷紧了维稳的神经，地方政府在行为逻辑上也逐渐表现为：思维上的“不出事逻辑”、手段上的“暴力维稳”、效果上的“刚性稳定”，这最终导致了“越维越不

---

① Liu Mingxing and Tao Ran, Local Governance, Policy Mandates, and Fiscal Reforme in China, Shue V. and Wong C., *Paying for Progress in China*: *Public Finance*, *Human Welfare*, *and Changing Patterns of Inequality*, Routledge, 2007, pp. 167 - 189.

② 唐皇凤：《中国式“维稳”：困境与超越》，《武汉大学学报》（哲学社会科学版）2012年第5期。

稳”的结果。然而，这只是现状的一个方面，除“刚性维稳”外，地方政府也开始通过提供公共服务、构建社会公平等方式来化解社会冲突和矛盾，种种迹象表明，随着“刚性维稳”所带来的“越维越不稳”，地方政府在处理社会冲突、应对社会抗争方面开始换跑道，从暴力镇压的“刚性维稳”转向提供公共服务的“韧性维稳”。具体而言，这体现在以下正反两个方面：

（1）党和政府加大了问责力度，刚性维稳变得得不偿失。一种通行的说法是，2003 年的非典诱发了中国的问责机制，中国问责机制也经历了一个从“不问责”到“问责”、从“内部潜规则”到“成文规定”、从“弹性问责”到“刚性问责”、从“行政一把手问责”到“党政一把手问责”的发展过程。2008 年更是出现了问责风暴，在瓮安事件、东阳事件、孟连事件、府谷事件中，一大批党政官员相继被问责。在东阳事件中，东阳市委书记、市长被处以党内严重警告；在定州“6·11”绳油村事件中，定州市委书记、市长被免职；在孟连事件中，孟连县委书记被撤销省委候补委员，普洱市委书记、市长被责令作出书面检查；在瓮安事件中，瓮安县县长被免去行政职务，多达 34 人被问责。① 2008 年的问责实践，又进一步推动了问责机制从“人治”向“法治”的转变，标志就是 2009 年《关于实行党政领导干部问责的暂行规定》的颁布，受该规定的影响，各地相继出台了相应的问责法规，如《广东省预防和处置群体性和突发公共事件责任追究办法》、《长沙市人民政府行政问责制暂行办法》、《天津市人民政府行政责任问责制试行办法》等，与此同时，各级政府也都相应地颁布了《大规模群体性事件应急预案》。面对党和政府对于问责力度的加大，刚性维稳所带来的“越维越不稳”结果和相关责任官员所面临的行政问责风险，使得刚性维稳变得越来越得不偿失。

（2）党和政府强化了民生导向，柔性维稳已是大势所趋。自十六大以来，以胡锦涛为总书记的党中央开始强调民生建设，政府在实际行为和政策取向上开始关注民生、重视民生、保障民生、改善民生，实现社会公平正义。从十七大的“加快推进以改善民生为重点的社会建设”到十八大的“在改善民生和创新管理中加强社会建设”，“这一切都显示我们已开始

---

① 参见黄毅峰《群体性事件行政问责的现状及对策思考》，《求是》2010 年第 2 期。

由追求经济增长指数作为合法性最重要支撑的时期，进入一个以民生改善、国民福祉为取向，把民众生活质量指数和满意指数作为合法性支撑来源的民生政治时代”。[①] 从公平正义到民生政治、从转变经济发展方式到包容性增长、从公共服务到民生财政，这一系列概念的提出，也驱动了绩效评估的转型，在中组部颁发的《关于建立促进科学发展的党政领导班子和领导干部考核评价机制的实施意见》以及《体现科学发展观要求的地方党政领导班子和领导干部综合考核评价试行办法》等文件中，民生已经成为中央政府衡量地方政府绩效的一个重要方面。正如“分权化威权主义”、“压力型体制”、“政治单一制”等理论所强调的那样，中央政府维持了对地方政府的强力控制，只要中央政府变革政策目标的优先次序，地方政府的行为也就会随之改变。[②] 中央政策向民生的倾斜也带动了地方政府行为的转型，保障和改善民生也日益成为地方政府工作的核心，这也可以从各地的新闻报道中体现出来，如《地方两会财政支出向民生倾斜，追求有福利的增长》、《河北两会保障改善民生：财政增投放，集中办实事》、《成都两会：财政“账本”，温暖百姓民生账》、《广州：“民生实事”引领“民生财政”》、《河南省财政厅报告解读：“数里行间”展示民生与发展》。毋庸置疑，地方政府对于民生的关注和对于公共服务的倾斜显然来自中央政府的压力和驱动，地方政府官员对于发展民生的青睐也显然是基于政治晋升和保持职位的冲动与需要，为此，本书将地方政府的这一行为称为“迎合型的公共服务输出”。地方政府这种表演给中央政府看的政治秀，也带来了满足民众日益增长的公共服务需求的“溢出效应”，本书称为“附带型的公共服务输出”。

上述完整地展示了服务型政府在中国的运作模式，民众以社会抗争的方式驱动中央政府，中央政府再以绩效评估的方式驱动地方政府，最终使地方政府在实际行为上开始关注公共服务，在财政投入上向民生领域倾斜。这也就回答了本节开头的发问，在缺乏选举民主的压力机制下，服务型政府何以能在中国运转起来。

---

① 曹文宏：《民生政治：民生问题的政治学诠释》，《社会主义研究》2007 年第 6 期。

② 郁建兴、高翔：《地方发展型政府的行为逻辑及制度基础》，《中国社会科学》2012 年第 5 期。

第三节　政府转型的未来展望：困境与超越

一　政府转型的困境

正如帕特南所告诫我们的那样，“制度历史大多发展得很缓慢”[①]，对其观察，不应该以年计，而应该以年代计。同样，中国从发展型政府向服务型政府的转变、从效率优先向保障公平的转变也注定是一个漫长的过程，其间也会充满反复和曲折，正如近期的一些研究所表明的那样：“地方政府尽管在名义上回应了中央政府的政策要求，但其实际行为仍然体现出了发展型政府的特征，其社会政策创新主要服务于地方经济发展特别是地方财政收益最大化的需求，而不总是对地方公众需求的回应。”[②] 那么，当前的政府转型遭遇了哪些具体困境？又是哪些因素制约了当前的政府转型？

进入21世纪以来，中国面临的最大难题就是社会不公。从属性上来看，中国的社会不公具有较强的“国家性”，即国家是造成社会不公的主要原因，这主要包括两个方面：一方面为政府积极职能的缺位，这表现为，为了发展经济，忽视了公共服务；另一方面为政府消极职能的越位，这表现为，为了发展经济，对市场和社会进行了过度干预。因此，要想保障社会公平、化解社会矛盾、构建和谐社会，政府需要纠正积极职能缺位和消极职能越位的状况。正如第四章所探讨的那样，政府的这种努力主要表现为：（1）通过加大财政转移支付、调整财政收入结构、调整财政支出结构三种方式来推进政府积极职能的回归；（2）通过修改或废止侵犯公民权利的规章制度和新建保障公民权利的规章制度等破立相济的方式来推进政府消极职能的回归。诚然，政府的这种努力是明显的，相应的绩效也是有目共睹的，但是，相应的困境也是不容忽视的，中国的通往分配正义和服务型政府之路，依然是长路漫漫。

（一）政府积极职能回归的困境

这里的政府积极职能主要是指政府的公共服务职能，“公共服务”是政府该做的事，也是现代政府的核心职能，它是政府区别于市场和社会的

---

① ［美］罗伯特·D. 帕特南：《使民主运转起来》，王列、赖海榕译，江西人民出版社2001年版，第317页。

② 郁建兴、高翔：《地方发展型政府的行为逻辑及制度基础》，《中国社会科学》2012年第5期。

重要标志。政府通过提供公共服务，特别是包括公共教育、就业服务、社会保险、社会服务、医疗卫生、人口计划、住房保障、公共文化体育等在内的公共服务，有助于帮助民众降低社会风险、缩小贫富差距、提供均等机会，进而保障全体公民的生存和发展权利。所谓政府积极职能的回归，主要是针对发展型政府定位下，政府为了追求效率和整体经济增长速度的最大化，忽视了公共服务的提供，造成了公共服务领域的恶化，其基本表现就是，政府甩包袱，将公共服务市场化，进而出现了“看病难，看病贵；买房难，买房贵；上学难，上学贵”等“三难三贵”问题。因此，要想解决这些难题，政府需要通过加大对公共服务领域的财政投入，消除公共服务的市场化，保障公民的基本生存权利。

进入21世纪以来，为了缓解社会矛盾，缩小贫富差距，保障社会公正，党和政府提出了在发展经济的基础上，更加注重社会建设，着力保障和改善民生，努力形成“学有所教、劳有所得、病有所医、老有所养、住有所居”的社会格局。在此基础上，“保民生”成为中央和地方财政支出的重点，国家财政也加大了对科教文卫等公共服务领域的投入和支出。如果单纯地从时间维度来看，政府在公共服务领域的投入可谓与年俱增，相应的成绩也很明显。然而，如果更换评价指标，从其他的维度来看我国的公共服务建设，则会有截然不同的结论。这里我们将会引入两个标准，一个是国别标准，一个是预设标准。

首先从国别标准来看，即中国与其他国家在公共服务方面的财政支出比较。由表5-2可以看出，美国在2003年的公共服务支出占财政总支出的比重为75%，而中国在当年的比重为26.2%，即使政府加大了对公共服务的投入，但是到2009年依然只有25.6%，远低于美国。另一个标准是预定目标，即现状与预期之间的比较。众所周知，教育是基本公共服务中的一个重要领域，也是需要国家财政大力支持的领域。为此，早在1993年国家所颁布的《中国教育改革和发展纲要》中就提出，到20世纪末期，全国财政性教育经费要占到GDP的4%。然而，这一目标并未如期实现。此后，国家在多个文件中一再重申和强调了财政性教育投入达到占GDP 4%的目标，这包括2006年的《国民经济和社会发展第十一个五年规划纲要》、2006年的《关于构建社会主义和谐社会若干重大问题的决定》、2010年的《国家中长期教育改革和发展规划纲要（2010—2020年）》、2011年的《中华人民共和国国民经济和社会发展第十二个五年规划纲要》。然而在现实中，从1993年到2005年这个比重一直徘徊在2.4%—2.9%之间，到2006年才突破3%，到2012年才达到4%。[①] 从1993年提出，到2012年实现，教育经费占GDP 4%的目标，为何长达19年才实现？以至于有评论写道："教育经费占GDP 4%：触手可得却又遥不可及的目标?"之所以说这一目标"触手可得"有两方面的原因：一是目标本身预设比较低，从世界水平来看，发达国家为5%左右，欠发达国家为4.1%左右。[②] 换言之，即使达到了占GDP 4%的目标，也依然低于欠发达国家的平均水平，对此，有学者评价，4%的这一比例，相当于20世纪80年代发展中国家平均水平。[③] 二是中国财政收入的迅速增长，从这几年的财政收入来看，中国的财政收入增长率连年高于GDP增长率，国家已经具备了强大的财政汲取能力，因此，国家有充足的经费来加大对教育领域的投入。那么，究竟是什么原因导致国家财政用于公共服务的投入不足，使教育经费占GDP 4%的目标明明是"触手可得"却又变得"遥不可及"？

表5-2　　中美财政公共服务程度比较（占财政总支出的百分比）　　单位:%

项目	中国		美国
时间	2003	2009	2003
经济建设	30.1	30.0	5.0
行政管理	19.1	16.2	12.5
公共服务（社会文教）	26.2	25.6	75.0
其他（包括国防费用）	24.6	28.2	7.5
支出中容易膨胀的项目	行政公务支出		公共服务支出
支出中增长缓慢的项目	公共服务支出		行政公务支出

资料来源：中国的相关数据来自《中国统计年鉴2010》；美国的相关数据来自周天勇的《替纳税人管好"钱袋子"——周天勇谈财税体制改革》，中国友谊出版公司2010年版，第233页。

---

① 李军鹏：《公共服务型政府》，北京大学出版社2005年版，第66页；张光、江依妮：《为什么财政教育投入达不到占GDP百分之四的目标：一个基于跨省多年度数据分析的实证研究》，《公共行政评论》2010年第4期。

② 李敏：《教育经费占到4%为何那么难?》，《南方人物周刊》2010年3月2日。

③ 倪光辉、郝悦：《专家解读教育经费占GDP 4%目标，教育如何追》，《人民日报》2010年5月24日。

由上述来看，尽管政府做了很多努力，但是国家财政用于民生投入的比重依然很低，而且很多既定目标实践起来也是困难重重，这在很大程度上制约了政府积极职能的回归。之所以如此，其根本原因在于中国的“部门财政”体制。虽然从法律上来看，中国的财政体系应该是“人大预算体系”，即人大有权审批、监督政府的预算，但是财政体系的“真实世界”是“行政预算体系”，即本来应该属于人大的预算权力却实际由党委和政府来行使。即使在行政预算体系中，依然存在着诸如“跑部钱进”等非正式规则。换言之，当前中国的财政体系有两大弊端：一是行政系统对人大系统的僭越；二是非正式规则对正式规则的僭越。这两个弊端也就是杨光斌所说的：“目前中国的财政管理体制是部门财政，就是那些拥有话语权的各种行业的部门都在财政预算中发挥着程度不同的作用，而且在预算后都可以‘跑部钱进’。”① 财政体系的行政化、部门化预示着“政策制定权被分散到各个‘政策领地’……各个政策领地的领导都会运用各种方式非正式地影响资金的分配”②，然而，在现实中，中国部门间的实际影响力和博弈能力存在显著的差别，代表民生领域的卫生、农业、教育、社保、民政等部门，无论从中央还是从地方来看，其实际级别都不高。特别是从地方来看，作为决策中心的地方党委常委中，其组成成员一般不包括分管科教文卫的地方首长。③ 这就降低了这些部门的博弈能力和预算资金分配。除此之外，由于公共服务领域具有“资金投入大”、“见效周期长”等特点，受“届别机会主义”④ 的影响，地方党政领导人一般不太愿意关注公共服务领域，而更愿关注那些周期短、见效快、看得见的领域，如经济增长、大型工程、形象工程等。正是由于财政体系的不健全，人大、公众缺乏对财政预决算的监督，进而导致在财政分配上部门利益取代了公众利益，财政的实际效果就是“取之于民，用之于部门”，这

① 杨光斌：《社会权利优先的中国政治发展选择》，《行政论坛》2012 年第 3 期。

② 马骏：《中国公共预算改革：理性化与民主化》，中央编译出版社 2005 年版，第 239—240 页。

③ 中国各级地方党委常委一般包括如下成员：书记、副书记、纪检书记、政府首长和常务副首长，政法委书记、组织部长、宣传部长、党委秘书长、地方武装力量首长以及主要下辖区党委书记。

④ 所谓“届别机会主义”，则是就不同届别的地方政府间的关系而言的。它主要表现为两种情况：一是拒绝履行上届政府的政策责任，即所谓的“新官不理旧官事”；二是为追求短期政绩，乱上项目，乱铺摊子，大肆透支下届政府的财力，形成一届政府一套政策、一任领导一种思路，相互之间各行其是的现象。

也正如布伦南和布坎南所指出的："如果对收入的用途没有约束，收入就变得等同于政府决策者的私人收入。"① 因此，政府用于公共服务的投入增长缓慢、执行受阻也就不难理解了。

（二）政府消极职能回归的困境

这里的政府消极职能主要指的是政府不该为、不应为的职能。正如契约论所指出的那样，在制定契约时，民众交出的权力是有限的，这也就意味着政府所持有的权力同样是有限的。所以，有限政府也一直是西方国家理论的核心论点。所谓政府消极职能的回归，主要是改革在发展型政府定位下，政府对经济的过度干预以及对社会的强力控制。自改革开放以来，中国的发展模式可以概括为"高经济投入" + "低政治参与"②，一方面政府通过积极的财政政策来刺激经济增长，政府直接充当经济主体，"地方政府之间的竞争替代企业竞争成为推动中国市场经济发育与成熟的基本力量"；③ 另一方面政府通过抑制政治参与来保持政治稳定，政府对社会采取了行政吸纳，"通过对民间政治参与的严格制度限制，来实现政治稳定，并以此来创造有利于市场经济发展的宏观环境"。④ 这两个方面共同表明，政府积极介入到了经济和社会领域中。由于政府对于市场和社会的积极介入，进而使得政府直接面对社会，深陷社会矛盾之中，社会冲突事件的矛头最终指向了政府。⑤

进入21世纪以来，为了改变政府消极职能越位的状况，党和政府进行了一系列的制度建设，试图通过制度建设为政府职能划定界限和范围，将权力关进制度的笼子。这种努力主要表现在两个方面：一方面为以"破"来推动政府消极职能的回归，这表现为对一些现有的、不适宜社会发展的制度进行废止或修改，诸如户籍制度、劳教制度、行政审批制度、征地拆迁条例、农业税条例等；另一方面为以"立"来推动政府消极职能的回归，这表现为制定了一系列限制政府权力和保障公民权利的法律规范，诸如《宪法修正案》、《物权法》、《国有土地上房屋征地与补偿条

① ［澳大利亚］杰佛瑞·布伦南、［美］詹姆斯·布坎南：《宪政经济学》，冯克利译，中国社会科学出版社2003年版，第31页。

② 萧功秦：《中国的大转型：从发展政治学看中国变革》，新星出版社2008年版，第116页。

③ 唐皇凤：《制衡资本权力——转型中国确保制度正义的关键》，《公共管理学报》2008年第3期。

④ 萧功秦：《中国的大转型：从发展政治学看中国变革》，新星出版社2008年版，第115页。

⑤ 燕继荣：《群体件事件频发的政治学思考》，《中国社会科学（内部文稿）》2009年第6期。

例》、《行政许可法》、《国家补偿法》等。然而，这些政策在多大程度上使政府从市场和社会领域收手，仍然需要打一个问号。就在《宪法修正案》、《物权法》、《国有土地上房屋征地与补偿条例》相继通过，并明确提出“公民的合法的私有财产不受侵犯”、“禁止行政强拆”等要求时，地方政府官员中却出现了截然相反的声音，认为“没有强拆就没有新中国”。[①] 而在此期间，强拆现象与之引发的社会抗争更是接连上演，如2007年的重庆“最牛钉子户”事件、2009年的唐福珍事件、2010年的宜黄事件、2011年的安徽阜南强拆事件。

针对以上这种现象，郁建兴评价道：“中央政府施政纲领的转变并不总是地方政府开展社会政策创新的根源，促进经济增长和增加财政收益才是地方政府的优先目标。”[②] 国家的这些法律、制度不仅没有改变地方政府的行为逻辑，甚至在某些方面还成为地方政府谋取财政收益最大化的工具，即以社会政策来促进经济发展。重庆户籍制度改革就是这方面的一个典型。

自1958年《中华人民共和国户口登记条例》颁布以来，我国就进入到了一个城乡二元分割的社会。户籍制度作为一项正式的国家制度，同其他制度一样，有着资源配置和利益分配的功能，它所带来的政治社会化后果就是城乡之间的不公。相关研究表明，在中国社会发展的各个阶段中，相较于农业户口者，非农户口无论在经济收入上还是在政治身份上，都有着较为显著的优势。[③] 更有研究者用“行政国家与断裂社会”来概括户籍制度的前因后果。[④] 户籍制度也因此被认为是国家权力嵌入社会，进而导致社会不公的一个标志性制度。一直以来，有关户籍制度的存废之争不绝于耳。进入21世纪以来，在科学发展观、和谐社会等执政理念的指导下，国家出台了建设社会主义新农村的政策，该政策旨在协调城乡发展、缩小城乡差距。2006年3月，全国人大审议通过的《中华人民共和国国民经济和社会发展第十一个五年规划纲要》明确要求“城乡区域发展趋向协调”，

---

① 2010年10月12日宜黄县政府一位署名“慧昌”的官员投书财新网。在“透视江西宜黄强拆自焚事件”一文中提出：“从某种程度上说，没有强拆就没有中国的城市化，没有城市化就没有一个个‘崭新的中国’，是不是因此可以说没有强拆就没有‘新中国’?”

② 郁建兴、高翔：《地方发展型政府的行为逻辑及制度基础》，《中国社会科学》2012年第5期。

③ Pengjun Zhao, Social Inequalities in Mobility: The Impact of the Hukou System on Migrant's Job Accessibility and Commuting Costs in Beijing, *International Development Planning Revies*, 2010 (3).

④ 李晓飞：《行政国家与断裂社会——当代中国户籍制度研究》，博士学位论文，武汉大学，2012年。

"城乡、区域间公共服务、人均收入和生活水平差距扩大的趋势得到遏制"。在此基础上，重庆市于2010年推出了户籍制度改革方案。按照该方案，在2010—2011年间，非农户籍人口比重由目前的29%上升到37%，到2020年，非农户籍人口比重提升至60%。在十年期间，实现非农户籍人口从29%至60%的跨越，可谓是"时间短，任务重"。为了加快推进城镇化水平，迅速提升非农户籍人口百分比，重庆市政府降低了落户条件，凡是本市农村户口居民符合以下三款中的一款者即可落户：（1）在主城区务工经商达到一定年限者；（2）购买商品住房者；（3）投资兴办实业达到一定条件者。落户成功后，就可以享受同城镇居民一样的就业、社保、教育、医疗等公共服务权利。

那么，重庆市政府为何会在户籍制度上有如此的大手笔？难道仅仅是为了响应中央政策号召？显然没那么简单。如果仔细观察，重庆市的这种农转非的城市落户政策只针对"本市户籍农民工"而不包括"异地转移农民工"，这是跟中央政策相悖的。而且，在政策实行中，重庆市规定，在取得城市户籍的同时，转户农民"自转户之日起3年内继续保留承包地、宅基地和农房的收益权或使用权"，三年之后，要放弃这些权利。对此，有新闻媒体称重庆的这种户籍改革为以"财产权"换"福利权"。这种以"财产权"换"福利权"的背后是政府扩充城镇用地的冲动。众所周知，"土地财政"已经成为政府财政的主要来源。但是，为了保证耕地面积，国家对城市征用土地实行了限制。与此同时，国家又于2008年出台的《城乡建设用地增减挂钩管理办法》规定，允许"农村建设用地地块复垦为耕后，可以增加等面积的城镇建设用地地块"。[①] 这也恰恰是重庆市推行户籍改革的一个重要动因，重庆市希望通过农民放弃承包地、宅基地、农房等"财产权"，进而扩大农村耕地面积，以此来换取城镇建设用地。由此来看，"土地财政"以及保障财政收益最大化才是重庆市推进户籍制度改革的一个重要原因。[②] 户籍制度改革本来是推进城乡一体化、促进城乡公平、消除城乡差距的一项重要政策，然而，为何会在执行中变异？结合上文的征地拆迁事件，我们不禁要问，政府消极职能的回归为何如此之难？

---

① 国土资源部：《城乡建设用地增减挂钩管理办法》，《国土资发》［2008］138号。

② 参见黄志亮、刘昌用《户籍制度改革的重庆模式探索》，《国家行政学院学报》2011年第2期。

从直接原因来看，政府消极职能回归的困境在于地方政府的自利化角色，正如财政联邦主义理论所强调的那样，财政分权的结果造就了一个具有自我利益诉求的地方政府。对此，戴慕珍（Jean C. Oi）评价道："自负盈亏的财政体制为地方政府创造了一个强有力的逐利动机。"[①] 从根本原因来看，政府消极职能回归的困境在于缺乏一个有效约束地方政府行为、确保政府职能全面履行的制度设计。这主要涉及两个制度：一个是绩效评估制度，另一个是民主监督制度。

第一，就绩效评估制度而言，当前中国的绩效评估制度可以被称为是一种以中央为主体的绩效评估模式[②]，该模式具有如下两个方面的缺陷：(1) 价值定位的模糊性，这种模糊性表现为在效率与公平、经济增长与保障民生之间摇摆不定。虽然近几年，国家的政策中心开始从经济增长转变为社会公正，但是这种转变具有鲜明的过渡色彩。这表现为：一方面，保障民生、维护公正已经是大势所趋，如十七大提出了"加快推进以改善民生为重点的社会建设"，十八大又提出了"在改善民生和创新管理中加强社会建设"、"必须坚持维护社会公平正义"、"必须坚持走共同富裕道路"等；另一方面，促进经济快速、平稳增长仍是国家的重大关切，如十六大提出"21世纪头20年，对我国来说，是一个必须紧紧抓住并且可以大有作为的重要战略机遇期"，2010年十七届五中全会又指出"我国发展仍处于可以大有作为的重要战略机遇期"，对此，杨光斌评价到，这是说党和政府在内政外交上，依然秉承了"发展是硬道理"的战略，这也就意味着，"尽管后来有科学发展观、和谐社会等新提法，公共政策上会有所调整，但第二代和第三代领导人的基本路线不会改变"。[③] (2) 公民主体的缺失性，这种以中央为主体的绩效评估模式，最大的弊端就是公民参与的缺乏。正如马克·霍哲教授所指出的那样，"从根本意义上说，一个地方政府或一级政府的工作是否有绩效、绩效到底如何，最有发言权或评价权的只能是地方公众，因为他们才是政府管理的对象和政府服务的

① Jean C. Oi. Fiscal, Reform and the Economic Foundations of Local State Corporatism in China. World Politics, 1992 (1).

② 参见闫帅《政府绩效评估的主体选择困境——兼论"自上而下"和"自下而上"评估模式的有效性与有限性》，《天津行政学院学报》2012年第3期。

③ 杨光斌：《社会权利优先的中国政治发展选择》，《行政论坛》2012年第3期。

消费者”。[①] 正是由于公民评估主体地位的缺失，致使地方政府在具体行动中，特别是在公共服务的提供上，主要是唯上级意志而非唯公民所需，结果往往也就是，地方政府的政绩或许能够获得上级的“好评”，却无法保障和满足民众的实际利益。这使得当前的绩效评估体系存有经济价值泛滥、公共价值缺失、公民主体价值被忽视等价值缺陷，这也成为当前地方政府行为失范的直接原因。

第二，就民主监督制度而言，按照现有制度规定，对于地方政府的约束机制主要有两种：一种是以人事权为核心的纵向监督机制，另一种是以各级人民代表大会为核心的横向监督机制。纵向监督机制主要源于我国的“党管干部”原则，1984 年我国确立了“分级管理、下管一级”的干部管理体制，所谓分级管理就是指中央和各级党委按照干部管理权限、实行逐级分工管理干部，具体做法就是“下管一级”，中央管理省级、省级管理地级、地级管理县级、县级管理乡级。根据党管干部的原则，党中央对省一级的所有领导，包括省委、省人大、省政府、省政协以及省司法部门的领导，都有决定权。虽然以人事权为核心的纵向监督机制赋予了中央政府较强的监督权力，但是基于信息不对称等因素，高层政府对于地方政府的渗透性权力比较薄弱。刘天旭和张星久用“象征性治理”来概括信息不对称下的地方政府行为，在他们看来，象征性治理是政府失灵的一种表现，它是作为代理人的下级政府为了向上级政府展示自己的“德”（忠诚）与“才”（能力）的一种带有欺骗性的治理偏差和结果，这表现为日常生活的“形象工程”、“政治口号”、“数字经济”、“上有政策，下有对策”等屡禁不止的“流行性常见病”。[②] 横向监督机制主要源于我国的人民代表大会制，根据人大制度的设置，全国人民代表大会是中华人民共和国的最高权力机关，但全国人大对下级人民代表大会没有直接领导权。四级地方政府（省、市、县、乡）均设人民代表大会，是国家权力的地方机关。根据《中华人民共和国地方各级人民代表大会和地方各级人民政府组织法》，各级政府、司法部门的负责人均由相应的地方人民代表大会选举产生，受地方人大监督、对地方人大负责。但是，在现实运作中，人大的监督作用并没有得到应有发挥，在很长一段时间，人大都顶着“橡

① ［美］马克·霍哲：《公共部门业绩评估模式与改善》，《中国行政管理》2000 年第 3 期。

② 参见刘天旭、张星久《象征性治理：一种基层政府行为的信号理论分析》，《武汉大学学报》（哲学社会科学版）2010 年第 5 期。

皮图章”的头衔，而近期所出现的党委书记兼任人大主任的现象，更是加强了党对人大的领导，使人大进一步嵌入到党政系统之中。对此，欧博文（Kevin O'Brien）评价到，地方人大和地方政府之间的关系更应被看作是分工而不是分权，地方人大对地方政府的实际影响力也高度依赖地方党政领导干部特别是党委书记的支持力度。① 薄智跃基于人大制度在我国的理论安排和实际实践，将我国的基本制度评价为“设置上的联邦制国家，实质上的单一制国家”。② 正是由于以上因素的存在，特别是人大制度在理论设置和现实操作上的巨大张力，进而导致了以人大为核心的横向监督机制的失效。

二 对于困境的超越

一般而言，“发现问题—分析问题—解决问题”被认为是研究设计的三个主要步骤。就本节而言，目前我们只是完成了第一个步骤，即发现了当前政府转型所存在的问题——那就是政府积极职能回归的困境和政府消极职能回归的困境。以上两重困境的存在制约了政府在解决民生问题、保障社会公正、推进服务型政府建设方面的力度，以至于胡锦涛总书记于2011年庆祝中国共产党成立90周年的大会上再次告诫：“当前，世情、国情、党情继续发生深刻变化，我国发展中不平衡、不协调、不可持续问题突出，制约科学发展的体制机制障碍躲不开、绕不过，必须通过深化改革加以解决。”面对这些困境，我们不禁要问，这些困境的症结在何处？造成这些困境的成因又是什么？如何通过深化改革来解决这些困境，实现对于困境的超越？

（一）困境的症结：缺乏民主支撑的民生

进入21世纪以来，党和政府为了解决社会不公问题，采取了由发展型政府向服务型政府转型的应对策略。与此同时，这种转型却面临着政府积极职能回归和政府消极职能回归的双重困境，这表现为：一方面，政府

---

① Kevin O' Brien, Chinese People's Congresses and Legislative Embeddedeness: Understanding Early Organizational Development, *Comparative Political Studies*, 1994 (1).

② 所谓“设置上的联邦制国家”是指，在宪法规定中，全国人民代表大会是中华人民共和国的最高权力机关，但全国人大对下级人民代表大会没有直接领导权。四级地方政府（省、市、县、乡）均设人民代表大会，是国家权力的地方机关。所谓“实质上的单一制国家”是指，在实践运作中，中国共产党党中央对省级领导有人事权。根据党管干部的原则，党中央对省一级的所有领导，包括省委、省人大、省政府、省政协以及省司法部门的领导，都有决定权。参见薄智跃《中国的民主模式》，《中国式民主国际研讨会论文集》，武汉大学出版社2009年版，第134页。

虽然加大了国家财政的民生属性，使财政支出由经济建设领域向公共服务领域倾斜，但是由于未改革部门财政的管理体制，致使国家财政被部门利益所绑架，国家财政“取之于民，用之于部门”；另一方面，政府虽然通过一系列的立法建设，规范了政府行政行为，减少了国家干涉能力，增强了国家保护能力，但是由于整个立法建设依然处于一种“自律”的范畴，未发挥“他律”的功能，特别是民众和人大的监督作用未得到发挥，致使政府对于社会和市场领域的不必要干预依然明显，甚至出现了，本来用于维系公正、保障民生的社会政策，也被政府异化为促进地方经济增长和维系地方财政收益最大的手段和工具。

总结上述可知，当前政府转型所表现出来的最大特点就是：政府在加强社会建设和民生保障的同时，相应的政治建设和民主改革却相对滞后。为此，我们可以将当前政府转型所面临的困境概括为“缺乏民主支撑的民生”，这与本章第二节所提到的“非选举问责”是同一个内涵。如果说第二节旨在回答“非选举问责何以可能”，那么本节旨在回答“非选举问责何以不能”。

为何民生建设离不开民主力量的支撑？这是因为，在现代社会中，民生问题“已不只是传统观念中所说的‘吃饭、住房’之类的问题所能涵盖的，无论从内容上还是从性质上都已更为复杂”。[①] 毋庸置疑，民生问题与社会公正紧密相关，而社会公正又表现为对公民权利的保护。所以，在现代社会中，保障民生不仅意味着物质条件要达到基本水平、实现合理的分配，更表现为公民基本权利和法律地位的平等。这也恰恰是罗尔斯两个正义原则所强调的内容，基于两个原则的优先顺序，正义首先表现为以民主为基础的权利平等，其次表现为以福利为基础的民生保障。因此，学界普遍认为“民主是民生的前提”。潘洪其就直言到“民生问题的实质是民主问题”，而“在当前条件下，中国的民生问题，本质上更是一个民主问题”。[②] 刘长发也有类似的判断，他认为“民主是民生的生命”，并结合中国的现实指出“在当前条件下，中国的民生问题，本质是民主问题。……民主是实现民生目标的基础和重要手段……离开了民主这块基石，民生的大厦就不可能建立起来”。[③] 房宁等则指

① 虞崇胜、张星：《民生与民主——转变经济发展方式条件下党的合法性基础转型》，《探索与争鸣》2011 年第 5 期。

② 潘洪其：《民生问题的实质是民主问题》，《学习月刊》2008 年第 5 期。

③ 刘长发：《民主是民生的生命——关于构建以民主促民生工作机制的理论思考》，《攀登》2010 年第 5 期。

出，民生与民主具有一体性，这表现为：一则民主问题和民生问题紧密相关、互促共进，解决民生问题是为了给人民办实事、办好事，但民生问题的解决离不开人民的参与和监督，否则就可能把好事办“虚”、办“坏”；二则民主问题和民生问题的解决要求同样的制度逻辑，两者都离不开满足、保障、落实人民群众的知情权、参与权、选举权和监督权。因此，中国应该走一条“民主民生共促和谐发展的制度之路”。①

民生建设离不开民主的支撑，也恰恰是西方在构建服务型政府的过程中所坚持和强调的内容。回顾西方服务型政府的发展史，我们不难发现，新公共服务理论作为服务型政府的理论支撑，它的最大突破在于，摒弃了传统公共行政理论“效率至上”的观念，将民主和服务因素引入到行政权力的运行过程，提倡关注民主价值和公共利益。正如有研究所概括的那样，民主是新公共服务的核心理念，也是服务型政府的制度基础，这表现为：（1）作为基本价值向度上的民主是服务型政府成立的价值前提；（2）作为权力运行准则向度上的民主塑造了服务型政府的行为方式；（3）服务型政府将从民主政治的建设中获得更多的合法性。② 对比来看，中国当前的困境恰恰在于，民生建设缺乏民主支撑。所以，要想更好地实现政府积极职能的回归，除了调整国家财政支出结构，转经济建设型财政为公共服务型财政之外，还要改变当前“部门财政”的财政预算和管理体制，改部门财政为公共财政，具体做法就是，“积极稳妥地将政治控制纳入预算过程，推进预算民主，进一步加强人大的预算监督权”。③ 要想更好地实现政府消极职能的回归，除了通过立法来限制政府的职权范围和干涉强度，还应该加强民主建设，正如历史经验和现代实践所表明的那样，宪政作为支撑现代国家的制度基础，它是法治与民主的复合，两者缺一不可。④ 因此，要想更好地约束政府行为，使政府行为具有天然的公共服务属性，一

---

① 房宁、周少来：《民主民生共促和谐发展的制度之路——杭州市“以民主促民生”战略的民主治理意义》，《政治学研究》2010 年第 5 期。

② 刘星：《服务型政府：理论反思与制度创新》，中国政法大学出版社 2006 年版，第 45—47 页。

③ 马骏：《中国公共预算改革的目标选择：近期目标与远期目标》，《中央财政大学学报》2005 年第 10 期。

④ 支撑西方政治制度运作的宪政民主就是民主与法治的缺一不可的复合。民主与法治的互补不但限制了民主权力的过分扩张，而且保证了法制体系的自我更新，成为两股既相冲突又相扶助的力量，决定了宪政民主制度的内在结构。佟德志：《在民主与法治之间：西方政治文明的二元结构及其内在矛盾》，人民出版社 2006 年版，第 3 页。

是要加强绩效评估制度中的公民参与，二是加强人民代表大会的代议功能和监督属性。

从所属领域来看，民主与民生分属于政治和经济领域。按照系统论的观点，政治与经济具有天然的一体性，两者相互作用、彼此推进。如果说改革开放以来的最初三十年，是通过经济手段来解决政治危机，使中国平安地度过了“苏联和东欧剧变”带来的冲击和影响。那么，接下来的时间段，则需要通过政治手段来解决经济危机，即面对由分配危机而导致的社会不公和社会抗争，我们必须通过政治体制改革来推进以民生为重点的社会建设，强化政府的公共服务职能，提高政府的公共服务能力。而政治体制改革的重要手段就是赋权于社会，一方面明确公民的基本权利并予以保障，另一方面以公民权利来制约国家权力。正如西方曾经发生的那样，在20世纪40年代西方社会出现严重的不平等时，马修斯（Matthews）曾提出了一个理论观点，后来这一观点成为福利国家的支持性理论，他说：“经济权利（也就是产权）的保证会导致不平等收益，而政治权利（参与权和投票权）以及社会权利的发展会平衡经济权利导致的不平等现象。”①

（二）困境的成因：反思回应性政治发展

通过以上论述，我们基本上梳理出了当前中国政府转型和政治发展所存在的困境，那就是：民生的保障缺乏民主的支撑。那么，这一困境的成因又是什么？要想回答这一问题，我们需要回归至中国政府转型的逻辑——回应性政治发展。前述已经提及，回应性政治发展具有三个关键论点：政治稳定是回应性政治发展的逻辑起点；国家与社会的互动是回应性政治发展的运作过程；政治发展是回应性政治发展的实际结果。回应性政治发展是一种政府为了应对社会矛盾而进行的被动性和适应性变革，是一种“社会矛盾倒逼型改革”。进入新世纪以来，中国的社会矛盾呈现出以下两个特点：第一，社会矛盾问题的连带性很强，个别矛盾有可能演变为整体矛盾；第二，社会矛盾问题的势能越来越强，惯性越来越大，越来越会按照自我演化的逻辑加速扩展，社会矛盾越来越不可控制。对此，吴忠民指出：“近年来，社会矛盾倒逼型改革对整个改革的情势产生了重大影响，许多改革就是在社会矛盾倒逼的情形下得以推动进行的”。② 这种由

① 转引自梁治平编《转型期的社会公正：问题与前景》，生活·读书·新知三联书店2010年版，第135页。

② 吴忠民：《社会矛盾倒逼型改革的来临及去向》，《中国党政干部论坛》2012年第4期。

“社会矛盾倒逼”的政府改革和政治发展具有以下正反两个方面的效应：

第一，从正面来看，回应性政治发展彰显出政府较强的学习、适应能力，政府对社会需求保持了较强的敏感性，能够根据社会需求做出回应和调适，进而保持了国家供给和社会需求的一致性。对此，学界用诸如政治学习（political learning）、政府学习（government learning）、吸取教训（lesson drawing）、效仿（emulation）、工具性学习（instrumental learing）、政策输出（policy transfer）、政策导向学习（policy - oriented learning）等词汇来概括政府应对危机时的反应和调适。那么，中国政府的这种学习能力是如何获得的，又有何特点呢？（1）政府的学习能力主要是通过公共危机、社会矛盾等方式来获得，相关研究就表明，对于政府来说，危机不仅意味着是危险，同时也是系统变革的契机，具有冲击和瓦解不合理的体制和制度功能，中国政府在面对突发性自然危机或人为危机时展现出了灵活、多变的特点，通过学习和调适有效地应对了公共危机和社会矛盾。① 王绍光更是通过解剖麻雀的方式，以我国的医疗卫生体制改革为例提出，面对就医难和贵的问题，中国政府适时进行了医疗改革，推出了覆盖城乡居民的新型合作医疗，使“看病难，看病贵”的问题得到明显的缓解，这进而表明，“中国体制完全能够通过各类学习模式探索符合中国国情的医疗卫生体制乃至整个福利体制”。② （2）政府的学习能力具有渐进性和有限调适的特点。学习不是一蹴而就的，它本身需要一定的时间。所以，政府学习的过程，也应该是一个渐进适应的过程，过去如此，现在亦然。从历史经验来看，改革开放初期所提出来的“摸着石头过河”不仅应该被看作是一种“渐进”的改革策略，还应该被看作是一种“学习”的改革策略。“渐进”只是顺利“过河”的必要条件；如果“蛮进”，来不及学习就会跌入河中。只有边过河、边学习、边适应，才构成顺利“过河”的充分条件。③ 随着改革开放的深入，特别是改革进入深水区，中国政府更是进一步坚持和秉承了“以时间换空间”的渐进式改革策略，据此，

---

① 项继权、马光选：《回应性制度变迁：政府学习能力的理解解析》，《社会主义研究》2012 年第 2 期。

② 王绍光：《如何摸着石头过河？——从农村医疗融资体制的变迁看中国体制的学习模式与适应能力》，潘维：《中国模式：解读人民共和国的 60 年》，中央编译出版社 2009 年版，第 378 页。

③ 同上书，第 320—321 页。

舒耕德（Gunter Schubert）就认为，目前中国的核心目标是保持社会稳定、保持政治合法性和维护党的领导，为了达到这一核心目标，中国所采取的是有限改革主义（limited reformism）和制度调适[①]，即政府会根据社会需求进行有限而非全盘的变革和调适，而且在调适的过程十分注意方式和手段，会采取一种"中央主导的政策实验"（experimentation under hierarchy），即在重大政策出台之前，中央政府会允许在个别地方进行政策实验并进行总结提炼经验，在形成一定的模式之后再推广到全国的其他地方，这种政策实验使中国政府获得了非同寻常的适应能力，能够不断根据外部情况进行学习和调整。

第二，从反面来看，回应性政治发展也暴露出了政府在应对危机上的滞后性、被动性、改革目标的不明确性以及在变革上所展示出来的局部性调整。虽然在社会矛盾倒逼型的改革模式下，政府展现出了较强的学习、适应能力，但是，"由于政策和制度学习涉及既得利益、体制惯性、定式思维，它并不像学校学习那么简单；恰恰相反，它往往是痛苦、困难、耗费时日的"。[②] 这具体表现为以下两个方面：（1）在应对危机上，回应性政治发展具有一定的滞后性和被动性。正如"回应"一词所蕴含的那样，国家的回应是以社会危机为前提的，而社会危机本身代表着社会矛盾的一种爆发。对政府而言，社会抗争的代价是巨大的，它会带来政府维稳经费的上升，耗费政府的财政资源；它会造成社会秩序的破坏，影响政府统治的稳定；它会造成人员伤害和财产损失，给社会带来进一步的不稳定；它会造成社会对政府的不信任，影响政府的统治合法性。吴忠民曾评价指出，"社会矛盾倒逼型改革缺少顶层设计、前瞻性以及配套性，因而在面对越来越复杂的社会矛盾问题时就表现出一种越来越明显的被动性"[③]，从而使政府在改革中失了先机。通俗地来讲，当前中国改革具有鲜明的"吃一堑，长一智"的特点，而这一特点使得政府在学习、调适中所花费的学费和成本都比较高。因此，回应性政治发展在应对社会矛盾和危机上

---

① 《Gunter Schubert 教授主讲"反思中国当下的政治体系"》，http：//www.ccpds.fudan.edu.cn/s/92/t/399/9f/fb/info40955.htm，2013－3－18。

② 王绍光：《如何摸着石头过河？——从农村医疗融资体制的变迁看中国体制的学习模式与适应能力》，潘维：《中国模式：解读人民共和国的60年》，中央编译出版社2009年版，第378页。

③ 吴忠民：《社会矛盾倒逼型改革的来临及去向》，《中国党政干部论坛》2012年第4期。

所展现出来的这种被动性特点，无论是在情感上还是在理性上都是不可取的。(2) 在解决危机上，回应性政治发展具有变革目标不明确和局部性调整等特点。由于回应性政治发展在应对危机上缺乏前瞻性、积极性和主动性，所以，在相应的变革上，与强制性制度变迁和诱致性制度变迁相比，它的变革目标本身不明确，而是被社会牵着走，针对社会危机的领域进行局部调整和变革。所以，我们看到，当前的社会危机指向了社会不公，相应的，政府的变革就指向了民生和公共服务领域。对此，郑永年评价道："执政党要看大局，要去领导，而不能被社会推着走，否则是很危险的。现在很多时候不仅是推着走，甚至是救火式的，这里着火了，这里就救一下；那里又着火了，又去那里救火，这是反应式的东西，根本说不上领导。那么大的国家，着火了这儿泼一下，那儿泼一下，水也不够用啊。这种局面维持不下去的，一定要通过掌握领导权，推进各方面的改革，控制、管理和解决社会问题。"① 正是由于回应性政治发展缺乏前瞻性和系统性变革，使得当前的变革具有被动性和局部性等特点，忽视了制度的系统性，割裂了政治领域里的民主与社会领域里的民生之间的关系，试图在缺乏民主支撑的前提下来解决民生问题，无疑犯了"头疼医头，脚疼医脚"的错误。

（三）困境的超越：以顶层设计助推转型

所谓对于困境的超越，从根本目的上来说，就是要改变当前民主与民生割裂的状况，必须意识到"政治体制改革躲不开绕不过"②，只有通过稳步推进民主建设，才能够更好地、彻底地解决民生问题。而要想实现民主与民生的协调发展，在具体实现方式上，就要改变回应性政治发展的滞后性、被动性、变革目标的不明确性以及改革方式上的局部性调整等缺点，借助于社会矛盾的倒逼，变被动为主动，变局部调整为全盘考虑，通过顶层设计来推进中国的政府转型与政治发展。

从近几年的研究成果来看，顶层设计无疑成了当下中国的政治热词。之所以如此，是因为从中国的政治发展来看，顶层设计越来越具有必要性和可行性。第一，顶层设计的必要性。由于当前改革的基本特征为"社会矛盾倒逼"，致使政府在改革中处于穷于应付的被动局面。然而，随着

① 郑永年：《中国改革三步走》，东方出版社 2012 年版，第 112 页。

② 虞崇胜：《政治体制改革躲不开绕不过》，《炎黄春秋》2011 年第 11 期。

矛盾的累积和激化，政府的这种“穷于应付”难免会变为“难以应付”。因此，政府需要通过顶层设计来变被动为主动，变消极应对为积极反应。当前，我们习惯于将政府改革与社会矛盾比作一场赛跑，只有通过顶层设计，来引导、化解社会矛盾，才不至于使政府改革输给社会矛盾，进而动摇政府的执政之基。换言之，“在改革进入攻坚阶段的情况下，必须有清晰的路线图和时间表，才能使各种利益群体得到稳定的行为预期，进而由制度框架内的理性博弈，形成推动社会发展的合力”。[①] 第二，顶层设计的可行性。从现实来看，我们已经具备了进行顶层设计的基本条件，这主要包括两个方面：一方面强国家的格局使顶层设计具备了有力的推行主体。顶层设计是指国家或政府通过制度设计、长远规划来引领社会经济转型。所以，只有具备了一个强有力的国家或政府，顶层设计才会变得可能。正如米格代尔在《强社会与弱国家》一书中所强调的那样，强社会中的弱国家是无法成功地引领社会经济实现转型的。从多个方面来看，中国都保持了一个强国家的格局，这表现为：单一制的国家结构形式、以委任制为主的政治单一制[②]、党管干部的人事组织制度、民主集中制的指导原则、全能主义的历史遗产、强有力的国家汲取能力等；另一方面愈益明确的政治发展道路使顶层设计具备了清晰的发展规划。第三章的讨论为我们描绘出了一条不同于西方的政治发展道路，中国将会走一条经济与社会权利优先的政治发展道路，即先解决经济权利，再解决社会权利，最后解决政治权利。这条道路的基本特点就是“国家建设先于大众民主”[③]、“规范权力行使先于追问权力来源”。[④] 在此基础上，党的十八大更是提出了要坚定“道路自信、理论自信、制度自信”。无论是杨光斌所讲的“问题早已存在，目标早已确定”[⑤]，还是马骏所讲的“中国正在探索一条不同于西方的政治问责道路，在现阶段，这一模式已是雏形初现”[⑥]，两者共同表明，中国的顶层设计已经有了较为明确的目标，那就是在致力于保障民生的基础上，进一步推进中国的民主建设。

---

① 杨雪冬：《顶层设计与社会自主》，《团结》2012 年第 2 期。

② 杨光斌：《转型时期中国中央——地方关系新论：理论、政策与实践》，《学海》2007 年第 1 期。

③ 郑永年：《中国改革三步走》，东方出版社 2012 年版，第 122 页。

④ 马骏：《实现政治问责的三条道路》，《中国社会科学》2010 年第 5 期。

⑤ 杨光斌：《社会权利优先的中国政治发展选择》，《行政论坛》2012 年第 3 期。

⑥ 马骏：《实现政治问责的三条道路》，《中国社会科学》2010 年第 5 期。

在此基础上，中国的顶层设计必须明确以下三点：

第一，顶层设计的最终目标在于实现民主政治。

仔细检索来看，改革开放以来中国的政治发展，按理想类型可划分为两个阶段：1978—2002 年被认为是经济改革时期，着重解决公民的经济权利，其标志就是“以经济建设为中心”的提出和确立；2003 年以来被认为是社会改革时期，着重解决公民的社会权利，其标志就是“科学发展观”、“和谐社会”等执政理念的提出和确立。随着社会改革的深入和社会权利的推进，势必要牵涉到政治改革和政治权利，这是因为，社会改革涉及“分蛋糕”的问题，而“分蛋糕”不仅仅是一个经济、社会问题，更是一个政治问题。这是因为，“分蛋糕”是一种利益的调整，而利益又总是和权力密切相关的，特别是当前“蛋糕”分配遇到最大的障碍就是来自于既得利益集团的阻挠①，而既得利益集团又是跟权力紧密相关。所以，我们必须要意识到，虽然从表面上来看，改革是利益的再分配，但是从实质上来看，改革更是权力的再分配，这里边涉及国家与社会关系的调整、社会居民关系的调整，只有通过权力调整，收缩国家权力之手，才能改变“国富民贫”的状况；也只有通过权力调整，收缩权贵之手，才能制衡资本权力，避免灰黑色收入。正如郑永年所强调的那样，虽然中国的改革基本上可以概括为是一种“先经济改革，再社会改革，最后政治改革”的分解式改革模式，但这并不是说，在一个特定时期内只能进行经济改革，或者社会改革，或者政治改革。而是说，“在任何特定时期，只把一种改革定位为主体性改革，而其他方面的改革也必须进行，只不过是辅助性的”。② 同理，在进行社会改革和保障民生的同时，也要进行相应的政治改革，这样才能既有主次重点，又能协调推进。从目前的情况来看，无论是在理念方面，还是在实践方面，社会改革已经有了基本内容，当然，也遭遇到了一定的困境和掣肘。要想摆脱这些困境和掣肘，就需要进行民主建设，以民主建设来推进民生建设。所以，随着民生建设的推进，改革的重点也将会落在民主政治方面。

第二，顶层设计的具体要求在于重构国家与社会关系。

政治民主化作为政治发展的核心指标，要想实现这一目标，特别是要

① 《收入分配改革方案 8 年难产，因既得利益集团抵触》，http：//news. hexun. com/2012 - 10 - 19/146954742. html，2013 - 03 - 20。

② 郑永年：《中国改革三步走》，东方出版社 2012 年版，第 12 页。

想“争取优质民主，避免劣质民主”，既需要一个优良的国家，也需要一个优良的社会。所谓优良的国家与社会，就是要求国家层面的政府权力与社会层面的公民权利同时兼具合法性和有效性。就目前中国的国家与社会发展而言：国家呈现为“强有效性，弱合法性”，而与之相反，社会则呈现为“强合法性，弱有效性”。

先来看国家。所谓国家的“强有效性”主要表现在国家能力方面。一般而言，国家能力大体包括四项：（1）强制能力，是指国家运用暴力手段、机构、威胁等方式维护其统治地位的能力；（2）规范能力，又称保护能力，是指规范和保护政府、企业及社会成员行为的能力；（3）汲取能力，是指国家从社会获取财政资源的渗透能力；（4）再分配能力，是指国家在各个不同社会群体之间对稀有资源实行权威性再分配的能力。① 1978 年以来，在发展型政府的定位下，国家一方面通过综合治理强化了国家的强制能力，另一方面通过分税制强化了国家的汲取能力。2003 年以来，在服务型政府的定位下，国家一方面通过财政改革增强了国家的再分配能力，另一方面通过制度重建增强了国家的规范和保护能力。所谓国家的“弱合法性”主要表现在国家的合法性类型上。当前国家权力的合法性类型主要是一种“政绩合法性”，即把合法性建立在经济增长的绩效基础之上。然而，这种政绩合法性很容易陷入亨廷顿所说的“政绩合法性困局”，即“如果不能有好的政绩，将失去合法性，如果政绩好了，也将失去合法性”。② 正如马克·沃伦所指出的那样，中国推行了一种“由政绩来获得合法性”的体制设计，即只要能履行诺言，中国共产党的执政地位就不会动摇。然而，“履行诺言是个巨大的治理难题”，而且，“这种路径要冒很大风险”。③ 结合中国的实际来看，以经济增长为核心的政绩合法性也面临着新的情况与挑战，这表现为，一方面经济增长开始步入新常态，另一方面社会不稳定程度和政治不信任程度呈现为“节节高攀”。政绩合法性的困局加上选举合法性的缺失，致使政府在合法性方面缺乏一种常规化的机制。一言概之，中国的国家权力之所以呈现为“强

① 王绍光：《祛魅与超越：反思民主、自由、平等、公民社会》，中信出版社 2010 年版，第 129 页。

② ［美］塞缪尔·亨廷顿：《第三波——二十世纪后期民主化浪潮》，刘军宁译，上海三联书店 1998 年版，第 64 页。

③ ［加拿大］马克·沃伦：《中国式“治理驱动型民主”》，《瞭望东方周刊》2010 年第 33 期。

有效性，弱合法性”的特征，这跟中国所遵循的“国家建设先于大众民主”的政治发展道路相关。

再来看社会。与国家的“强有效性，弱合法性”截然相反，当前中国的社会呈现为“强合法性，弱有效性”的特点。所谓社会的“强合法性”是指公民权利有着较强的理论基础和话语体系。正如查特杰所说的那样，“现代国家的合法性清晰而不可动摇地建立在大众主权概念之上，这在今天已没有疑问”。[①] 达尔也有类似的表述，在他看来，20 世纪“最引人注意的变化之一，就是对公众参与政治的合法权利直接予以拒绝的情形实际上已看不到了”。[②] 就中国而言，无论是法律文本中的“中华人民共和国的一切权力属于人民”，还是领导人话语体系中的“三个有利于”标准和“三个代表”理念，公民权利都被赋予了较高的地位。进入 21 世纪以来，胡锦涛更是提出了“以人为本”的科学发展观，强调“权为民所用，利为民所谋，情为民所系”。《宪法修正案》、《物权法》、《国有土地上房屋征收与补偿条例》、《国家赔偿法》的出台，更是进一步明确了“公民有效的合法的私有财产不受侵犯”。然而，与公民权利的“强合法性”相反，在实践中，公民权利有着鲜明的“弱有效性”。这表现为：在分类控制体系下，公民的结社权利受到了限制；在征地拆迁的强势格局下，公民的财产权利难以得到保障；在选举尚不健全的情况下，公民的利益得不到有效代表和表达。总而言之，在现有的格局下，公民缺乏影响政府、制约政府、保护权利、表达利益的方式和手段。

因此，中国改革的下一步应该重构国家与社会关系，具体要求就是：对于国家层面的政府权力而言，要进一步从有效性发展至合法性；对于社会层面的公民权利而言，要进一步从合法性发展至有效性。而要实现国家与社会的双向转换，必须要发展民主，只有民主，才能巩固政府的合法性，通过程序民主来增强社会对政府的认同；也只有民主，才能增强社会的有效性，使公民能够保障自我权利，限制国家权力。

第三，顶层设计的基本操作在于培育社会资本。

中国改革的最大特点就是“社会倒逼”。可以说，社会是助推中国改

---

① ［印度］帕萨·查特杰：《被治理者的政治：思索大部分世界的大众政治》，田立年译，广西师范大学出版社 2007 年版，第 32 页。

② ［美］罗伯特·达尔：《多头政体：参与和反对》，谭君久、刘慧荣译，商务印书馆 2003 年版，第 15 页。

革、政治发展和政府转型的强劲动力。在“社会需求—国家回应”的这一前一后的逻辑中，国家的上层建筑与社会的经济基础保持了基本的一致性。正如新制度主义所主张的那样，我们对于制度的研究应该从制度本身扩展至制度成长的社会基础。这是因为，“社会环境和历史深刻地影响着制度的有效性。一个地区的历史土壤肥沃，那里的人们从传统中汲取的营养就越多；而如果历史养分贫瘠，新制度就会受挫”。① 同样的道理，中国要想发展民生，就需要推进民主，而要想推进民主，就必须夯实民主的社会基础。从这个角度讲，托克维尔是对的，当存在强健的公民社会时，民主政治才会得到加强，而不是削弱。所以，中国的政府转型和政治发展也必须要牢记帕特南在《使民主运转起来》一书中所证明的那条铁律——“没有良好的公民传统就不可能有民主”。

从中国的社会发展现状来看，我们会得到一个悲喜交加的结论：一方面，我们要看到民众对于民主的认识开始提升。当然，这种民主意识的习得路径是不同的。对于中、上阶层而言，他们主要是通过受教育路径获得的，而且他们在维护公民权利、践行民主理念方面表现得也愈益积极，正如海贝勒和舒耕德所观察到的那样：“目前中、高阶层的高度自我意识和潜在的自决意识、以自治或非政府形式的参与的可能性、逐渐成长的法律意识使愈来愈多的个人和组织尝试通过法律或党的文件、国家的文件来维护其权利。这一切都是公民权产生的迹象。”② 为此，中国的中、上阶层也被认为是公民权发展的先驱。而对于底层民众而言，他们主要是通过上访、抗争等维权路径来习得民主意识。郑欣在河北 P 县所做的田野调查显示，在农民上访事件中，有不少上访事件涉及“要求村务公开，揭露贪污腐败”、“发展集体经济，维护村民利益”、“争取民主权利，要求民主选举”③，这表明公民的公共意识开始增强，权利意识开始觉醒。另一方面，我们必须承认，民主的社会基础还不够厚实。从当前来看，我们依然还缺乏一个能够承载民主的社会基础。正如张星久教授所阐释的那样：

① ［美］罗伯特 · D. 帕特南：《使民主运转起来》，王列、赖海榕译，江西人民出版社 2001 年版，第 214 页。

② ［德］托马斯 · 海贝勒、君特 · 舒耕德：《从群众到公民——中国的政治参与》，张文红译，中央编译局出版社 2009 年版，第 214 页。

③ 郑欣：《乡村政治中的博弈生存——华北农村村民上访研究》，中国社会科学出版社 2005 年版，第 130 页。

“尽管制度保障很重要，但是真正能为改革保驾护航的是公民的道德情操。”① 只有公民具备良好的政治素质，才能为中国政治和社会发展提供良好的土壤。然而，网络暴民、利益小民、冷漠人群，却构成了中国社会的另一幅图景。网络暴力中的恣意妄为和人肉搜索、小悦悦事件②中冷漠的路人、乌坎困境中的“最好大家都分一点”的利益小民③，这些都使中国的民主建设蒙上了一层阴影。

因此，要想推进民主，可行的办法就是，培育民主政治的社会资本、发展政治文明的文化土壤，通过对社会资本的培育和公民社会的建设，将不熟悉平等和自由的原来的臣民转变为现代的公民，正如新制度主义所强调的那样，没有公民社会的制度和实践的转变——无论这种转变是自上而下还是自下而上的——就不可能创造或维持政治领域里的自由和平等。所以，民主制度不能仅仅通过立法手段就能使之有效运作，它必须“在人民心灵的习惯中赢得一个位置”④，让制度在社会中生根，让制度在人心中安家。

---

① 张星久：《改革迫在眉睫，素质乃是基本》，http：//news. future. org. cn/articles/65319. html，2013－3－20。

② 2011年10月13日，2岁的小悦悦（本名王悦）在佛山南海黄岐广佛五金城相继被两车碾轧，7分钟内，18名路人路过但都视而不见，漠然而去，最后一名拾荒阿姨陈贤妹上前施以援手，引发网友广泛热议。2011年10月21日，小悦悦经医院全力抢救无效，在零时32分离世。2011年10月23日，广东佛山280名市民聚集在事发地点悼念小悦悦，宣誓“不做冷漠佛山人”。2011年10月29日，没有追悼会和告别仪式，小悦悦遗体在广州市殡仪馆火化，骨灰将被带回山东老家。2012年9月5日，肇事司机胡军被判犯过失致人死亡罪，判处有期徒刑三年六个月。

③ 在乌坎事件中，乌坎村民通过抗争，实现了真正的民选与自治，当时媒体更是称之为“农村基层民主建设的典型案例”，然而，一年之后，广东乌坎民主自治陷入困境，维权骨干分子渐次分化。乌坎从“基层民主典型”到“自治陷入困境”，其背后的逻辑就在于，乌坎还缺乏一个能够承载民主与自治的社会基础，大多数村民都是基于一种“民主能带来利益和好处”的逻辑而心向民主。针对记者的采访，乌坎村村民却表达了对村委会的不满，村民看重的是地和钱，认为，这些东西，“最好大家都分一点”，“分什么都好”。

④ Petti Philip, *Republicanism: A Theory of Freedom and Government*, Oxford University Press, 1977, p. 241.

结语：在国家与社会互动中理解中国的政治发展

一　过程中的“国家—社会互动论”：政府转型的特征

进入21世纪以来，面对高发的群体性事件，中国政府为了化解社会矛盾、重构政治秩序，以2003年科学发展观、和谐社会等执政理念的提出为标志，开启了从发展型政府向服务型政府的转型进程。以这次政府转型为样本点，本书研究发现，中国的政治发展有着较强的“国家—社会互动论”色彩，也即遵循如下的逻辑链条：社会需求→政治互动→国家供给→政治发展。这其中，国家供给与社会需求的一致性被认为是维系政治稳定的主要手段，因此，为了维系政治稳定，国家供给需要根据社会需求进行调整和变革，国家变革的结果最终又带来了政治发展。由于整个政治发展是国家回应社会的结果，因此，本书又称为“回应性政治发展”。从“国家—社会互动论”的逻辑链条来看，当前中国从发展型政府向服务型政府的转型过程具有如下四方面的特点：

第一，以“社会公正”为主的社会需求。社会需求主要表现为一系列公民权利，正如本书所探讨的那样，中国的公民权利大致可以划分为经济权利、社会权利和政治权利三项[①]，其中经济权利的主要追求为经济发展，社会权利的主要追求为社会公正，政治权利的主要追求为政治参与。在1978年之前，受全能型体制的制约，经济增长低下，无法满足民众的经济权利诉求，所以1978年以来的改革开放也被认为是一个不断满足民众经济权利诉求的过程，在此期间中国政府转全能型政府为发展型政府，以经济建设为中心，强调“发展才是硬道理”，经过一系列的努力，满足了民众的经济权利、解决了民众的温饱问题。然而，发展型政府的问题在于，政府将过多的精力用于发展经济，忽视了公共服务职能的履行，由于

① 这在本书第三章“社会何求：从经济发展到社会公正”进行了详细的探讨。

公共服务职能的缺失和国家再分配能力的不足，致使经济增长的“下溢效应”开始式微，国民财富在居民之间、城乡之间、地区之间严重分配不公，这些问题说明，经济增长并不必然保障大多数居民的社会权利。①在此情况下，中国的社会需求开始发生了转向，通过对当前社会抗争议题的分析，本书发现，民众的社会抗争主要集中在两个方面：（1）对政府单纯追求“GDP”增长的不满；（2）对政府长期忽视“社会保障”的不满。基于此，本书指出，当前社会需求开始从经济发展转向社会公正，社会权利而非政治权利才是当前的主要社会需求。这也就是肖唐镖所表达到的：“民众行动并未体现出反政权反体制的特点，即使是涉及政府与民众之间、官民（干群）之间的冲突，其行动针对的仍然是地方政府或其官员，而非规则、体制；即使是暴力性的对抗行为，一般也仅为经济要求，而非反体制行为。”②

第二，以“社会抗争”为主的政治互动。这里的政治互动是指公民的利益表达方式，即社会需求以何种形式输入至政治系统。正如本书所指出的那样，政治互动的形式主要有两种：一种为制度内的政治互动，这体现为选举、听证、结社等；另一种为制度外的政治互动，这体现为各种类型的社会抗争。然而，在发展型政府的定位下，为了能够为经济增长提供稳定的政治环境，政府采取了降低政治参与的维稳策略，具体方式也就是本文所讲的“分类控制”。在这种“低政治参与”的模式下，公民的制度内参与渠道有限，无法满足利益表达需求，被迫从制度内参与转向制度外参与。这表现为：诉讼和信访作为制度内的利益表达方式，一方面，由于司法诉讼具有成本高、效率低、耗时长等特点，所以民众一般“厌诉”、“轻诉”、“信访不信法”；另一方面，由于信访部门的权力有限和吸纳不足，再加上地方政府对于访民的“围追堵截”和“秋后算账”，信访面临着“法理上的合法性与实践上的‘非法性’的冲突”。③本书据此认为，民众将社会抗争作为自己的利益表达方式，实则是迫不得已的选择。总结来说，社会抗争之所以会成为当前中国的主要政治互动方式，其根本原因

---

① 杨光斌：《社会权利优先的中国政治发展选择》，《行政论坛》2012 年第 3 期。

② 肖唐镖：《当代中国的“群体性事件”：概念、类型与性质辨析》，《人文杂志》2012 年第 4 期。

③ 于建嵘：《当前压力维稳的困境与出路——再论中国社会的刚性稳定》，《探索与争鸣》2012 年第 9 期。

在于国家和社会缺少良性的制度互动平台。从社会层面来看，由于制度化建设的落后，再加上政府的分类控制，民众的政治参与不畅、利益表达受阻；从国家层面来看，由于制度建设落后，再加上地方政府的“欺上瞒下”，中央政府缺乏有效的信号识别机制和信息流通渠道，致使中央政府与社会需求之间存在一定程度的信息不对称。在此情况下，中国的政治互动最终异化为：社会通过抗争来表达需求，国家基于稳定来提供供给。

第三，以“服务型政府”为主的国家供给。频发的社会抗争最终诱发了政府的政策调整，借用王绍光的话来说就是，“社会矛盾的凸显是出现社会政策的背景”。① 面对民众日益增长的公共服务需求，进入新世纪以来，转变政府职能，改发展型政府为服务型政府开始进入政府议程，建设服务型政府开始成为党的十七大报告和十八大报告中的核心词汇之一，密集的社会政策也开始成为2003—2012 十年间的主要政策类型，正如温家宝所指出的那样，“我们在发展经济的同时，更加重视发展社会事业和改善民生，经济发展与社会发展的协调性明显增强”。② 也因此，建设公共服务型政府，为全社会提供基本而有保障的公共产品和有效的公共服务，不断满足广大民众日益增长的公共服务需求，逐渐成为政府化解社会抗争、实现社会公正、重构政治秩序的发展策略。本书在第四章中对中国的服务型政府建设进行了详细分析，中国的服务型政府建设主要表现为“社会政策导向的治理”，这些社会政策大致有两种类型：一种为旨在促进政府积极职能回归的社会政策，通过加大财政转移支付、调整财政收入结构、调整财政支出结构等三项举措，转“经济建设型财政”为“公共服务型财政”，以此来提升公共服务水平，加大对社会保障、住房、卫生、教育、社会工作、社会福利等公共领域的投入；另一种为旨在促进政府消极职能回归的社会政策，通过废止赋权过度而对民众合法权利造成侵害的法律法规和新建规范权力且能够保障公民合法权利的法律法规等两项举措，来收缩政府的权力触角和保障公民的合法权利。

第四，以“非选举问责”为主的政治发展。正如本书在第五章所指出的那样，所谓“非选举问责”是指，不同于西方“因选举而负责”的理论预设，随着中国从发展型政府向服务型政府的转型，我们看到，在缺

① 王绍光：《从经济政策到社会政策的历史性转变》，《中国经济时报》2007 年 4 月 6 日。
② 温家宝：《关于发展社会事业和改善民生的几个问题》，《求是》2010 年第 4 期。

乏选举民主的压力机制下，中国政府依然对公共服务、社会公正、民生等议题予以了充分的关注，表现得越来越负责任，如在实践理念上对于以“社会公平”为主的“坚持走共同富裕道路”和“共享改革发展成果”的强调，在实践内容上对于以公共服务为主的“社会政策”和“民生财政”的侧重。本书认为，“非选举问责”之所以能够在中国出现，它有着一定的社会基础和制度基础。从社会基础来看，由于中国的社会需求表现为经济与社会权利优先于公民与政治权利，所以，作为对社会需求的一种回应，国家供给也就相应表现为“国家建设先于大众民主”①，借用杨光斌的话来说就是，“在当下，中国政治发展的优先选择则是以社会保障为主的公民的社会权利。当社会权利基本完成以后，难以回避的问题主要是公民的政治权利问题”；② 从制度基础来看，驱动政府负责的制度机制并非是西方自下而上的“用手投票”，而是中央政府基于政治稳定的自上而下的“压力机制”，这其中的逻辑就在于，中国的组织人事制度是一种以“干部委任制”为支柱的政治单一制，所以，作为公共服务实际提供者的地方政府及其官员③，其权力主要来自上级政府的授予而非公民的“用手投票”。

二 结论中的“国家—社会互动论”：离理想有多远？

正如上述所指出的那样，当前中国从发展型政府向服务型政府的转型过程主要体现为如下的逻辑链条：社会公正（社会需求）→社会抗争（政治互动）→服务型政府（国家供给）→非选举问责（政治发展）。在笔者看来，这是一个兼具有效性与有限性的“国家—社会互动”过程。

所谓“有效性”是指，这次从发展型政府向服务型政府的转型过程大体遵循了“国家—社会互动”的逻辑，即面对民众日益增长的公共服务需求，政府表现出了较强的学习力和能动性，通过服务型政府建设，来满足民众的公共服务需求。“国家—社会互动论”之所以能够成为中国政治发展的实践形式，其根本原因在于中国国家与社会关系的变化。在改革开放之前，中国的政府类型是一种“全能型政府”，社会处于国家的高度

① 郑永年：《中国改革三步走》，东方出版社 2012 年版，第 20 页。

② 杨光斌：《社会权利优先的中国政治发展选择》，《行政论坛》2012 年第 3 期。

③ 有关地方政府是公共服务的实际提供者这一论点可以参见郁建兴的《地方发展型政府的行为逻辑及制度基础》一文。参见郁建兴、高翔《地方发展型政府的行为逻辑及制度基础》，《中国社会科学》2012 年第 5 期。

统合之中，国家主导了整个社会的发展，“当国家的偏好与社会偏好没什么不同时，国家机构就将其偏好转变为政策；当两者偏好不同时，国家机构就利用公众集会改变或者塑造社会偏好，使其符合自己的偏好，或者直接诉诸国家公权力的使用，将自己的偏好转变为政策”。[①] 因此改革开放之前的国家和社会关系可以概括为“有国家、无社会”，社会尚不能自立，更遑论国家与社会互动了。然而，改革开放改变了过去那种“有国家、无社会”的格局，社会开始从国家中分离，国家也逐步从社会中退出，一个日渐独立与成长的社会开始浮现在我们面前。国家退却和社会成长的结果就是，中国政府逐渐告别了过去那种国家至上的单向维度，开始以个人权利为出发点进行建设和改革。所以，改革开放以来的三十多年，中国政治发展的核心主线就是，国家通过变革与调适，不断地回应人民群众变化的社会需求和政治期望。从“国家主导社会”到“国家与社会互动”，这种转变的背后逻辑就在于，“政权正当性作为一个政府执政的基础是建立在被统治者对其执政权力正当性的认可之上的”[②]，任何政权都“必须根据无论以什么方式表达的人民意志宣布其合法性”[③]，所以，查特杰又将当前政府的统治称为“从社会观点出发的治理”（government from the social point of view）。[④] 而对于中国政府来说，这种“从社会观点出发的治理”尤为重要，正如马克·沃伦所指出的那样：“因为缺乏‘选举合法性’，中国共产党比发达民主国家更注重依靠一项项政策获得合法性。”[⑤]

正是由于中国政府对社会变迁保持了较强的敏感性和学习力，能够根据社会需求提供国家供给，从而使中国的政治发展保持了一种“国家—社会互动论”的发展模式。也因此，中国的政治发展承袭了“中国调适论”所主张的“从调适迈向稳定”的发展路径，而非“中国崩溃论”所主张的“从停滞走向崩溃”的发展路径。换言之，“中国崩溃论”的错误

---

① 萧权政：《政治与经济的整合》，桂冠图书公司1988年版，第90页。

② Dolf Sternberger, Legitimacy, D. L. Sills ed., International Encyclopedia of the Social Science, Macmillan, 1968, p. 244.

③ ［印度］帕萨·查特杰：《被治理者的政治：思索大部分世界的大众政治》，田立年译，广西师范大学出版社2007年版，第32页。

④ 同上书，第42页。

⑤ ［加拿大］马克·沃伦：《中国式“治理驱动型民主”》，《瞭望东方周刊》2010年第33期。

之处就在于，在标准的选择上，它以“西方国家”而非“社会需求”为标准；在基本的主张上，它以“从国家发现国家”而非“从社会发现国家”为主张。所以，我们看到，“中国崩溃论”的支持者总是拿西方的尺子来度量中国的政治发展，并在多党制、普选制和三权分立等西方政治评价标准下，最终得出了中国政治发展停滞的结论。由此来看，“中国崩溃论”的观点和结论显然脱离了中国的现实，忽视了中国政府在社会需求导向下所做的变革和调整，特别是中国所发生的从集权到分权、从人治到法治、从管制政府到服务政府、从党内民主到社会民主的治理变迁路线图①，也因此，“中国崩溃论”很快在现实面前走向了瓦解。不同于“中国崩溃论”，在国家与社会的互动下，我们看到，“中国的政治体制，就整体而言，拥有足够的解决问题的能力以应对来自周围环境的压力，对市场和社会变迁保持了高度的敏感性，做出了恰适性的变革，由此产生的具有决定意义的政治稳定使其自身得以存续”。②

所谓“有限性”是指，这次从发展型政府向服务型政府的转型过程并不是一个完美的“国家—社会互动”过程，这体现在以下三个方面：第一，从社会的角度来讲，社会需求缺乏通畅的制度内表达渠道。正如本书所指出的那样，当前中国的政治互动主要表现为“社会抗争”，而社会抗争是一种制度外的利益表达形式，它本身代表着社会矛盾的一种爆发，无论对于民众还是政府而言都并非是一种理想的利益表达方式。对于民众而言，社会抗争是民众表达无门的被迫选择；对于政府而言，社会抗争无疑意味着动荡与不安。因此，当前中国的政治互动距离理想状态还存有较大的差距，我们必须通过民主机制的建设，改制度外参与为制度内参与，为国家与社会的良性互动提供制度平台，以制度机制来吸纳民众的政治参与和利益表达。第二，从国家的角度来讲，国家供给表现出一定的滞后性和被动性。正如本书所探讨的那样，当前中国的国家供给具有强烈的“政治稳定”逻辑，国家供给只有在社会矛盾激化进而影响到政治稳定时才会做出调整，因此，当前中国的政治改革可以说是一种社会矛盾倒逼型的改革。借用吴忠民的话来说就是：“社会矛盾倒逼型改革缺少顶层设

① 俞可平：《中国治理变迁30年（1978—2008）》，《吉林大学社会科学学报》2008年第3期。

② ［德］舒耕德、李安娜：《当代中国政策实施和政治稳定性研究的分析框架》，王丽丽译，《国外理论动态》2012年第2期。

计、前瞻性以及配套性，因而在面对越来越复杂的社会矛盾问题时就表现出一种越来越明显的被动性”。① 相较而言，一个理想状态下的国家供给，应该是如帕特南所描述的那样，“为了具有效率，政府就应当有足够的远见能预测到还没有明确表达出来的要求”②，政府既要做社会的回应者，更要做社会的引领者。第三，从政治发展的角度来讲，虽然不同于西方“因选举而负责”的理论预设，中国政府在缺乏选举民主的压力机制下，依然表现得更为关注公共服务，更为对人民负责，也即本书所讲的“非选举问责”，但是，由于缺乏民主机制的保障，中国的服务型政府建设和民生保障也遭遇到了一定的困境，政府的积极职能回归和消极职能回归之路可以说是“道阻且长”，正如新近研究所揭示的那样：“地方政府尽管在名义上回应了中央政府的政策要求，但其实际行为仍然体现出了发展型政府的特征，其社会政策创新主要服务于地方经济发展特别是地方财政收益最大化的需求，而不重视对地方公众需求的回应。”③

由上述可知，当前中国的政府转型和政治发展虽然表现出了一定的“国家—社会”互动色彩，但是离理想状态的“国家—社会互动论”还有一定的距离。理想状态的“国家—社会互动”离不开民主机制的支撑，所以，推进民主建设始终是中国政治发展的核心议题和政治体制改革躲不开、绕不过的内容。值得指出的是，在推进民主建设的过程中必须破除以下两个极端思想：一是民主无条件论，即认为在任何情况下都能实现民主。这一思想很容易导致实践上的冒进主义，进而忽视改革任务的艰巨性、复杂性和风险性。二是民主高条件论，即把民主的门槛设置得过高。这一思想又过于保守，进而会一味拖延改革，很容易错过改革战略机遇期。④ 党和政府作为社会主义现代化建设的领导者，面对这两种思想，一是要破除民主无条件论的迷思，应“精耕细作，松土施肥”，通过精心培育社会资本，来夯实民主的社会基础，积极为迈向民主创造条件；二是要破除民主高条件论的迷思，以较高的政治智慧和坚定的改革决

---

① 吴忠民：《社会矛盾倒逼型改革的来临及去向》，《中国党政干部论坛》2012年第4期。

② ［英］罗伯特·D. 帕特南：《使民主运转起来——现代意大利的公民传统》，王列、赖海榕译，江西人民出版社2001年版，第9页。

③ 郁建兴、高翔：《地方发展型政府的行为逻辑及制度基础》，《中国社会科学》2012年第5期。

④ 参见王占阳《中国急需发展低度民主》，《探索与争鸣》2012年第1期。

心，来不失时机地促成改革、推进民主。这才是中国政治发展和民主建设的可取路径。

中国从发展型政府向服务型政府的转型为时还不长，本书的观点也只是一种阶段性的观察，因此，我们的研究不仅没有结束，反而才刚刚开始。

参考文献

一　中文译著

[1]［德］托马斯·海贝勒、君特·舒耕德：《从群众到公民——中国的政治参与》，张文红译，中央编译出版社 2009 年版，第 6 页。

[2]［加拿大］贝淡宁：《超越自由民主》，李万全译，上海三联书店 2009 年版。

[3]［美］B. 盖伊·彼得斯：《政府未来的治理模式》，张成福译，中国人民大学出版社 2001 年版。

[4]［美］R. 科斯、A. 阿尔钦、D. 诺斯等：《财产权利与制度变迁——产权学派与新制度学派译文集》，上海三联书店、上海人民出版社 1994 年版。

[5]［美］戴维·伊斯顿：《政治生活的系统分析》，华夏出版社 1999 年版。

[6]［美］佛朗西斯·福山：《国家建设：21 世纪的国家治理与世界秩序》，黄胜强、许铭原译，中国社会科学出版社 2007 年版。

[7]［美］黎安友：《从极权统治到韧性威权：中国政治变迁之路》，何大明译，台北巨流图书公司 2007 年版。

[8]［美］乔尔·S. 米格代尔：《强社会与弱国家：第三世界的国家社会关系及国家能力》，江苏人民出版社 2009 年版。

[9]［美］塞缪尔·亨廷顿：《第三波——20 世纪后期的民主化浪潮》，上海三联书店 1998 年版。

[10]［美］塞缪尔·亨廷顿、琼·纳尔逊：《难以抉择——发展中国家的政治参与》，汪晓寿、吴志华、项继权译，华夏出版社 1989 年版。

[11]［美］詹姆斯·汤森、布兰特利·沃马克：《中国政治》，江苏人民出版社 1995 年版。

[12]［印度］帕萨·查特杰：《被治理者的政治：思索大部分世界的大众

政治》，田立年译，广西师范大学出版社 2007 年版。
[13] [英] 卡尔·波兰尼：《大转型：我们时代的政治与经济起源》，冯钢、刘阳译，浙江人民出版社 2007 年版。
[14] [英] 罗伯特·帕特南：《使民主运转起来》，江西人民出版社 2001 年版。

二　中文专著

[15] 蔡定剑：《中国选举状况的报告》，法律出版社 2002 年版。
[16] 陈明明主编：《复旦政治学评论：转型危机与国家治理》，上海人民出版社 2011 年版。
[17] 崔之元：《从压力型体制向民主合作型体制的转变》，中央编译出版社 1998 年版。
[18] 邓正来、[英] 杰弗里·亚历山大主编：《国家与市民社会：一种社会理论的研究路径》（增订版），上海人民出版社 2002 年版。
[19] 何增科、[德] 托马斯·海贝勒、[德] 根特·舒伯特主编：《城乡公民参与和政治合法性》，中央编译出版社 2007 年版。
[20] 胡鞍钢、王绍光、周建明：《第二次转型：国家制度建设》，清华大学出版社 2003 年版。
[21] 梁治平主编：《转型期的社会公正：问题与前景》，生活·读书·新知三联书店 2010 年版。
[22] 荣敬本、崔之元：《从压力型体制向民主合作体制的转变：县乡两级政治体制改革》，中央编译出版社 1998 年版。
[23] 王绍光、胡鞍钢：《中国国家能力报告》，辽宁人民出版社 1993 年版。
[24] 王绍光：《祛魅与超越：反思民主、自由、平等、公民社会》，中信出版社 2010 年版。
[25] 萧功秦：《中国的大转型：从发展政治学看中国变革》，新星出版社 2008 年版。
[26] 杨雪冬、赖海榕主编：《地方的复兴：地方治理改革 30 年》，社会科学文献出版社 2009 年版。
[27] 俞可平主编：《治理与善治》，社会科学文献出版社 2000 年版。
[28] 俞可平主编：《国家治理评估——中国与世界》，中央编译出版社 2009 年版。

[29] 俞可平主编:《中国治理变迁 30 年(1978—2008)》,社会科学文献出版社 2009 年版。

[30] 余逊达、徐斯勤主编:《民主、民主化与治理绩效》,浙江大学出版社 2011 年版。

[31] 郑欣:《乡村政治中的博弈生存——华北农村村民上访研究》,中国社会科学出版社 2005 年版。

[32] 郑永年:《中国模式:经验与困局》,浙江人民出版社 2010 年版。

[33] 郑永年:《中国改革三步走》,东方出版社 2012 年版。

[34] 周黎安:《转型中的地方政府:官员激励与治理》,格致出版社 2008 年版。

三 中文论文

[35] [加拿大] 马克·沃伦:《中国式"治理驱动型民主"》,《瞭望东方周刊》2010 年第 33 期。

[36] [德] 舒耕德、李安娜:《当代中国政策实施和政治稳定性研究的分析框架》,王丽丽译,《国外理论动态》2012 年第 2 期。

[37] [美] 托马斯·海贝勒:《关于中国模式若干问题的研究》,《当代世界与社会主义》2005 年第 5 期。

[38] [美] 裴宜理:《中国人的"权利"概念——从孟子到毛泽东延至现在》(上),《国外理论动态》2008 年第 2 期。

[39] [美] 裴宜理:《中国人的"权利"概念——从孟子到毛泽东延至现在》(下),《国外理论动态》2008 年 3 期。

[40] 陈仲元:《反思中国市民社会理论研究》,《学海》2005 年第 5 期。

[41] 楚德江:《自发秩序与政府驱动——当代中国社会变革的动力分析》,《南京师范大学社会科学版》2012 年第 1 期。

[42] 储建国:《当代中国行政吸纳体系形成及其扩展与转向》,《福建行政学院学报》2010 年第 2 期。

[43] 邓正来:《关于"国家与市民社会"框架的反思与批判》,《吉林大学社会科学学报》2006 年第 5 期。

[44] 邓正来:《"生存性智慧模式"——对中国市民社会研究既有理论模式的检视》,《吉林大学学报》(人文社科版)2011 年第 2 期。

[45] 冯仕政:《中国国家运动的形成与变异:基于政体的整体性解释》,《开放时代》2011 年第 1 期。

[46] 眭海霞：《中国的国家与社会的关系演变及走向——以国家和社会的互动为视角》，《中共四川省委省级机关党校学报》2011 年第 1 期。
[47] 何艳玲：《中国国务院（政务院）机构变迁逻辑——基于 1949—2007 年间的数据分析》，《公共行政评论》2008 年第 1 期。
[48] 康晓光、韩恒：《分类控制：当前中国大陆国家与社会关系研究》，《社会学研究》2006 年第 6 期。
[49] 林尚立：《在有效性中累积合法性：中国政治发展的路径选择》，《复旦学报》（社会科学版）2009 年第 2 期。
[50] 龙太江、王邦佐：《经济增长与合法性的“政绩困局”——兼论中国的政治合法性基础》，《复旦大学学报》2005 年第 3 期。
[51] 马骏：《实现政治问责的三条道路》，《中国社会科学》2010 年第 5 期。
[52] 马骏：《经济、社会变迁与国家重建：改革以来的中国》，《公共行政评论》2010 年第 1 期。
[53] 齐凌云：《中国社会与政治的发展模式——国家与社会关系分析框架下的研究范式》，《探索与争鸣》2006 年第 6 期。
[54] 任剑涛：《政道民主与治道民主：中国民主政治模式的战略抉择》，《学海》2008 年第 2 期。
[55] 唐皇凤：《常态社会与运动式治理——中国社会治安治理中的“严打”政策研究》，《开放时代》2007 年第 3 期。
[56] 唐皇凤：《中国式维稳：困境与超越》，《武汉大学学报》（哲学社会科学版）2012 年第 5 期。
[57] 王浦劬、李凤华：《中国治理模式导言》，《湖南师范大学社会科学学报》2005 年第 5 期。
[58] 王绍光、何建宇：《中国的社团革命——中国人的结社版图》，《浙江学刊》2004 年第 6 期。
[59] 王绍光：《从经济政策到社会政策的历史性转变》，《中国经济时报》2007 年第 5 期。
[60] 王绍光：《大转型：1980 年代以来中国的双向运动》，《中国社会科学》2008 年第 1 期。
[61] 王占阳：《中国急需发展低度民主》，《探索与争鸣》2012 年第

1 期。

[62] 吴忠民:《社会矛盾倒逼型改革的来临及去向》,《中国党政干部论坛》2012 年第 4 期。

[63] 吴晓云、吕增奎:《西方学者论改革开放以来中国的政治发展》,《马克思主义与现实》2008 年第 6 期。

[64] 徐勇:《“回归国家”与现代国家的建构》,《东南学术》2006 年第 4 期。

[65] 徐湘林:《转型危机与国家治理:中国的经验》,《经济社会比较体制》2010 年第 5 期。

[66] 燕继荣:《变化中的中国政府治理》,《经济社会体制比较》2011 年第 6 期。

[67] 闫帅:《公共决策机制中的“央地共治”——兼论当代中国央地关系发展的三个阶段》,《华中科技大学学报》(社会科学版)2012 年第 4 期。

[68] 闫帅:《政府绩效评估的主体选择困境——兼论“自上而下”和“自下而上”评估模式的有效性与有限性》,《天津行政学院学报》2012 年第 3 期。

[69] 杨光斌:《公民参与和当下中国的治道变革》,《社会科学研究》2009 年第 1 期。

[70] 杨光斌:《社会权利优先的中国政治发展选择》,《行政论坛》2012 年第 3 期。

[71] 于建嵘:《当前压力维稳的困境与出路——再论中国社会的刚性稳定》,《探索与争鸣》2012 年第 9 期。

[72] 郁建兴、高翔:《地方发展型政府的行为逻辑及制度基础》,《中国社会科学》2012 年第 5 期。

[73] 郁建兴、徐越倩:《从发展型政府到服务型政府——以浙江省为个案》,《马克思主义与现实》2004 年第 5 期。

[74] 张永宏、李静君:《制造同意:基层政府怎样吸纳民众的抗争》,《开放时代》2012 年第 7 期。

[75] 郑杭生、杨敏:《社会与国家关系在当代中国的互构——社会建设的一种新视野》,《南京社会科学》2010 年第 1 期。

[76] 周雪光、威权体制与有效治理:《当代中国国家治理的制度逻辑》,

《开放时代》2011 年第 10 期。

[77] 周雪光:《中国政府的治理模式:一个“控制权”理论》,《社会学研究》2012 年第 5 期。

四 英文文献

[78] Lily L. Tsai, *Accountability Without Democracy: Solidary Groups and Public Goods Provision in Rural China*, Cambridge University Press, 2007.

[79] Merle Goldman, Authoritarian Populists: for Now, *Current History*, 2007 (9).

[80] Jean C. Oi. Bending without Breaking: The Adaptability of Chinese Political Institution, in Nicholas Hope ed, How Far Across the River? Chinese Policy Reform at the Millennium, Stanford University Press, 2003.

[81] Hsu, S. Philip, in search of public accountability: the 'wenling model' in china, *Australia journal of public administration*, Vol. 68, 2010.

[82] Hugh Heclo, *Modern Social Politics in Britain and in Sweden*, Yale University Press, 1974.

[83] Tony Smith, The Dependency Approach, In Howard J. Wiarda, ed., New Directions in Comparative Politics, Westview Press, 1991.

[84] Andrew Nathan, Authoritarian Impermanence, *Journal of Democracy*, (3), 2009.

[85] Howard Wiarda, The Ethnocentrism of Social Sciences: Implications for Research and Policy, *Review of Politics*, No. 43, 1981.

[86] Solinger, D. J., The New Coward of the Dispossessed, In Gries, P. H. & Rosen, S. Eds, *State and Society in 21 Century China: Crisis, Contention, and Legitimating*, Routledge Curzon, 2004.

[87] Wedeman, A., Anticorruption Campaigns and the Intensification of Corruption in China, *Journal of Contemporary China*, (42), 2005.

[88] W ilensky, H. & Lebeaux, C, *Industrial Society and Social Were*, Russel Sage, 1958.

[89] Pierre F. Landry, *Decentralized Authoritarianism in China: The Communist Party's Control of Local Elites in Post – Mao Era*, Cambridge University Press, 2008.

[90] Yang, D., Rationalized the Chinese State. In Chao, C. &Dickson, B.

J Eds, *Remaking the Chinese State*, Routledge, 2001.
[91] Appleby, P. H., *Big Democracy*, Alfred A Knopf, 1945.
[92] Chang, G., *The Coming Collapse of China*, Andom House, 2001.

后 记

此书是在我博士论文的基础上修改完成的，书的出版，也算是对自己九年政治学学生生涯的一个总结和交代。

尽管设想过很多种后记的写法，但到头来终归还只是一种，那就是道不尽的谢意和感恩。感谢我的导师张星久教授，我自本科期间就有机会受教于先生，继而在硕士和博士期间更是有幸成为张门弟子。师者，传道授业解惑也。张老师作为我的授业恩师，我从他身上学到的大道是“举重若轻的生活态度”和“吹毛求疵的为学精神”，如同莫言所讲的那样，“一个人在日常生活中应该谦卑退让，但在创作中要颐指气使、独断专行”。作为张老师的学生，他以独特的方式呵护着我们，这种呵护兼具道家的无为与儒家的有为。在博士论文选题上，张老师的“无为”给了我很大的发挥空间，而在题目确定之后，张老师的“有为”又为我理顺了写作的意图和难点。忘不了，疲惫写作中，张老师的嘘寒问暖，说天气晴朗要记得出来晒晒太阳；忘不了，不知所措时，张老师的指点迷津，向我指出对于社会的“松土施肥，精耕细作”才是中国政治发展的可取路径；忘不了，迷茫惆怅时，张老师的鼓劲打气，告诉我“以你的基础和条件，应该写得更好些，尽量去做吧”。“问渠哪得清如许，为有源头活水来”，张老师就是我博士论文的源头活水，我的很多创见都源自他的教诲，这遍布于论文的各章各节，从论点到论据。

我的求学生涯总是同一些熠熠生辉的名字联系在一起的，当我细数他们的名字时，我总能感到无限的自豪、骄傲与荣耀，他们是武汉大学政治与公共管理学院的谭君久教授、虞崇胜教授、柳新元教授、储建国教授、叶娟丽教授、申建林教授、刘俊祥教授、唐皇凤教授、徐琳教授、陈刚副教授、刘伟副教授、付小刚老师、朱海英老师。珞珈山九年，我最大的幸事就是结识了这么多优秀的“师者”，他们亦师亦友，不仅带给我知识上的启发，更带给我人格上的震撼。特别要感谢中外政治制度的三位博导：

谭君久教授，作为国内知名的比较政治专家，他呵护学生、提携后学，视我如同己出，谭老师待我的好让“谭门”的小师妹“醋意盎然”；柳新元教授，既是我的授课老师也是我本科时的班主任，他蕴藏着一种“让学术变得轻松”的魅力，特别是在博士论文开题时，柳老师所提的“问题简单化处理”、“学术朴素化表达”的建议，让我受益颇多；储建国教授，我学习政治学的第一门专业课“政治学基础”就是储老师讲授的，他的那句“蝴蝶效应”至今提醒着我作为一个政治学学生应有的责任和担当。

除此之外，我还要感谢三位外审专家，他们分别是南京大学张凤阳教授、南开大学孙晓春教授、华中师范大学吴理财教授，我的博士论文能够得到三位政治学领域知名学者的首肯，让我受宠若惊。另外，我还要感谢答辩主席复旦大学桑玉成教授，答辩委员萧斌研究员、谭君久教授、柳新元教授、储建国教授，感谢他们对我的博士论文的认可和进一步改进的建议。

学术研究从来不是一个孤独的旅程，感谢我的师弟师妹们，他们是我的博士论文的第一批阅读者，他们近乎咬文嚼字的阅读，为我提供了中肯且有力道的反馈，其中，闫明明阅读了第一章的初稿，罗干阅读了第二章的初稿，罗雪飞阅读了第三章的初稿，邢健阅读了第四章的初稿，张晒阅读了第五章的初稿。博士论文的定稿乃至到今天的付梓出版，离不开他们的贡献。我很庆幸，我拜入张门，遇到了一批亲如一家的同门，他们是文红玉、张敏、时影、王永茂、罗雪飞、邢健、杨蕾，作为师弟，我被呵护着；作为师兄，我又被尊重着。我很庆幸，我的求学生涯，遇到了一批志同道合的同路人，他们是罗亮、张光辉、舒刚、吴振华、郭跃、魏明、侯赞华、朱雄、阮氏玉鸾，我们结伴而行，让这一路不再孤寂；我很庆幸，我加入了一个优秀的团队、结识了一批优秀的人，这就是武汉大学研究生学报社及诸位同仁，他们是卢盛峰、袁康、吴绍棠、王艳娟、吴纲、谢茜、卢熙、王洲、杨蓉、陈思霞、喻郭飞、袁宏琳、田杰、黄文杰、张弛，跟他们在一起，我会时刻提醒自己见贤思齐。感谢我曾经的大学、研究生室友们，刘小虎、张晒、李欢、蒋知灵、柯黎鹏、吴绍尧，深邃的他们，曾多次砥砺我的思想，尽管先于我毕业，但依然关心、记挂、鼓励那个未曾毕业的我。

2013 年 7 月，我从武汉大学毕业，来到华中科技大学工作，从珞珈山到喻家山，从街道口到关山口，这种地理上的位移却代表着我人生重要的转变，我将在这里持鞭执教，贡献所学。感谢洪明教授、黄岭峻教授、张传平教授等华中科技大学马克思主义学院领导在我著作出版过程中的关心和支持，感谢华中科技大学文科学术著作出版基金的资助，感谢华中师范大学项继权教授、袁方成教授作为出版资助评审专家对于拙著的认可以及资助的建议。当然，拙著的出版也离不开中国社会科学出版社王曦编辑所付出的努力和辛劳。

最后的致谢要留给我的家人，我始终觉得一个人的学术偏好和家庭氛围是息息相关的，我想我之所以醉心于政治学，跟我们家庭的民主氛围是分不开的。每个选择、每次决定，母亲毫无保留的支持，都会让我更为有力，而父亲近乎挑剔的质疑，则会让我更为审慎。我还要感谢耄耋之年的外婆，我是被外婆带大的，外婆是村里公认的好人，她的待人接物、谦和温让，让我耳濡目染，受到了很好的“人文主义”启蒙和教育。

以此为契机，对那些曾经帮助、影响过我的领导、老师、同学、朋友和家人表示衷心的感谢！

闫　帅

2015 年 10 月于喻家山麓